CB136985

DOMENICO LOSURDO

crítico do nosso tempo

Política e Filosofia

Diego Pautasso
João Quartim de Moraes
Marcos Aurélio da Silva
Organizadores

DOMENICO LOSURDO

crítico do nosso tempo

Política e Filosofia

Apoio:

Fundação Maurício Grabois

ADJC RS – Associação de Advogados e Advogadas pela Democracia, Justiça e Cidadania

EDITORA IDEIAS & LETRAS

Direção Editorial
Edvaldo M. Araújo

Conselho Editorial
Fábio E. R. Silva
Jonas Luiz de Pádua
Márcio Fabri dos Anjos
Marco Lucas Tomaz
Orlando Augusto Silva Cassiano

Preparação
Andresa Mariana

Revisão
Daniel de Vasconcelos Andrade

Diagramação e Capa
Danielly de Jesus Teles

Todos os direitos em língua portuguesa, para o Brasil,
reservados à Editora Ideias & Letras, 2023.

1ª impressão

EDITORA IDEIAS& LETRAS

Avenida São Gabriel, 495
Conjunto 42 - 4º andar
Jardim Paulista – São Paulo/SP
Cep: 01435-001
Televendas: 0800 777 6004
vendas@ideiaseletras.com.br
www.ideiaseletras.com.br

Dados Internacionais de Catalogação na Publicação (CIP) de acordo com o ISBD

D668 Domenico Losurdo - crítico do nosso tempo: política e filosofia / organizado por Diego Pautasso, João Quartim de Moraes, Marcos Aurélio da Silva. – São Paulo : Ideias & Letras, 2023.

312 p. ; 16cm x 23cm.

Inclui bibliografia

ISBN: 978-65-87295-57-2

1. Filosofia. 2. Filosofia política. I. Pautasso, Diego. II. Silva, Marcos Aurélio da. III. Moraes, João Quartim de. IV. Título.

2023-1836 CDD 158.1
CDU 1

Elaborado por Vagner Rodolfo da Silva - CRB-8/9410

Índices para catálogo sistemático:

1. Filosofia 100
2. Filosofia 1

Sumário

Parte II - Losurdo, história e política

Sobre os autores

Diego Pautasso. Pós-Doutorado em Estudos Estratégicos Internacionais (2018), Doutor (2010) e Mestre (2006) em Ciência Política e Graduado (2003) em Geografia pela UFRGS. É professor do Colégio Militar de Porto. Autor dos livros *Imperialismo - ainda faz sentido na Era da Globalização?* e *China e Rússia no Pós-Guerra Fria*, e coautor de *Teoria das Relações Internacionais: contribuições marxistas*. E-mail: dgpautasso@gmail.com

João Quartim de Moraes. Graduado em Filosofia e em Direito na Universidade de São Paulo (1964). Professor universitário de Filosofia na USP (1965-1969), Paris VIII-Vincennes (1971-1979), e Unicamp (a partir de 1982). Pós-graduação no "*Troisième Cycle de Science Politique*", *Fondation Nationale de Science Politique* de Paris, França, 1982. *Doctorat d'État en Science Politique, Fondation Nationale de Science Politique* de Paris, França. Título da tese: *Les militaires et les régimes politiques au Brésil: 1889-1979*. Aprovado em concurso para professor titular da Unicamp, na área de Filosofia Política, realizado em setembro de 1993. E-mail: jqmoraes@gmail.com

Marcos Aurélio da Silva. Doutor em Geografia Humana pela FFL-CH-USP, com estágio de pós-doutorado em Filosofia Política na Universidade de Urbino, Itália. Professor Associado da Universidade Federal de Santa Catarina, com atuação nos cursos de graduação e pós-graduação em Geografia. É autor de inúmeros artigos distribuídos em livros e revistas científicas no Brasil e no exterior, bem como em jornais e sites da publicística brasileira e internacional. Entre seus últimos trabalhos destacam-se: *The geography of Milton Santos and the* *problem of the marxism of instances: a gramscian reading* (com Mateus Engel Voigt) *e Transizione al capitalismo e forme di coscienza sociale: un dibattito su percorsi di sviluppo* e geopolitica, ambos publicados na *Materialismo Storico – rivista semestrale di filosofia, storia e scienze umane*, nos seus números 10 (2021) e 12 (2023), bem como a tradução do livro *Adeus pós-modernismo: populismo e hegemonia na crise da democracia moderna* (Insular, 2022). E-mail: m.aurelio.silva@ufsc.br

Marcelo Pereira Fernandes. Doutor em economia pela UFF/RJ, professor associado III da Universidade Federal Rural do Rio de Janeiro (UFRRJ), docente do Programa de Pós-graduação em Economia Regional e Desenvolvimento (PPGER) da UFRRJ e do Programa de pós-graduação em Economia Política Internacional (PEPI) da UFRJ. Coautor do livro *A doença do neoliberalismo: o falso dilema entre saúde e economia na pandemia do novo coronavírus*. E-mail: mapefern@gmail.com

Rita Matos Coitinho. Doutora em Geografia (2018), doutoranda em Ciência Política, mestra em Sociologia (2007) e graduada em Ciências Sociais. É tradutora e servidora de carreira (socióloga) do Instituto Brasileiro de Museus (MinC). Autora de *Entre duas Américas - EUA ou América Latina?* (Insular, 2019) e coautora de *Revoluções, Contrarrevoluções e Agitações Políticas 1951-2000* (Insular, 2022). E-mail: ritamcoitinho@gmail.com

Tiago Soares Nogara. Doutorando em Ciência Política na Universidade de São Paulo (USP) e em Estudos Globais na Universidade de Xangai (上海大学). Mestre em Relações Internacionais pela Universidade de Brasília (UnB) e bacharel em Ciências Sociais pela Universidade Federal do Rio Grande do Sul (UFRGS). E-mail: tiagosnogara@gmail.com

Stefano G. Azzarà. Doutor em Filosofia. Ensina História da Filosofia na Universidade de Urbino, Itália. É secretário da presidência da *Internationale Gesellschaft Hegel-Marx für dialektisches Denken*, e dirige a revista *Materialismo Storico*. O seu trabalho se concentra no estudo das grandes tradições filosóficas e políticas dos últimos séculos: conservadorismo, liberalismo, marxismo. Publicou numerosos artigos em revistas italianas e internacionais e diversos livros, entre eles: *Adeus pós-modernismo* (2022); *Il virus dell'Occidente* (2020); *La comune umanità: Saggio su Domenico Losurdo* (2019); *Comunisti, fascisti e questione nazionale* (2018); *Nonostante Laclau* (2017); *Democrazia cercasi* (2014); e *Friedrich Nietzsche dal radicalismo aristocratico alla Rivoluzione conservatrice* (2014). E-mail: giuseppe.azzara@uniurb.it

Emanuela Susca. Ensina Sociologia Geral e Metodologia das Ciências Humanas no Departamento de Economia, Sociedade e Política da Universidade de Urbino, Itália. É autora dos livros: *Vilfredo Pareto: tra scienza e ideologia* (2006); *Pierre Bourdieu: il lavoro della conoscenza* (2011); *Per una sociologia che comprende* (2012); e *Logiche dell'irrazionale: la sociologia di Vilfredo Pareto* (2023). Integra o comitê científico da série "Subjetividade e Poder" da editora Nova Logos, o comitê editorial da revista *The Lab's Quarterly*, e o comitê diretor da Oficina Bourdieu da Universidade de Urbino. E-mail: emanuela.susca@uniurb.it

Emiliano Alessandroni. Doutor em Estudos Interculturais Europeus pela Universidade de Urbino, Itália. Habilitado a professor associado na área de "Crítica Literária e Literatura Comparada". Professor colaborador na cátedra Filosofia Contemporânea e Filosofia Política na Universidade de Urbino. Membro da *Internationale Gesellschaft Hegel-Marx für dialektisches Denken*, e redator da revista científica *Materialismo Storico* e do site "Marxismo Oggi". Autor de diversos livros tratando das relações entre filosofia e processos histórico-sociais. Publicou recentemente *Dittature democratiche e democrazie dittatoriali:*

*Problemi storici e filosofic*i (Carocci, 2021) e *La Rivoluzione d'Ottobre e il pensiero di Hegel* (Mimesis, 2022). E-mail: emi3_ale@yahoo.it

Ruggero Giacomini. Doutor em História dos Partidos e dos Movimentos Políticos pela Universidade de Urbino, Itália. Entre as suas publicações destacam-se: *Antimilitarismo e pacifismo nel primo Novecento: Enzo Bertalini e 'La pace' 1903-1915* (Franco Angeli, 1991); *Ribelli e Partigiani: La Resistenza nelle Marche 1943-1944* (Affinità elettive, 2008); *Il Giudici e il Prigioniero. Il carcere di Antonio Gramsci* (Castelvecchi, 2014); e *Il Processo Stalin* (Castelvecchi, 2019). E-mail: giacomiru@virgilio.it

Giorgio Grimaldi. Doutor em Filosofia. Professor e pesquisador na Universidade de Urbino. É autor de numerosos artigos publicados na Itália e no exterior. Como pesquisador na Universidade de Perugia, Itália, desenvolveu estudos como: *Leviatano o Behemoth: Totalitarismo e franchismo* (2009); *Tolleranza e diritto* (2012); e *Oltre le tempeste d'acciaio: Tecnica e modernità in Heidegger, Jünger, Schmitt* (2015). É coordenador do Grupo de Pesquisa Interuniversitário "Domenico Losurdo" e membro do comitê científico e de redação das revistas *International Gramsci Journal* e *Materialismo Storico – rivista di filosofia, storia e scienze umane*. É sócio da *Società Filosofica Italiana*, da *Internationale Gesellschaft Hegel-Marx für dialektisches Denken*, e da *Hobbes Scholars International Association* (Paris). E-mail: giorgio.grimaldi789@gmail.com

Gianni Fresu. Doutor em Filosofia pela *Università di Urbino* "Carlo Bò", Professor de Filosofia Política na Universidade Federal de Uberlândia (MG/Brasil) e *na Università degli studi di Cagliari*, de 2019 a 2022. Foi presidente da *International Gramsci Society Brasil* na gestão 2019-2021. Tem experiência de pesquisa e didática nas universidades de Cagliari, Urbino, na Unesp (SP) e na UFU (MG), na área de Filosofia e Ciência Política, com ênfase em Teoria Política, aprofundando principalmente os seguintes temas: materialismo histórico; categorias políticas da filosofia liberal; pensamento político e filosófico na história do movimento operário; fascismo; e pensamento autoritário. Publicou os seguintes livros: *Il diavolo nell'ampolla: Antonio Gramsci gli intellettuali e il partito* (La Città del Sole, 2005); *La prima bardana: Modernizzazione e conflitto nella Sardegna dell'Ottocento* (Cuec, 2011); *Oltre la parentesi: Fascismo e storia d'Italia nell'interpretazione gramsciana* (Carocci, 2009); *Eugenio Curiel: il lungo viaggio contro il fascismo* (Odradek, 2013-2014); *Lenin leitor de Marx: Determinismo e dialética na história do movimento operário* (Anita Garibaldi, 2016); *Nas trincheiras do Ocidente: lições sobre fascismo e antifascismo* (UEPG, 2017); e *Antonio Gramsci: L'uomo filosofo* (Aipsa, 2019). Foi também organizador dos volumes: *Giuseppe Podda*: *Ritratti di un giornalista integrale* (Aipsa, 2017); *Antonio Gramsci: o homem filósofo* (Boitempo, 2020); e *Antonio Gramsci: An intellectual biography* (Palgrave Macmillan, 2022). Foi também um dos organizadores do livro *Gramsci in Brasile: Un esempio riuscito di traducibilità filosofica* (Meltemi, 2022). E-mail: giovanni.fresu@unica.it

Introdução

A presente coletânea apresenta um panorama abrangente dos grandes temas da obra de Domenico Losurdo. Antes de se tornar uma das maiores referências internacionais da luta anti-imperialista e do marxismo de nosso tempo, ele obtivera reconhecimento acadêmico por seus estudos de filosofia e de história político-cultural alemã (Kant e principalmente Hegel), publicados entre 1983 e 1989. Sem deixar de seguir com estas pesquisas, como nos mostra o alentado volume *Nietzsche, il ribelle aristocratico. Biografia intellettuale* e *bilancio critico*, publicado em 2002, nos anos seguintes, perante o desmantelamento do bloco soviético, Losurdo projetou-se no firmamento das ideias revolucionárias assumindo a defesa da Revolução de Outubro de 1917. Na contramão das longas colunas de desertores que se apressavam em aderir à "democracy" e à "globalization" "made in USA", ele escreveu, a partir de 1991, uma série de artigos que desmistificaram a contrarrevolução capitalista de Boris Iéltsin. No final de 1993, ele publicou o notável estudo histórico-crítico *Da Revolução de Outubro à Nova ordem internacional*, em que pôs em evidência o colossal retrocesso histórico acarretado pela extinção da URSS.

A versão brasileira desse estudo foi publicada em 1997-1998 nos números 4-5-6 da revista *Crítica Marxista* e reproduzida no portal *Vermelho* em 7/11/2015; em 1999, a mesma revista publicou o artigo "Panamá, Iraque, Iugoslávia: os Estados Unidos e as guerras coloniais do século XXI". Em 2000, foi a vez da revista *Princípios* (n. 58) apresentar o estudo "A esquerda, a China e o imperialismo". Os três escritos contribuíram decisivamente para tornar Losurdo conhecido e admirado entre os mais lúcidos lutadores de nossa esquerda, que compreenderam o alcance de sua visão original das grandes questões de nosso tempo.

Já então ele iniciara suas visitas ao Brasil, que prosseguiriam até o final de sua vida. Os primeiros convites foram acadêmicos. Em agosto de 1995, notadamente, ele deu um curso de duas semanas no IFCH/Unicamp sobre os dilemas da democracia e desenvolveu, num seminário sobre os grandes temas da política internacional, uma contundente e bem fundamentada crítica à hipocrisia do liberal-imperialismo e às agressões bélicas da Otan visando destruir os bastiões de resistência ao "pensamento único" neoliberal. Nos anos seguintes, cresceu o reconhecimento da excepcional importância de sua militância intelectual. Transcendendo os meios acadêmicos, sua influência estendeu-se pela esquerda brasileira, particularmente entre os anti-imperialistas e comunistas. Ampliaram-se as traduções de seus escritos e o número de editoras progressistas interessadas em publicá-las. Sempre que possível, ele para cá retornava, transformando o lançamento das edições brasileiras de seus livros em acontecimentos político-intelectuais de forte impacto.

Ele sempre observou e acompanhou com muito interesse a situação brasileira; encarando-a com a responsabilidade de grande intelectual marxista, ele se abstinha de emitir teses sobre questões que considerava não conhecer suficientemente; não se furtava, porém, de tomar posição em momentos decisivos. Em 2006, declarou ao portal *Vermelho*: "Creio que a vitória de Lula reforçará o movimento anti-imperialista que está se desenvolvendo na América Latina e no mundo. [...] eu desejo de todo o coração a vitória de Lula [...]".

Nos colóquios, debates, congressos e seminários de que participou, do norte ao sul de nosso país, Losurdo pôs em evidência com insuperável clareza a manipulação imperialista da ideologia liberal. Defendendo com lucidez e audácia teórica o legado da revolução de Outubro de 1917, primeira grande tentativa concreta de ultrapassagem da dominação do capital sobre a sociedade, ele mostrou quão decisivamente a União Soviética contribuiu para superar as "três grandes discriminações" que afetavam a condição humana: a sexual, a censitária e a racial. Com efeito, como ele insistiu pertinentemente, o alcance dos conceitos fundamentais do materialismo histórico, como o de luta de classes, não se restringe ao confronto entre operários e capitalistas. O mais antigo antagonismo de classes, como Engels já havia mostrado em seu célebre estudo sobre a origem da família, da propriedade privada e do Estado, foi a opressão das mulheres pelos homens nas sociedades patriarcais. O antagonismo mais amplo da era moderna é o que opõe um punhado de potências imperialistas aos povos da Ásia, África e América Latina submetidos ao jugo colonial.

O balanço crítico do século XX, tema central de seu pensamento militante, oferece uma avaliação bem documentada e aprofundada da evolução desse complexo de antagonismos. As guerras mundiais, o terror nazifascista e as armas nucleares desfizeram as ilusões otimistas acalentadas pelos círculos progressistas da inteligência europeia a respeito dos efeitos civilizatórios dos conhecimentos técnicos e científicos. Não obstante, ao longo do século, registraram-se avanços substanciais do movimento das mulheres e vitórias decisivas das grandes lutas de libertação nacional dos povos agredidos e subjugados pelo colonialismo e pelo racismo. O enorme retrocesso trazido pela derrocada do bloco socialista do Leste Europeu não impediu os comunistas chineses, seguindo uma via original de construção do socialismo, de promoverem um colossal desenvolvimento das forças produtivas.

O século XXI se abriu com o sinistro espetáculo da série de guerras neocoloniais empreendidas pelo cartel bélico da Otan, que já havia destruído a Iugoslávia na última década do milênio anterior. Losurdo consagrou alguns de seus mais importantes escritos militantes à denúncia das covardes agressões bélicas contra povos e governos que recusavam o jugo colonial. No último de seus livros publicados em vida, ele discerniu no ocultamento da questão colonial a causa principal da deliquescência do "marxismo ocidental". Encastelados nas metrópoles imperialistas e adjacências, os marxistas europeus foram perdendo de vista as implacáveis condições que pesavam sobre as lutas de libertação nacional e as imensas dificuldades que seus protagonistas tiveram de enfrentar para erradicar a pobreza extrema e promover com escassos recursos o desenvolvimento econômico e social. Contra este eurocentrismo desmobilizador, o grande pensador cuja morte, em 2018, abriu um vasto claro na inteligência comunista de nosso tempo, nos legou uma lição imprescindível: os longos e dolorosos combates dos revolucionários da Ásia, África e América Latina constituem uma etapa indispensável da luta pela construção histórica de uma humanidade libertada das discriminações que negam sua efetiva universalização.

O livro que o leitor tem em mãos reúne uma série de artigos de pesquisadores italianos e brasileiros que têm se dedicado ao estudo da vasta obra do filósofo italiano Domenico Losurdo. O livro está dividido em dois grandes blocos. O primeiro aborda as raízes filosóficas do pensamento de Losurdo, enquanto o segundo se volta aos estudos mais diretamente ligados à história política dos séculos XVIII, XIX e XX, que interessaram grandemente ao filósofo italiano. Nos dois blocos estão presentes importantes reflexões acerca da atualidade dos estudos de Losurdo para a crítica política e filosófica do nosso tempo.

Os artigos que compõem o primeiro bloco contam com os estudos de Emiliano Alessandroni, "Ordem lógica e ordem histórica na filosofia de Domenico Losurdo. Questão de método"; Emanuela Susca, "O conceito de homem enquanto tal e o difícil caminho do universal"; Gianni Fresu, "A dialética entre 'velho e novo'. Gramsci e a marcha da universalidade nas notas de Domenico Losurdo"; e Marcos Aurélio da Silva, "Losurdo e a crítica da imagem de Hegel (e da Alemanha): repensando as relações entre filosofia hegeliana e geografia política". Eles se voltam para a discussão das bases filosóficas do pensamento de Losurdo e do marxismo por ele sustentado, cuja principal característica consiste em estar fortemente escoltado pela filosofia clássica alemã e especialmente pelo pensamento de Hegel, o pai da dialética moderna. Também no âmbito das raízes filosóficas do autor se coloca o artigo de Giorgio Grimaldi, "Heidegger e a modernidade: uma leitura a partir do pensamento de Domenico Losurdo", voltado ao debate crítico que o hegelo-marxismo de Losurdo estabeleceu com um dos expoentes da filosofia do século XX e crítico ferrenho do pensamento socialista, Martin Heidegger.

Entre os artigos do segundo bloco estão os de João Quartim de Moraes, "Liberalismo, escravidão, abolição. Contradições do 'humano' e do 'desumano'", que discute a prática contraditória das sociedades liberais na passagem para o mundo moderno, e o de Rita Matos Coitinho, intitulado "Imperialismo e opressão racial na metrópole. Ensaio de interpretação sociológica", também voltado ao tema das contradições do mundo liberal, enredado na sustentação da opressão racial interna às suas próprias formações sociais e no âmbito das relações imperialistas. Diego Pautasso e Tiago Soares Nogara, com o artigo "O socialismo real na obra de Losurdo: da autofobia à autocrítica", e Ruggero Giacomini, "Losurdo e o debate sobre Stalin", voltam-se para a leitura inovadora de Losurdo, nem apologética e nem liquidacionista, acerca das sociedades socialistas realmente existentes. Esta temática continua a ser discutida no artigo de Marcelo Fernandes, "Desenvolvimento das forças produtivas e populismo: a crítica de Domenico Losurdo", dedicado ao debate acerca da dimensão econômica do progresso histórico nos fundadores do marxismo e nas experiências soviética e chinesa, destacando nestas últimas a experiência da NEP leniniana, notadamente enfatizada nos estudos de Losurdo. A atualidade do caso chinês conduz a pensar, por sua vez, no alcance do marxismo enquanto uma teoria transformadora da realidade em nossos dias. Este é o tema desenvolvido por Stefano G. Azzarà no artigo "Sobre o marxismo do século XXI: recordando Domenico Losurdo", que explora a crítica de Losurdo às debilidades do chamado marxismo ocidental.

Por fim, a obra presenteia o leitor com um artigo do próprio Losurdo de grande atualidade, intitulado "A Geopolítica da internet". Sem que se possa definir o filósofo italiano como um "geopolítico", categoria redutora diante da abrangência dos seus estudos filosóficos, o artigo mostra o grande interesse de Losurdo pelas questões internacionais do nosso tempo, pondo em evidência o uso político – e sobretudo da política imperialista – ao qual estão sujeitas as tecnologias digitais em emergência. Estamos diante de apenas uma das facetas do pensador italiano: tão rigoroso teoricamente quanto versátil em seus assuntos abordados.

Enfim, trata-se de um livro que prestigia um crítico do nosso tempo, um homem de ideias e de luta, crucial para enfrentarmos os desafios de uma quadra histórica prenhe de contradições. Por fim, mas não menos importante, esta obra contou com apoio financeiro decisivo para sua viabilização. Agradecemos, pois, a duas entidades que apostaram nesse projeto: a Advogados e Advogadas pela Democracia, Justiça e Cidadania (ADJC), por intermédio do advogado Oscar José Plentz Neto; e a Fundação Maurício Grabois (FMG), por Adalberto Monteiro.

PARTE I

Fundamentos filosóficos do pensamento de Domenico Losurdo

Ordem lógica e ordem histórica na filosofia de Domenico Losurdo. Questões de método

Emiliano Alessandroni[1]

I. No sulco da ruptura epistemológica de Hegel e Marx. Reconstrução filosófica do tempo histórico e reconstrução histórica do discurso filosófico

Em 29 de setembro de 1986, se desenvolve em Palermo, por obra do Instituto Gramsci Siciliano e da Faculdade de Magistério, um seminário em honra de Arturo Massolo. Na sua contribuição, que dois anos depois foi a público juntamente de outras contribuições, Losurdo rendeu homenagem aos resultados a que havia chegado o percurso intelectual do seu mestre com estas palavras: "A conclusão do seu itinerário teórico e político, que do existencialismo o havia levado ao marxismo, Arturo Massolo amadurece a firme convicção de que nos nossos dias não é mais possível, ou de qualquer modo não há mais sentido, filosofar como se filosofava antes de Hegel e Marx".[2]

Trata-se de uma conclusão, a qual bem observada, que introduz um elemento de novidade em relação ao próprio campo do

---

1 Doutor em Estudos Interculturais Europeus pela Universidade de Urbino. Tradução de Marcos Aurélio da Silva.

2 LOSURDO, D. Filosofare dopo Hegel e Marx. Rileggendo Arturo Massolo. *In*: N. De Domenico e G. Puglisi (org.). *Il filosofo e la città. Studi su Arturo Massolo*. Veneza: Marsilio, 1988.

marxismo: se, de fato, também para um importante pensador como Lukács "o momento de virada deve ser datado com Marx; Massolo, antes ainda do que em Marx, o localiza em Hegel".

Em que consiste o "momento de virada" aqui evocado é logo dito: o autor da *Fenomenologia* é aquele que primeiro "descobre a relação dos sistemas com o seu tempo"[3] na história do pensamento. É um resultado que Losurdo tem o sentimento de compartilhar abertamente: "Massolo tinha razão em notar a virada que fora operada com Hegel na construção intrinsecamente histórica do saber, e tinha ainda razão em reter que se tratasse de um resultado irreversível".[4]

Essa "virada" levada a termo por Hegel – a descoberta da relação entre os sistemas e o próprio tempo – será em seguida desenvolvida por Marx mediante o conceito de "ideologia ou falsa consciência", no juízo de Losurdo "o elemento decisivo de diferenciação"[5] do seu pensamento.

Ocorre, porém, ter em conta um ulterior aspecto reportado pelas páginas de Massolo: "Se é verdade, como diz Hegel, que toda filosofia é filha do próprio tempo, é também verdade que ainda com Hegel devemos distinguir entre *expressão* e *conceito*".[6] Tal distinção registra, em última análise, uma certa correspondência semântica com aquela traçada por Marx entre *ideologia* e *ciência*.[7] Uma distinção que Losurdo tinha bem presente e assimilado, não ignorando a presença de uma ulterioridade científica, de uma transcendência *veritativa* que vai além da relatividade ideológica dos sistemas: "Colocar um autor no seu tempo não significa negar a *excedência teórica* presente no seu pensamento",[8] havia reafirmado no seu último

3 *Idem.*

4 *Ibidem*, p. 53.

5 *Ibidem*, p. 63.

6 MASSOLO, A. Schelling e l'idealismo tedesco. *In*: *La storia della filosofia come problema*. Florença: Vallecchi, 1973, p. 125-126 (itálico nosso).

7 MARX, K. e ENGELS, F. *L'Ideologia tedesca*. Roma: Editori Riuniti, 1973.

8 LOSURDO, D. *Il marxismo occidentale. Come nacque, come morì, come può rinascere*. Roma-Bari: Laterza, 2017. N. T.: deve-se notar que a tradução da Boitempo grafou

trabalho. Podemos, portanto, postular uma equação terminológica: encontramos, na verdade, no plano do conteúdo, uma concordância entre a *excedência teórica* aqui evocada por Losurdo, o *conceito* de Hegel e a *ciência* de Marx.

A essa altura, todavia, uma questão se impõe: quando se corre o risco de ver reprimida a excedência teórica, ou seja, de assistir ao deslizamento do conceito no âmbito da expressão ou, em outras palavras, a absorção da ciência por parte da ideologia? Para responder a tal quesito vale a pena voltar ao ensaio do qual partimos; ao ponto em que Losurdo se reporta a um trecho de Massolo, uma passagem, como ele afirma, de "algumas das suas páginas mais intensas e ressentidas": assistimos à "'dissolução da filosofia em ideologia [...] toda vez que nós, acreditando transcender a sociedade na qual vivemos, a sofremos e a refletimos com a fidelidade, mas também com a vil inércia das águas paradas'".[9] O comportamento intelectual daqueles que tendem a eludir a análise das sociedades nas quais vivemos, a elaborar sistemas prescindindo da investigação do tempo histórico, encoraja, em substância, o estreitamento da excedência teórica e o fácil deslizamento da filosofia em ideologia.

A distinção entre os planos aqui observada – uma distinção, veja-se bem, que não exclui o seu entrecho – é um aspecto sobre o qual Massolo havia insistido em mais de uma ocasião. Se já em *Storicità dela metafisica* havia posto em evidência a diferença entre o *temporal* e o *temporâneo*, os escritos da maturidade sobre Hegel convidam a refletir acerca de uma questão fundamental: se de um lado parece evidente para o filósofo alemão que "ninguém evade nunca do substancial do próprio tempo, como não pode 'sair fora da própria pele'", e que, portanto, "também a filosofia não pode transcender

"excesso teórico" em vez da expressão "excedência teórica" acima citada. Optamos aqui pela tradução literal ("*eccedenza teorica*") por reter melhor o sentido filosófico da expressão. Vide *O marxismo ocidental. Como nasce, como morre, como pode renascer*. Trad. Ana M. Chiarini e Diego S. C. Ferreira. São Paulo: Boitempo, 2014, p. 208.

9 LOSURDO, D. Filosofare dopo Hegel e Marx. *Op. cit.*, p. 63-64.

o próprio tempo",[10] de outro lado, ocorre ter presente que é o próprio "Hegel" a pôr "uma distinção entre duas transcendências, a transcendência formal e a transcendência temporal". Entre elas, ele explica, "a transcendência de conhecimento é transcendência lógica e a transcendência lógica não é transcendência temporal". Portanto, "contextualizar a própria época não é ir além da própria época. 'A filosofia está acima do próprio tempo, mas segundo a forma'", uma vez que "transcendência filosófica é transcendência formal, lógica e não implica supressão da temporalidade". Chegado este ponto, podemos bem compreender que aquela transcendência lógica que não suprimiu a *temporalidade*, suprimiu, em todo caso, a *temporaneidade*. Nisso consiste o processo de *Erfaßung* (registro/marcação), que vê transcender o próprio tempo segundo a forma. Essa transcendência formal, a qual também é lógica, é por Massolo reivindicada contra a leitura de um Sartre que interpretava a tese relativa à "condicionalidade da consciência", como se "a consciência" fosse "em geral um mero reflexo da realidade"[11] e, portanto, não existisse qualquer diferença epistemológica entre os vários tipos de consciência.

Essa transcendência, mesmo não se desvinculando dos sistemas do próprio tempo e, por conseguinte, não supondo uma transcendência temporal, permite a Massolo reagir "contra o desvanecimento da filosofia em ideologia, que sempre resulta quando nós, acreditando transcender a sociedade na qual vivemos, a sofremos e a refletimos com a fidelidade, mas também com a vil inércia das águas estagnadas".[12]

Condição para atingir à excedência teórica – e assim para não refletir as sociedades nas quais vivemos com a vil inércia das águas estagnantes dissolvendo a filosofia em ideologia – é em primeiro lugar a reconstrução filosófica do tempo histórico. A tal propósito, Losurdo traz à luz "a mesa de trabalho" de Hegel, que testemunhava como "o

---

10 MASSOLO, A. Per una lettura dela 'Filosofia della storia' di Hegel. *In*: *La storia della filosofia come problema*. *Op. cit.*, p. 183.

11 *Idem*, Frammento ético-político. *In*: *La storia della filosofia come problema*. *Op. cit.*, p. 261.

12 *Idem*, Filosofia e libertà. *In*: *Logica hegeliana e filosofia contemporânea*. Florença: Giunti/Bemporad, 1967, p. 199.

sistema" do filósofo alemão fora escrupulosamente "elaborado através do confronto incessante com o próprio tempo". Os acontecimentos políticos eram, portanto, submetidos à investigação, mas

> sem nunca se nivelar pela sua imediatez: se interroga sobre o significado também lógico e epistemológico das categorias, as quais fazem recurso os protagonistas da luta política ou que são implícitas no seu discurso; os acontecimentos particulares são inseridos em uma perspectiva de longa duração. Obrigada como é a medir-se com os grandes textos da tradição, a paixão política manifestada pela voraz leitura dos jornais sofre um processo de decantação e adquire profundidade histórica e teórica.[13]

Em segundo lugar, tal reconstrução filosófica do tempo histórico deveria ser acompanhada por uma reconstrução histórica do discurso filosófico. No âmbito desta última, retorna a crítica marxiana da "consciência ideológica".[14]

Eis então que indagar o tempo histórico não constituía uma simples operação de caráter historiográfico. Significava, ao contrário, pôr as bases para duas operações especificamente filosóficas: uma primeira que consistia em desenvolver o conceito a partir da observação das dinâmicas do Objeto; uma segunda voltada a identificar as ações do Objeto sobre as formulações teóricas do Sujeito.

II. Além de Heráclito: o eterno e a ordem lógica

Do que foi observado até aqui podemos compreender o sentido das observações de Losurdo sobre Heráclito e daquelas, complementares, sobre Aristóteles. Concentremo-nos por um momento sobre as primeiras.

Em *L'ipocondria dell'impolitico,* é reportada uma anotação de Hegel, retirada das *Vorlesungen über die Geschichte der Philosophie*, contra o filósofo do *Panta rhei*: "À mudança falta ainda a determinação da

13 *Ibidem,* p. 188.

14 LOSURDO, D. *Filosofare dopo Hegel e Marx. Op. cit.*, p. 70.

identidade consigo, da permanência, da universalidade. O rio está em perene mudança, mas continua também a existir perenemente (*Der Strom verändert sich immer, aber er ist auch perennirend),* sobretudo, é uma imagem, uma existência universal".[15] Seguindo essa linha de Losurdo, Hegel valoriza, em oposição a Heráclito, o ensinamento de Aristóteles e a luta por ele conduzida contra o relativismo:

> à tese heracliana, segundo a qual dado que tudo flui, no mesmo rio não é possível banhar-se duas vezes e, aliás, nem mesmo uma vez, Aristóteles responde distinguindo entre mudança qualitativa e mudança quantitativa. A simples mudança quantitativa não destrói a permanência de uma certa realidade no tempo.

É um aspecto que não deve ser esquecido: "A identidade é uma determinação fundamental e sem ela não se dá a universalidade". Substancialmente, o deslizamento de Heráclito a toda prova corre o risco, segundo Losurdo, de submeter à fugacidade do movimento a própria objetividade conceitual, fazendo-a de tal maneira perder o próprio caráter de objetividade. Dentro da hipostatização do *Panta rhei* tende, portanto, a dissolver-se o permanente, vale dizer, o idêntico, que se conserva no interior do mutável. Ocorre, em vista disso, valorizar a lição de Aristóteles e o "procedimento" de "contestação" lógica com que "se revela a contradição" de um dado discurso, sem nunca exaurir, no plano da argumentação discursiva, "a validade do princípio aristotélico da não contradição".[16]

III. Além de Aristóteles: o processual e a ordem histórica

O princípio em questão se revela aos olhos de Losurdo, sem dúvida, imprescindível para a formulação do discurso filosófico. No entanto, assim como o *Panta rhei* heracliano, ele não deve ser hispostasiado. Ele se revela necessário, mas não suficiente para a construção

15 LOSURDO, D. *L'ipocondria dell'impolitico. La critica di Hegel ieri e oggi*. Lecce: Milella, 2001.

16 *Ibidem,* p. 265-266.

do sistema, uma vez que revela a própria "inadequação" lá onde deseja se aventurar na tentativa de "explicar a realidade social", de "proceder na análise da sociedade e da história". No mais, quando isso acontece, ou melhor, quando se tenta conduzir uma análise do mundo histórico-político através do princípio da não-contradição, "não só não se realiza nenhum conhecimento efetivo da sociedade, mas se procede, ou se tende a proceder, a uma gravíssima mistificação ideológica". Em substância, nos está dizendo Losurdo, o emprego exclusivo do princípio da não-contradição para tomar em exame a realidade histórico-social tende a determinar um deslizamento da filosofia na ideologia. De fato, "a tentativa da razão de deduzir, sob a base exclusiva do princípio da não-contradição, as relações de propriedade, termina por conferir a estas últimas uma absolutização que não lhe compete". A tal propósito, ainda uma vez é citado Hegel:

> 'Através da mera assunção de uma determinação na forma da unidade pura, deve ser esta mesma eleita a unidade absoluta, a lei e o dever. Em conclusão, 'à proposição a propriedade é propriedade', é atribuído 'o significado: a matéria da proposição, ou seja, a propriedade, é absoluta; e imediatamente toda determinação pode ser elevada a dever'.

Explica assim Losurdo: "Absolutizado", a ponto de erguer-se a critério de investigação da realidade histórico-social, "o princípio da não-contradição [...] tende a configurar-se, sub-repticiamente, como instrumento de transfiguração e legitimação de uma empiria historicamente determinada".[17]

Para a compreensão e o juízo do mundo da razão prática, então, tal princípio, próprio da lógica formal, tem necessidade de ser posto ao lado de uma categoria imprescindível da lógica dialética: o conceito de *contradição objetiva*. Cai em erro, de fato, quem retém que as contradições dizem respeito apenas à ordem do discurso e não laceram também o tecido da realidade concreta. Um erro cuja decorrência é mais uma vez o rebaixamento da filosofia em ideologia. De fato,

17 *Ibidem*, p. 267.

afirma Losurdo, "a expulsão das contradições do mundo objetivo, o seu confinamento na esfera puramente subjetiva, desenvolve uma função puramente apologética do existente".[18] Hegel é novamente chamado em causa. A contradição não diz respeito apenas à esfera linguístico-discursiva, mas estrutura a existência enquanto tal: "Quando em uma discussão filosófica se fala do 'não-verdadeiro'", havia escrito o filósofo alemão no § 135 da *Enzyklopädie der philosophischen Wissenschaften*, "este termo não deve ser entendido como se equivalesse a 'não existente'".[19] Comenta assim Losurdo: "Não basta detectar uma contradição lógica; pode bem ocorrer que esta remeta a uma contradição realmente existente". Nesse ponto, todavia, "a supressão da contradição deve ser reivindicada em ambos os níveis", ou seja, no nível lógico-discursivo e no nível da realidade existente. Se o *princípio da não-contradição* remete principalmente à lógica do discurso, o *princípio da contradição objetiva* remete essencialmente à lógica da história. As duas lógicas, todavia, devem proceder em conexão.

Concluímos que, em síntese, se em Heráclito podemos registrar uma carência de atenção para a ordem lógica, em Aristóteles podemos, ao contrário, encontrar um déficit de atenção para a ordem histórica. Os únicos autores na história da filosofia que conjugaram igualmente dimensão aristotélica e dimensão heracliana, vale dizer *ordem lógica* e *ordem histórica*, foram, no ver de Losurdo, precisamente Hegel e Marx.

IV. O filão aristotélico e o esquecimento de Heráclito

O declínio do interesse por Heráclito, pela processualidade histórica e pela relação entre contradições lógicas e contradições objetivas, faz pensar na afirmação sempre mais imponente no século XX ocidental da filosofia analítica.[20] Parece ser este o alvo de um ensaio

18 *Idem.*

19 *Ibidem*, p. 268 (citando Hegel).

20 Sobre a presença de Aristóteles na filosofia analítica, ver: BERTI, E. Platone e Aristotele nella filosofia analitica. *In*: Spinelli, E. *I filosofi antichi nel pensiero del Novecento.*

de Losurdo, já desde o título muito eloquente: *"Svolta linguistica" o "svolta storica" nella costruzione del discorso filosófico?**

Mas o discípulo de Massolo tem também em mente Edmund Burke, que, bem antes da filosofia analítica, condenava, contra Fichte e Hegel, "os princípios gerais da Revolução Francesa" exatamente em nome de Aristóteles. De outro lado, Losurdo recorda:

> Naqueles anos, o aristotelismo é um pouco a ideologia oficial do conservadorismo: a abstração dos princípios revolucionários é contraposta à concretude da *Eudaimonia*, de uma sonolenta felicidade no sulco da tradição e afastada das agitações revolucionárias. Não por acaso, um dos mais importantes órgãos de imprensa do tempo leva o nome de 'Eudämonia'.[21]

O ocultamento da relação entre filosofia e história, ou entre contradição lógica e contradição real, se encontra, no entanto, na base de uma ulterior polêmica que Losurdo desenvolve em mais de um escrito: aquela contra toda uma orientação exegética estigmatizada como "hermenêutica da inocência". Uma impostação intelectual que tende implicitamente a postular "a transcendência supramundana e suprapolítica das ideias". Novamente é evocada a lição de Massolo: por trás de uma tal hermenêutica, por trás da absoluta rejeição da "politização do discurso filosófico", reside isso que o filósofo palermitano, aluno de Fazio Allmayer, havia designado como "a nostalgia pelo belo paraíso perdido, pelo belo jardim, onde nada turbava a nossa [dos intelectuais] inocência e a fé na nossa objetividade garantida pela nossa interna sinceridade".[22]

Embora exista e tenha existido desde o século XX uma filosofia analítica da história, no seu conjunto o filão aristotélico conduz a

---

Roma: Ministero della Publica Istruzione, p. 17-24, e BERTI, E. *Aristotele nel Novecento.* Roma-Bari: Laterza, 2008.

* N. T.: "Virada linguística" ou 'virada histórica' na construção do discurso filosófico".

21 LOSURDO, D. *Hegel e la libertà dei moderni.* Nápoles: La scuola di Pitagora, 2012, p. 309.

22 *Idem*, Lukács e la distruzione della ragione. *In*: D. Losurdo, P. Salvucci, L. Sichirollo (org.). *György Lukacs nel centenário della nascita 1885-1895.* Urbino: Quattroventi, 1986, p. 141.

um vazio de indiferença em relação à ordem diacrônica, em relação àquela processualidade heracliana que avança ao som de oposições e no terreno da qual estão destinadas a surgir as ideias e os sistemas filosóficos; conduz, em última análise, ao vício de uma substancial relutância a reconduzir a suposta absolutez da construção discursiva à relatividade do contingente.

Mas não se pode, afirma Losurdo, continuar a ignorar *ad libitum* a ruptura epistemológica ocorrida nesse meio tempo em virtude de tal ruptura hoje:

> a refutação não se limita mais, como em Aristóteles, à argumentação das contradições lógicas em que incorre o adversário. Com Hegel, e a partir de Hegel, mudou-se a técnica mesma do discurso filosófico, e não pelo fato de serem negadas as regras da lógica formal, mas pelo fato de elas serem consideradas inadequadas para a compreensão da realidade histórica e assim para a própria construção do discurso filosófico.[24]

Por outro lado, ignorar o conceito marxiano de *ideologia* e "o entrelaçamento de justificação e refutação",[24] assim como ignorar a relação hegeliana entre *contradição lógica e contradição real*, leva em direção a uma explicação totalmente ilógica da própria contradição lógica.

O erro ou o sistema do adversário é explicado substancialmente como o resultado de uma falta de engenho ou como loucura do sujeito que a elabora. Assim, se Fichte contava, entre "os simplórios, os hipócritas e os intelectuais vendidos", os adversários alemães da Revolução Francesa, de sua parte Constant insere precisamente Fichte "entre os 'loucos' de ideias mais ou menos jacobinas". Em contrapartida, os próprios revolucionários franceses "são levados a atribuir à ignorância e à má-fé subjetiva as resistências e os obstáculos que

23 *Idem*, "Svolta linguistica" o "svolta storica" nella costruzione del discorso filosófico? *In*: Castellana, M., Ciraci, F., Fazio, D., Ria, D., Ruggieri, D. (org). *Filosofia e storiografia. Studi in onore di Giovanni Papuli*. Galatina: Congedo Editore, 2008, p. 526.

24 *Ibidem*, p. 532.

encontram sob o seu caminho". Chegando ao século XX, se "Talmon denuncia a 'veia paranoica' que caracterizaria Rousseau, Robespierre, Saint-Just e Babeuf"; Eric Voegelin, por sua vez, "atribui a Marx uma 'consciente, deliberada e sapientemente elaborada obstrução da *ratio*'"; pela qual o autor de *O Capital* é apontado como um "trapaceiro intelectual", que tem "qualquer coisa de patológico". Não mais feliz é o caso de Popper, que acusa Hegel "de ter 'audazmente proposto indagar e encantar os outros'" e Fichte de ter fundado a própria carreira "sob fraude" desde o princípio. Em todos aqueles casos, nos quais se faz abstração do conceito de *ideologia* e da relação entre contradições lógicas e contradições reais, "a categoria de falsa consciência" tende a ser substituída por aquela de loucura ou de falsificação consciente e de desonestidade pessoal". Não diversamente, se "aos olhos de Heidegger a história do pensamento ocidental aparece como a história do "esquecimento do ser" ou do "erro", por outro lado, Severino fala "da loucura, aliás, da 'extrema loucura'", condenando "toda a história do Ocidente como história do niilismo".

Resta, todavia, um fato: "A loucura [...] dificilmente pode ser considerada uma explicação". Assim, se "do ponto de vista de Hegel e Marx é possível compreender" autores como "Heidegger (e Severino) ou Voegelin, sem que o seu pensamento seja reduzido à loucura", é, porém, impossível conduzir "a operação contrária" sem aceitar a mesma ordem do discurso de Hegel e Marx.

V. O filão heracliano e o esquecimento de Aristóteles

Não esquecer a relatividade do contingente – e a sua conexão com os supostos absolutos discursivos – não significa para Losurdo proceder à sua hipostatização. Ao contrário, é isso que tende a acontecer àquele que, em um sentido não menos geral e extensivo do que aquele que fizemos para o filão aristotélico, de filão heracliano.

Nessa segunda forma de unilateralidade vemos, por exemplo, escorregar frequentemente um autor como Nietzsche que, ao ilustrar o eterno retorno do idêntico, tenta rejeitar a teoria unilinear do tempo

– demonstrando, para isso, a sua gênese temporal. De outra parte, para Nietzsche, nota Losurdo, "não existem territórios neutros" e até a "física, com a sua teorização de leis válidas para todos, remete ao odiado igualitarismo". Segundo o autor de *Zaratustra,* "não é neutra nem a arte": não por acaso ele "surpreende na tragédia euripidea um conflito político-social que, longe de ter sido concluído, faz sentir a sua presença e a sua aspereza no presente".[25]As coisas estão diferentes para Marx, o qual "parece colocar" não apenas a arte, mas também "a ciência em uma esfera ao menos parcialmente transcendente do conflito". No todo, de fato, "a denúncia marxiana da falsa consciência enquanto instrumento de legitimação de interesses inconfessados anda *pari passu* com o *pathos* da objetividade do autêntico saber científico e da sua carga emancipatória". É um ponto sobre o qual Losurdo insiste frequentemente. Marx e Engels vislumbram na razão e em algumas de suas manifestações a capacidade de transpor o próprio tempo, a capacidade de ultrapassar os limites da ideologia. Naturalmente eles...

> São bem conscientes do fato de que à razão e às luzes da razão se pode recorrer para legitimar o domínio e a opressão; resta o fato de que tal modo de proceder pode ser evidenciado e refutado apenas mediante um novo, mais articulado e convincente recurso à razão e às luzes da razão [...] Remetendo à razão e submetendo-se ao seu controle, o 'preconceito' iluminista é capaz de pôr em discussão a si próprio; não assim o preconceito anti-iluminista [...] o discurso lógico-racional é capaz de refutar a si próprio e de compreender o quanto de válido poderia haver no outro tipo de discurso; de uma análoga operação não é capaz o discurso sapiencial.[26]

Contrariamente a Nietzsche, sublinha Losurdo, "Marx é discípulo de Hegel" e continua, portanto, "a agir [no seu pensamento] a lição relativa ao espírito absoluto".[27]

---

25 LOSURDO, D. *Nietzsche, il ribelle aristocratico. Biografia intellettuale e bilancio critico*. Turim: Bollati Boringhieri, 2002, p. 901-902.

26 *Idem, La lotta di classe. Una storia politica e filosófica*. Roma-Bari: Laterza, 2013, p. 74-76.

27 *Idem, Nietzsche, il ribelle aristocratico. Op. cit.*, p. 78.

A recaída na unilateralidade heracliana que dissolve o saber em ideologia, e que perde o permanente que se conserva no interior do mutável, não se limita ao autor de *Zaratustra*, mas investe também no século XX. De fato, se "para Nietzsche tudo é atravessado em profundidade pelo conflito" e "não há expressão cultural que possa reivindicar uma relativa e parcial autonomia", analogamente "para Gadamer tudo é dominado pelo preconceito".[28]

Trata-se de uma tendência que reencontramos também em Foucault e no foucaultismo, não por acaso ambos os admiradores de Nietzsche: este ir à "caça de relações de poder para desmascarar e para condenar" em todo âmbito, que parece de alguma forma mostrar analogias com Marx, conduziu, em última análise, a resultados nada fecundos seja para o processo de expansão das consciências ou o de emancipação como um todo. De fato, "a identificação imediata entre razão e domínio favoreceu o emergir de uma hermenêutica do suspeito universal e comprometeu largamente o espaço da comunicação intersubjetiva: qualquer proposição é lida fazendo abstração da sua base argumentativa e da sua estrutura lógica, qual expressão da luta de classes".[29]

É evidente aqui a menção implícita a Aristóteles ao querer manter firme a "base argumentativa" e a "estrutura lógica". De fato, estes não podem dissolver-se inteiramente no interior da ordem histórica.

Um símile deslize heracliano, excessivamente evasivo diante das lições aristotélicas, encontra traços até em Gramsci: a tese formulada nos *Quaderni del Carcere,* segundo a qual "o materialismo histórico é destinado a transformar-se em 'aparência' e depois perecer, uma vez que, com o advento da sociedade regulada, terminam por desaparecer a estrutura social e as 'contradições' nas quais 'ela funda as suas raízes'", e a tese em substância "da caducidade do materialismo histórico deixa pressupor a coincidência da gênese histórica com a

28 *Idem, La lotta di classe. Una storia politica e filosófica. Op. Cit,* p. 75.

29 *Ibidem*, p. 78.

validade de uma teoria", que parece marcada por um déficit de aristotelismo. Trata-se, a bem ver, de um "erro análogo àquele visto em Nietzsche, que crê refutar a visão unilinear do tempo sublinhando nela a sua gênese no tempo".[30] Ainda uma vez, podemos dizer, com Massolo, a *temporalidade* e a *ordem lógica* – esta inteiramente diluída no interior da *ordem histórica*. Não é deixado qualquer direito de cidadania, neste procedimento, ao Espírito Absoluto.

VI. Espírito Absoluto e relatividade histórica. A Essência e a Existência

Se por Espírito Absoluto devemos entender aquele espírito que, embora fundando as próprias raízes no terreno do Espírito Objetivo, está igualmente em condições de transcendê-lo, então os dois momentos, vale dizer, o momento do *condicionamento histórico* e aquele da *transcendência teórica*, devem ser tidos bem presentes, tanto na sua diferença quanto na sua inextrincável conexão, sob pena da fácil deterioração do conceito em *expressão* e da *filosofia* em *ideologia*.

A tal propósito, se na "hermenêutica da inocência" e na filosofia analítica podemos, em geral, encontrar aquele mesmo déficit que se encontra em Aristóteles – assim dizendo, uma carência de atenção para a ordem histórica –, em autores como Nietszche, Gadamer, Foucault e, em uma certa medida, Gramsci, podemos anotar o mesmo déficit que registramos em Heráclito – uma carência de atenção pela ordem lógica.

Nos vemos neste ponto reconduzidos a Lenin que, em um livro sobre *Materialismo e empiriocriticismo*, embora precedente ao estudo da *Lógica* hegeliana e ainda marcado pelo fascínio por Feuerbach e Diderot, havia demonstrado já ter afirmado a diferença entre os dois níveis e a sua conexão, bem como a ruptura epistemológica operada no campo da filosofia: "A dialética marxista", afirma aqui o futuro

30 LOSURDO, D. "Svolta linguistica" o "svolta storica" nella costruzione del discorso filosofico. *Op. cit.*, p. 544.

revolucionário, "compreende em si incontestavelmente o relativismo, mas não se reduz a ele".[31] E por essa breve, mas importante afirmação de Lenin, somos conduzidos também a Franco Fortini, que em uma entrevista concedida ao *Paese Sera* de junho de 1977 declarou: "Somos relatividades históricas atravessadas por um fluxo meta-histórico".[32] Mais uma vez, os dois momentos, aquele da "relatividade histórica" e aquele do "fluxo meta-histórico", são tomados em conjunto no seu equilíbrio sem que um deva ser sacrificado no altar do outro.

O que foi observado até aqui nos reporta ao ponto do qual havíamos partido: a ruptura epistemológica realizada por Hegel na história da filosofia. Hegel na *Scienza della Logica* havia definido a Realidade (*Wirklichkeit*) como "a unidade da essência e da existência", ou "do interno e do externo".[33] A essência, por seu turno, constitui "a verdade do ser",[34] bem como a "unidade absoluta do ser em si e do ser para si". Unidade "privada de determinação", mas também unidade que não é "nem em si nem para si mesma", sendo apenas "mediante um outro", vale dizer, mediante a própria "reflexão extrínseca". A essência, de fato, "passou na existência" e a existência "é a sua absoluta exteriorização" (*estrinsecazione*).[35] Podemos, portanto, facilmente compreender como, para Hegel, Essência e Existência não podem ser separadas: efetivamente, se de um lado a essência da Essência é aquela de aparecer, de outro, o aparecer constitui, por sua vez, a exteriorização da Essência. Incorre, portanto, em erro – no erro de cindir esta relação, tanto quem esquece a Existência em nome da Essência, quanto quem esquece a Essência em nome da Existência. É nessa última unilateralidade que, segundo Losurdo, parece escorregar Sartre, o qual em *L'esistenzialismo è un*

31 LENIN, V. *Opere scelte in sei volumi*. Roma: Editori Riuniti, v. 3, 1973, p. 109.

32 FORTINI, F. *Un dialogo ininterrotto. Interviste 1952-1994*. Turim: Bollati Boringhieri, 2003, p. 186.

33 HEGEL, G. W. F. *Scienza della lógica*. Roma-Bari: Laterza, 1974, p. 196-197.

34 *Ibidem*, p. 1-3.

35 *Ibidem*, p. 132.

umanesimo se refere a Heidegger "e à categoria de *Dasein* [...] para negar qualquer ideia de 'natureza humana' e para definir o homem como 'o ser em que a existência precede a essência, um ser que existe antes de poder ser definido por qualquer conceito'", o que, para o filósofo francês, "significa dizer 'que é preciso partir da subjetividade'".[36] Trata-se de um encontro, aquele entre Sartre e Heidegger, que "ocorre no terreno da comum rejeição", mais do que de Hegel, "das fundamentais teses marxistas da objetividade do processo histórico e do condicionamento social da consciência".[37]

Vejamos, para concluir, como em Losurdo os conceitos de Essência, Objetividade e Universalidade se encontram em uma indissolúvel ligação, de modo tal que cada um deles remete incessantemente ao outro. Estes, todavia, são hegelianamente entendidos em sentido sempre inclusivo, nunca exclusivo, pois abraçam dentro de si também o seu oposto. Eis como, ainda na esteira de Hegel, ele define o conceito de "verdade": "O verdadeiro é tal" apenas "na medida em que consegue justificar a si mesmo e o outro de si", e em tal sentido "a dialética é o meta-discurso que permite abraçar a unidade desses dois termos – verdadeiro e falso – embora na sua distinção".[38]

Concluindo, podemos então afirmar que, segundo o *hegelmarxismo*, uma *lógica do verdadeiro*, para ser realmente tal, deve pressupor dentro de si também uma *lógica do falso*, e que, portanto, a *ordem lógica*, para ser plenamente lógica, deve pressupor dentro de si também a *ordem histórica*. Nisso consiste a virada epistemológica que Hegel e Marx realizaram na história da filosofia; fechar os olhos diante dessa virada significa encorajar o fácil deslizamento da

36 LOSURDO, D. L'engagement e i suoi problemi. *In*: G. M. Cazzaniga, D. Losurdo e L. Sichirollo (org.). *Prassi. Come orientarsi nel mondo.* Urbino: QuattroVenti; Nápoles: Istituti Italiano per gli Studi Filosofici, 1991, p. 126-127.

37 *Ibidem*, p. 127.

38 LOSURDO, D. "Svolta linguistica" o "svolta storica" nella costruzione del discorso filosófico? *Op. cit.*, p. 523-524.

filosofia na ideologia. Deslizamento que ocorre, como Marx amplamente demonstrou nos seus escritos, na maioria das vezes, de maneira irrefletida e inconsciente.

Referências

BERTI, E. Platone e Aristotele nella filosofia analitica. *In*: Spinelli, E. *I filosofi antichi nel pensiero del Novecento*. Roma: Ministero della Publica Istruzione.

______. *Aristotele nel Novecento*. Roma-Bari: Laterza, 2008.

FORTINI, F. *Un dialogo ininterrotto. Interviste 1952-1994*. Turim: Bollati Boringhieri, 2003.

HEGEL, G. W. F. *Scienza della lógica*. Roma-Bari: Laterza, 1974.

LENIN, V. *Opere scelte in sei volumi*. Roma: Editori Riuniti, v. 3, 1973.

LOSURDO, D. Filosofare dopo Hegel e Marx. Rilleggendo Arturo Massolo. *In*: N. De Domenico e G. Puglisi (org.). *Il filosofo e la città. Studi su Arturo Massolo*. Veneza: Marsilio, 1988.

______. *Il marxismo occidentale. Come nacque, come morì, come può rinascere*. Roma-Bari: Laterza, 2017.

______. *Hegel e la libertà dei moderni*. Nápoles: La scuola di Pitagora, 2012.

______. *La lotta di classe. Una storia politica e filosófica*. Roma-Bari: Laterza, 2013.

______. L'engagement e i suoi problemi. *In*: G. M. Cazzaniga, D. Losurdo, L. Sichirollo (org.). *Prassi. Come orientarsi nel mondo*. Urbino: QuattroVenti; Nápoles: Istituti Italiano per gli Studi Filosofici, 1991.

______. *L'ipocondria dell'impolitico. La critica di Hegel ieri e oggi*. Lecce: Milella, 2001.

______. Lukács e la distruzione della ragione. *In*: D. Losurdo, P. Salvucci, L. Sichirollo (org.). *György Lukacs nel centenário della nascita 1885-1895*. Urbino: Quattroventi, 1986.

______. *Nietzsche, il ribelle aristocratico. Biografia intellettuale e bilancio critico*. Turim: Bollati Boringhieri, 2002.

______. "Svolta linguistica" o "svolta storica" nella costruzione del discorso filosófico? *In*: Castellana, M., Ciraci, F., Fazio, D., Ria, D.,

Ruggieri, D. (org). *Filosofia e storiografia. Studi in onore di Giovanni Papuli*. Galatina: Congedo Editore, 2008.

MARX, K. e ENGELS, F. *L'Ideologia tedesca*. Roma: Editori Riuniti, 1973.

MASSOLO, A. Filosofia e libertà. *In*: *Logica hegeliana e filosofia contemporânea*. Florença: Giunti/Bemporad, 1967.

______. Schelling e l'idealismo tedesco. *In*: *La storia della filosofia come problema*. Florença: Vallecchi, 1973.

O conceito de homem enquanto tal e o difícil caminho do universal

Emanuela Susca[1]

Estudioso e intelectual, apaixonadamente engajado, Domenico Losurdo deixou-nos uma massa conspícua de volumes e ensaios que oferecem uma riqueza de ocasiões de reflexões, categorias, chaves de leitura ou releitura não convencionais e preciosos instrumentos para análise. Nas páginas que seguem, escolhi refletir em particular sobre sua intervenção na questão do universal, tema pelo qual eu me apaixonei graças à orientação de Losurdo e que me é particularmente caro por suas implicações morais, além das obviamente políticas.

É, portanto, evidente que falar sobre a maneira moderna de entender os problemas e os dilemas da moral significa amarrar os fios de um discurso que começa com as reflexões a respeito de universal e particular da grande filosofia alemã do final do século XVIII e da primeira parte do século XIX. É exatamente a partir de Kant que se chega a considerar propriamente "moral" o que é válido para todos os homens e difundido universalmente; depois, com Hegel, se estreita o nexo entre a moral e a construção do conceito universal de homem.[2]

Aproximou-se daquele patrimônio de ideias no vivaz contexto cultural de Urbino, e graças à mediação de mestres como Arturo Massolo e Pasquale Salvucci, Losurdo bem cedo soube reconhecer em Marx não somente o teórico do capital ou da revolução, como

---

1 Pesquisadora junto à Universidade de Urbino. Tradução de Ana Maria Said.

2 Cf. LOSURDO, D. *Hegel e la libertá dei moderni*. Roma: Riuniti, 1992, cap. VII.

também, talvez sobretudo, o pensador capaz de explicitar e levar a uma formulação mais madura a precedente lição universalista dos grandes filósofos burgueses. Desse ponto de vista, com efeito, ele o olhava como aquele que havia fornecido imprescindíveis armas intelectuais para enfrentar, inclusive na atualidade, além da opressão de classe em todas as suas dimensões, as ideologias mais ou menos veladamente racistas. Contra qualquer dogmatismo ou esquematismo, ele dirigia sua atenção e a dos alunos para "a insistência de Marx sobre o 'homem' como ente genérico" e, por isso, sobre o papel decisivo do próprio Marx na difícil, e ainda em parte incompleta, "luta para a construção do conceito universal de homem".[3]

Todavia, como é evidente e claro pelo menos para os leitores da sua obra, do estudo da filosofia dos séculos precedentes Losurdo sabia extrair instrumentos e categorias interpretativas úteis para compreender as evoluções posteriores e, a partir daí, a realidade em que estamos imersos, e com ela o cenário global do qual nossa porção de mundo é, obviamente, uma parte inseparável. Não podia, portanto, deixar de abordar as análises do século XX, aquele "breve século" que para muitos era sinônimo de horror e intoxicações ideológicas, das quais cumpria emendar-se para entrar dignamente no novo milênio, e que Losurdo, ao invés disso, ensinou a ler como o século no qual gigantescos horrores e erros se entrelaçaram com momentos e dinâmicas de indiscutível grandeza e valor progressivo. Foi o que deixou bem claro a apaixonada e, ao mesmo tempo, mais que documentada polêmica contra um livro que se tornou rapidamente uma das máximas referências das direitas, principalmente europeias, mas não só: o *Libro nero del comunismo* (Livro negro do comunismo).

Apesar dos pesares, o século XX representou o advento da democracia graças ao comunismo e ao desafio representado por ele. O *Libro nero* (Livro negro) faz bem em chamar a atenção sobre quanto de

3 LOSURDO, D. *Marx e il bilancio storico del Novecento*. Nápoles: La Scuola di Pitagora, 2009.

horrível existe na história daquele movimento. Mas, sem apreender o entrelaçamento de horror e de carga emancipadora, não se compreende nada, nem do comunismo nem do século que chega ao fim.[4]

Esse também é o tema central do precioso opúsculo sobre o *Peccato originale del Novecento* (Pecado original do século XX),[5] que caracterizava para o grande público o século que chegava ao fim como um entrelaçamento de emancipação e desemancipação, afastando decididamente qualquer condenação moralista lançada pelos que, mesmo perante conquistas e episódios de seguro valor progressista, teimavam em somente recordar do recente passado os horrores indizíveis, como as guerras mundiais, o extermínio dos judeus, a guerra atômica ou o Gulag. De fato, foi no decorrer do século XX que se afirmou, ainda que de modo contraditório e incompleto, aquele conceito universal do homem em que se reconhece seu imprescindível significado moral, e graças ao qual todos nós podemos hoje discernir as formas atuais da opressão, optando por não adotar o ponto de vista do dominador (a quem não faltam justificações ideológicas e apoios interesseiros), mas o dos dominados.

I. Contra a condenação moralista da política e da história

Enquanto intelectual rigoroso e lúcido e não como homem de partido, Losurdo comentava constantemente nas conversas e nos escritos que o avanço no século XX do conceito universal de homem não podia ser compreendido sem considerar as lutas levadas adiante pelos comunistas, isto é, aquele grandíssimo número de políticos, intelectuais e militantes que estiveram entre os indiscutíveis protagonistas mundiais da política do século XX, e que agora aparecem encolhidos em número, em ambições e marginalizados, quando não apontados como responsáveis ou corresponsáveis por um passado

4 LOSURDO, D. Una rivoluzione. *In*: Rossanda, R. *Sul libro nero del comunismo. Una discussione nella sinistra.* Roma: Manifestolibri, 1998, p. 61-68.

5 *Idem*, *Il peccato originalle del Novecento*. Roma-Bari: Laterza, 1998.

trágico e profundamente imoral, porque incuravelmente descuidado da pessoa humana e dos seus direitos.

Losurdo se opunha precisamente a essa liquidação e ao correspondente abandono do campo que ela afetou, examinando os fatos e as ideias, sem ceder nunca aos lugares comuns, mas também, e sobretudo, rejeitando e ensinando a rejeitar a frequente, mas enganosa contraposição entre moral e política, que muitas vezes é usada para acusar de imoralidade não apenas o comunismo, mas a esfera mesma de ação política. Por isso mesmo, lhe era preciosa a lição de Hegel, o filósofo em quem estavam bem presentes as "afirmações do primado da política", a "rejeição da elevação consoladora do mundano e do político a uma esfera meramente intimista", e a "ambição de construir uma polis terrena como lugar de satisfação e reconhecimento recíproco entre os homens".[6] Foi partindo dessa lição que ele se opôs à reconstrução unilateral e às acusações enviesadas para a ideia de que o comunismo deve ser também entendido como um capítulo essencial da história da moral e, mais precisamente, da história da afirmação de uma moral universal.

Também nesse sentido, e não apenas em um aspecto imediatamente político, é considerada a retomada da difícil superação das três grandes discriminações (censitária, de gênero, racial), tematizada e analisada de modo particular na documentadíssima e envolvente reconstrução da história do sufrágio universal,[7] mas que transcende evidentemente o âmbito da trajetória difícil e contrastante da representação política. Na verdade, trata-se aqui de um "movimento" mais amplo e total, que não será excessivo ou enfático colocar sobre o plano da história universal:

> A superação das três grandes discriminações foi possível por um duplo movimento: as numerosas e grandes revoluções de baixo para cima, seja na metrópole capitalista ou nas colônias e, frequentemente,

6 LOSURDO, D. *Hegel e la libertà dei moderni. Op. cit.*, p. 311.

7 *Idem, Democrazia o bonapartismo. Trionfo e decadenza del suffragio universale.* Turim: Bollati Boringhieri, 1993.

> inspiradas pela Revolução de Outubro e pelo movimento comunista, que se entrelaçaram com revoluções de cima para baixo, promovidas a fim de impedir novas revoluções de baixo para cima.[8]

Na perspectiva de Losurdo, figuras como Lenin, Gramsci, Stalin, Togliatti e Mao não são retratos de um *pantheon* a preservar nostalgicamente, mas protagonistas maiores de uma transformação que, além de seu importantíssimo significado político, tem também um imenso significado moral.

É o que ele mostrou de modo exemplar a propósito de Gramsci, valorizando particularmente nos escritos de juventude o distanciamento em relação ao liberalismo e ao socialismo de seu tempo, por serem incapazes de pensar a humanidade nela incluindo quem não é branco europeu e os próprios estratos populares; valorizando também a crítica subsequente ao Ocidente enquanto antiuniversalista e, enfim, a afirmação da substancial equivalência entre marxismo e universalismo.[9]

Ainda mais claramente reveladores são a atenção e os estudos dedicados a Stalin, ou seja, ao personagem mais "incômodo" de todos e o que mais do que qualquer outro foi enquadrado em leituras moralistas, ou até mesmo em pseudoexplicações de tipo psicopatológico. Investigar a história do dirigente soviético e do stalinismo, com certeza, era também – mais uma vez – um modo de rejeitar "o lugar comum que ama contrapor o robusto senso moral do mundo liberal-burguês ao maquiavelismo sem escrúpulos dos protagonistas do movimento comunista"[10] e, paralelamente, para propor uma avaliação e levar avante a análise com um método mais profícuo e sério.

Qual era esse método fica claro para qualquer um que o tenha lido e observado com atenção suas aplicações. Limpando o terreno da

---

8 LOSURDO, D. *Fuga dalla storia? Il movimento comunista tra autocritica y autofobia*. Nápoles: La Città del Sole, 1999, p. 86.

9 Entre as numerosas páginas dedicadas a Gramsci, ver sobretudo *Antonio Gramsci dal liberalismo al 'comunismo critico'*. Roma: Gamberetti, 1997.

10 LOSURDO, D. *Stalin. Storia e critica di una legenda nera*. Roma: Carocci, 2008, p. 245-246.

mistificação ideológica e dos lugares comuns, Losurdo pesava realisticamente as elaborações teóricas dos autores em campo e, sem pretender fazer derivar as práticas políticas dessas elaborações, procedia paralelamente a um estudo dos eventos e, em particular, das convulsões históricas e das revoluções na perspectiva da análise comparada.[11]

Além disso, deve ser enfatizado e recordado como seu modo de trabalho era totalmente alheio à tendência ou tentação de derrubar a argumentação dos oponentes, contrapondo de maneira maniqueísta a tradição revolucionária à tradição liberal e burguesa. E isso não só porque, como gostava de lembrar, no plano das ideias não se pode compreender Marx ou Lenin sem reconhecer neles a presença de grandes teorizações como as hegelianas ou kantianas, mas sobretudo porque a trajetória política e histórica dos marxistas e comunistas se desenrolou em uma sucessão de conquistas e retrocessos que não ocorreram, por assim dizer, "no vazio", mas em uma relação de influências recíprocas (bem como obviamente de desafio mútuo) com forças políticas, personalidades e grupos ligados de vários modos a outras tradições e, maiormente, à trajetória contemporânea do liberalismo.

II. Contra as *mistificações*, pelo *universal*

Vemos todos, claramente, como hoje se presta, em muitas partes e de modo quase unânime, uma homenagem ao universalismo, mas somos, ao mesmo tempo, obrigados também a admitir que o universal é cada vez mais ideologia e vazio retórico, senão simples cortina para cobrir sumariamente interesses imediatos e inconfessáveis.

Em um contexto no qual, consequentemente, o reconhecimento do universal pode conviver com a opressão e a exploração, é ainda às reflexões de Losurdo que podemos retornar de modo útil. Como não recordar, com efeito, sua lúcida e apaixonada luta contra o pseudouniversalismo liberal, que ataca os direitos econômicos e

11 Sobre a importância da análise comparada, ver *Il Rivisionismo Storico. Problemi i miti*. Roma-Bari: Laterza, 1996, em particular p. 37-86.

sociais e que adota o neocolonialismo quando golpeia (com palavras e constantemente por fatos) países e povos inteiros economicamente desfavorecidos? É uma batalha em que Losurdo gastou décadas de empenho e de trabalho, refutando com particular vigor, e sem nunca cair no antiamericanismo ingênuo e grosseiramente militante, os objetivos hegemônicos e o universalismo postiço dos Estados Unidos:

> [...] a pretensão de um único país e de uma única civilização (com seus pontos fortes e débeis, suas páginas gloriosas e ignóbeis) de ser a encarnação da universalidade é sinônimo não apenas de universalismo como também de sua negação. A atual situação internacional é caracterizada por uma contradição de fundo; por um lado, difusas são as exigências e o fascínio pelo universalismo, por outro lado, pretendendo ser o seu intérprete privilegiado ou exclusivo, temos um país que se autorrepresenta como a 'nação eleita' por Deus ou como única 'nação indispensável' e que reivindica para si a 'excepcionalidade'; em outras palavras, agitando com zelo particular a bandeira do universalismo é o pais que encarna o etnocentrismo mais exaltado.[12]

Retornando, portanto, ao abuso do universal, Losurdo se esforçava por "denunciar tais mistificações" sem "voltar as costas ao universalismo", que antes, para ele, era "o fundamento próprio de tal denúncia".[13] E nessa batalha combatida em duas frentes, colocava-se em objetiva consonância com Pierre Bourdieu, outro intelectual ferozmente crítico, igualmente empenhado em desmascarar o pseudouniversal e chamar de volta o próprio universal. É um programa resumido eficazmente por aquele sociólogo francês:

> Não há contradição, para além das aparências, em lutar a um tempo contra a hipocrisia mistificadora do universalismo abstrato e, por outro, para o acesso universal às condições do universal, objetivo

---

12 LOSURDO, D. *Imperialismo e questione europea*. Alessandroni, E. (org.). Nápoles: La Scuola di Pitagora, 2019, p. 371.

13 *Idem*, L'universalismo difficile. Diritti dell'uomo, conflito sociale e contenzioso geopolítico. *In*: Cotturri, G. (org.). *Guerra e diritto, "Democrazia e diritto"*. Milão: Franco Agneli, n. 1, 1999, p. 157.

> primário de qualquer autêntico humanismo, que a pregação universalista e a (falsa) subversão niilista terminam ambas por esquecer.[14]

Sem prejuízo da necessidade de refutar a mistificação universalista, cabe ainda rejeitar a rebeldia ingênua e teoricamente débil de quem lança dardos contra o universal crendo assim assumir as razões dos dominados, subjugados em nome do pseudouniversal. É uma posição que podemos também atribuir a Losurdo, que a enriqueceu com algumas considerações até simpáticas sobre a posição antiuniversalista assumida frequentemente pelos movimentos de emancipação. É o que bem mostra uma interessante contribuição publicada em *Critica Marxista*:

> A passagem da reivindicação da igualdade para a afirmação da própria diferença é, em primeiro lugar, o sintoma do processo de radicalização de um movimento de emancipação. Em certo estágio de desenvolvimento, já não mais se satisfaz com a cooptação, prévia assimilação, de alguns de seus elementos individuais no grupo dominante. Exige o reconhecimento do grupo oprimido ou subalterno enquanto tal, que, portanto, bem longe de camuflá-las ou mitigá-las, acentua e reitera a própria identidade e a própria diferença.[15]

A contestação do universal e a ênfase sobre a própria peculiaridade podem, efetivamente, ser uma recusa libertadora da assimilação e demonstração da consciência de si, alcançada por uma subjetividade oprimida. E, para Losurdo, foi exatamente isso que ocorreu com o feminismo da diferença:

> Olhando mais de perto, os diversos movimentos que se inspiram na cultura da diferença trovejam contra a abstração da categoria de homem enquanto tal, mas criticam, na realidade, a excessiva "concretude" de que resultam historicamente plenas as Declarações dos direitos, os quais, ao definir o sujeito titular dos direitos

---

14 BOURDIEU, P. *Meditazioni pascaline*. Milão: Feltrinelli, 1998, p. 78.

15 LOSURDO, D. Uguaglianza, universalità, differenza. *Critica Marxista*, n. 4, 1998, p. 56.

> inalienáveis, não souberam conduzir até o fim a abstração da raça, do censo e do sexo; aqueles movimentos acreditam celebrar a diferença, e de fato fazem apelo em primeiro lugar à universalidade, porém, uma universalidade à qual justamente pedem que esteja em grau de abranger as diferenças.[16]

Losurdo assumiu aqui o ensinamento hegeliano de que o universal só é verdadeiro se puder acolher dentro de si o particular. Ele evocava frequentemente, e com particular calor, esse princípio na batalha contra a celebração retórica do universal e por uma universalidade mais rica e verdadeira.

III. A derrota da esquerda, autocrítica, possível renascimento

Losurdo, na maturidade, foi também um intelectual empenhado em dar conta tanto dos motivos da derrota da esquerda (não somente da italiana), quanto das razões da própria esquerda a tais derrotas. Nessa perspectiva, estigmatizava não somente a conversão acrítica da "esquerda de governo", supostamente "responsável" ao livre mercado e à democracia burguesa, mas também, às vezes ainda mais, aquela espécie de *mea culpa* sofrida, e em tudo estéril, com que os componentes menos submissos ao ponto de vista dominante pretendiam (e pretendem) emendar-se de supostas culpas passadas, tomando distância em relação a partes significativas e simbólicas da sua própria história (como o comunismo soviético ou chinês, o stalinismo, o assim chamado marxismo "oriental" ou, na Itália, o realismo político e "cínico" de Togliatti).

É preciso esclarecer ou reiterar que, motivando aquelas polêmicas, não havia uma intenção apologética sobre o passado do movimento

---

16 *Ibidem*, p. 63-64. Sobre a acusação antiuniversalista do feminismo da diferença, e a análise de Losurdo, remeto a Susca, E. Oltre l'essenzialismo: significati e limiti nel discorso feminista della differenza. *In*: Azzarà, G. S., Ercolani, P., Susca, E. (org.). *Diallettica, storia e conflito. Il proprio tempo appreso nel pensiero*. Nápoles: La scuola di Pitagora, 2011, p. 661-678.

comunista ou socialista, mas a convicção solidamente fundamentada de que se estava perdendo ou se fosse perder a ocasião para uma autorreflexão verdadeira e, portanto, para uma autocrítica autêntica, com intuito de extrair dela os devidos ensinamentos. Sob essa ótica, Losurdo critica asperamente um reposicionamento nem tático nem estratégico, em que os protagonistas do passado deles próprios foram consignados a uma *damnatio memoriae* pouco generosa do ponto de vista moral e humano, mas principalmente enganosa em termos de reconstrução histórica, e politicamente autodestrutiva.

Apagados os traços de Lenin, Stalin e Mao, Losurdo via, em suma, uma esquerda ingênua e teoricamente míope, ainda mais porque tributária da propaganda pseudouniversalista do pensamento único, e agora incapaz de lutar pelo universal autêntico, realizando de fato o trabalho de construção do conceito de homem. Nesse sentido, pode-se ler sua crítica ao enamoramento por um pensador como Foucault, tido como ponto de referência teórica de grupos e intelectuais críticos da "ideocracia" do socialismo real, "graças a sua análise da difusão ou onipresença do poder" e à "aura de radicalismo fascinante",[17] mas, no final das contas, ela mesma teoricamente fraca, senão claramente reticente, quando se tratava de olhar realisticamente a nossa civilização e reconhecer nela a presença repugnante do racismo e do passado colonial.

Muitas outras modas culturais são levadas em consideração e rejeitadas por serem consideradas de pouca utilidade, senão decididamente danosas para aqueles que querem fazer parte de uma ação realmente transformadora do mundo. É o caso da tentação ou inclinação populista, ou de uma exaltação e mitificação do povo que termina por ser "um protesto legítimo e sacrossanto", no entanto, imaturo contra os "sofrimentos dos humildes"[18] para

17 LOSURDO, D. *Il Marxismo Occidentale. Come nacque, come morì, come può rinascere*. Roma-Bari: Laterza, 2017, p. 124.

18 LOSURDO, D. *La lotta di classe. Una storia politica e filosofica*. Roma-Bari: Laterza, 2013. p. 340.

tornar-se influência intelectual ou plataforma política. E isso, segundo Losurdo, com uma ânsia de pureza moral e um autocompadecimento narcisista que conduzem a resultados absurdos:

> [...] a excelência moral reside no oprimido que se rebela e naquele que oferece ajuda ao oprimido; mas, esse último, uma vez conquistado o poder, cessa de ser oprimido e rebelde e perde a sua excelência moral; e mesmo aquele que se encontra em grave dificuldade só pode desfrutar de sua excelência moral prestando ajuda aos oprimidos e rebeldes.[19]

Um raciocínio análogo pode ser aplicado também para os muitos defensores acríticos e sonhadores da não violência, os quais, com a condenação horrorizada de cada conflito e confronto que mal se presta a ser idealizado, terminam por condenar "a violência dos mais fracos, legitimando ao mesmo tempo aquela do mais forte".[20]

O pensamento, em suma, volta-se mais uma vez para Hegel e à afirmação do primado da política e do engajamento já assinalado, que vale como uma crítica poderosa aos que rotulam a *polis* como reino da imoralidade, e que por isso permanecem em um éden imaginário de tipo pré-político ou apolítico.[21] Se o mínimo que se pode dizer é que a esquerda muitas vezes recorda exatamente a "bela alma" hegeliana, reiteradamente invocada e ironizada por Losurdo, vale a pena sublinhar que o sarcasmo desse último não era, porém, indicador de pouca atenção ou sensibilidade moral. O que prevalecia, com efeito, era a exigência – num sentido pedagógico elevado – de superar uma série de fragilidades de caráter cultural e filosófico que se refletiam nas incertezas e nos pesados limites da

19 *Ibidem*, p. 352.

20 LOSURDO, D. *La non violenza. Una storia fuori dal mito.* Roma-Bari: Laterza, p. 258.

21 Sobre Hegel como crítico da evasão do mundano e de todo fechamento narcisista ou nostálgico que se distancia do compromisso político, ver sobretudo Losurdo, D. *Hegel e la Germania. Filosofia e questione nazionale tra rivoluzione e reazione.* Milão: Guerini/Istituto Italiano per gli Studi Filosofici, 1997, em particular p. 385-468; e Losurdo, D. *L'ipocondria dell'impolitico. La critica di Hegel ieri e oggi.* Lecce: Milella, 2001.

ação política. É sob essa ótica que Losurdo exortava a esquerda a não voltar ao passado, mas a atualizar-se levando realmente em conta as mudanças verificadas no cenário mundial:

> Qualquer reviravolta histórica exige das forças políticas em campo uma reconsideração em profundidade: é necessário proceder a uma análise da nova situação que veio a ser criada e a uma definição da estratégia a seguir. Trata-se de uma regra geral que vale de modo particular para os movimentos e organizações que não se reconhecem na ordem existente e que estão empenhados em um processo de transformação e em um projeto de emancipação; ou seja, vale de modo particular para a esquerda.[22]

Tornando indispensável essa "reconsideração" estavam as razões de ordem moral não menos que política. Se, com certeza, Losurdo compreendia bem (ou, talvez, até mesmo compartilhava em certa medida) a perplexidade de muitos que haviam ingenuamente acreditado que a "grande revolução social" evocada por Marx estivesse, sem dúvida, na "ordem do dia", a capitulação que seguiu o desmoronamento daquelas ilusões parecia-lhe definitivamente pouco moral ou imoral, por dar as costas às vítimas terrivelmente concretas da opressão, fechando assim os olhos diante de "tragédias" que nenhuma revolução se propõe mais a fazer cessar.[23]

Com efeito, é verdade que hoje está bem vivo, até mesmo retomando força, um discurso crítico da dominação, e que não faltam as proclamações sobre a necessidade de mudar a fundo o estado de coisas. Entretanto, é difícil não dar razão a Losurdo quando, sobretudo nas conversas privadas, observava com amargura como tantas reflexões contra a racionalidade instrumental e para a "desconstrução" se resolviam em denúncias do "poder" muito vagas e genéricas para caracterizar os "mandantes" da injustiça, dando-lhes por assim

---

22 LOSURDO, D. *La sinistra assente. Crisi, società dello spettacolo, guerra*. Roma: Carocci, 2014, p. 275.

23 *Idem*, *Il peccato originale del Novecento*. Roma-Bari: Laterza, 1998, p. 77.

dizer "nomes e sobrenomes". Adiado *sine die* o problema prático da transformação, atenuava-se e atenua-se também e inexoravelmente a indignação moral pelo destino das vítimas.

IV. Quase uma conclusão

Gostaria de fechar essas poucas páginas com uma recordação que me é particularmente cara e que me faz retornar ao dia em que, estudante de sociologia, com pouco mais de vinte anos, assisti pela primeira vez a uma aula de Losurdo. Refletindo sobre progresso social e político e sobre regressão, aquele professor falava com clareza e rigor sobre autores, fatos e problemas que eram conhecidos por mim somente em parte, até que, parando um pouco a olhar o auditório, formulou uma frase que me retorna sempre à memória: "O processo histórico não é reversível a nosso bel-prazer".

A exposição versava sobre a crítica da concepção unilinear do tempo e, em particular, invocando a posição nietzscheana sobre a modernidade, mostrava como aquela visão antecipava muitas tiradas atuais contra a sociedade de massa e seu presumido nivelamento. Portanto, a atenção se voltava para as implicações elitistas e reacionárias da doutrina do eterno retorno, ou mesmo àquela ideia de uma "circulação incondicionada e infinitamente repetida de todas as coisas", a qual foi reproposta muitas vezes na história para contestar desejos ou projetos de mudança social e de emancipação.[24]

Todavia, as palavras de Losurdo serviam, a bem dizer, para serem interpretadas de dois modos e segundo duas ordens distintas de consideração. De uma parte, declaravam que nada se perdia verdadeiramente e que, apesar dos preconceitos dos conservadores e o lamento do "bom tempo antigo", as conquistas coletivas não podem ser canceladas nem mesmo quando as forças da reação se mostram,

24 LOSURDO, D. *Nietzsche, il ribelle aristocratico. Biografia intellettuale e bilancio critico*. Turim: Bollati Boringhieri, 2002, p. 506. Sobre o eterno retorno e a recusa da concepção unilinear do tempo, ver p. 502-513.

mais do que nunca, avassaladoras. Mas, por outra parte, aquelas palavras poderiam, também, ser o reconhecimento ou a admissão de que as coisas positivas ou belas do passado (pessoal ou coletivo) não podem retornar e, assim, estão "perdidas" para sempre.

Estou certa de que o Losurdo professor pronunciou aquela frase pensando no primeiro significado. Já naquele momento, sentada junto ao público, eu entendia isso claramente pelo contexto e pelo andamento da exposição. Mais tarde, haveria de entender ainda melhor lendo seus trabalhos sobre racismo e neocolonialismo, que demonstram bem como as negações mais odiosas do universal não podem ser hoje apresentadas de forma aberta, porque foram, em definitivo, derrotadas pela história e pela luta política. Apesar disso, eu queria voltar, mesmo que por um momento, ao segundo significado e, com isso, à ideia de que nada pode retornar, independentemente de quão forte seja sentida a sua falta. E assim, gostaria de deixar espaço a um lamento que não é pura nostalgia, mas consciência de que se perdeu alguma coisa e alguém verdadeiramente importante. Nada pode mais retornar. Nada, nem mesmo o olhar agudo e a vivíssima inteligência das coisas de Domenico Losurdo.

Referências

BOURDIEU, P. *Meditazioni pascaline*. Milão: Feltrinelli, 1998.

LOSURDO, D. *Il Marxismo Occidentale. Come nacque, come morì, come può rinascere*. Roma-Bari: Laterza, 2017.

______. *Il peccato originalle del Novecento*. Roma-Bari: Laterza, 1998.

______. *Democrazia o bonapartismo. Trionfo e decadenza del suffragio universale*. Turim: Bollati Boringhieri, 1993.

______. *Fuga dalla storia? Il movimento comunista tra autocritica y autofobia*. Nápoles: La Città del Sole, 1999.

______. *Hegel e la Germania. Filosofia e questione nazionale tra rivoluzione e reazione*. Milão: Guerini/Istituto Italiano per gli Studi Filosofici, 1997.

______. *L'ipocondria dell'impolitico. La critica di Hegel ieri e oggi*. Lecce: Milella, 2001.

LOSURDO, D. *Hegel e la libertá dei moderni*. Roma: Riuniti, 1992, cap. VII.

______. *Imperialismo e questione europea*. Alessandroni, E. (org.). Nápoles: La Scuola di Pitagora, 2019.

______. *La lotta di classe. Una storia politica e filosofica*. Roma-Bari: Laterza, 2013.

______. *La sinistra assente. Crisi, società dello spettacolo, guerra*. Roma: Carocci, 2014.

______. L'universalismo difficile. Diritti dell'uomo, conflito sociale e contenzioso geopolítico. *In*: Cotturri, G. (org.). *Guerra e diritto, "Democrazia e diritto"*. Milão: Franco Agneli, n. 1, 1999.

______. *Marx e il bilancio storico del Novecento*. Nápoles: La Scuola di Pitagora, 2009.

______. *Nietzsche, il ribelle aristocratico. Biografia intellettuale e bilancio critico*. Turim: Bollati Boringhieri, 2002.

______. *Stalin. Storia e critica di una legenda nera*. Roma: Carocci, 2008.

______. Uguaglianza, universalità, differenza. *Critica Marxista*, n. 4, 1998.

______. Una rivoluzione. *In*: Rossanda, R. *Sul libro nero del comunismo. Una discussione nella sinistra*. Roma: Manifestolibri, 1998.

SUSCA, E. Oltrel'essenzialismo: significati e limiti nel discorso feminista della differenza. *In*: Azzarà, G. S., Ercolani, P., e Susca, E. (org.). *Diallettica, storia e conflito. Il proprio tempo appreso nel pensiero*. Nápoles: La scuola di Pitagora, 2011.

A dialética entre "velho e novo". Gramsci e a marcha da universalidade nas notas de Domenico Losurdo

Gianni Fresu[1]

I. Entre a revolução e a restauração

Ocupando-se de autores particulares ou de tradições filosóficas em sua totalidade, Domenico Losurdo não limitou suas pesquisas a um campo disciplinar específico, nem restringiu suas reflexões ao interior dos acontecimentos imediatamente relacionados ao tema abordado. Para além de conceber o marxismo como visão unitária e autossuficiente do mundo, os seus estudos são caracterizados por uma abordagem complexa, que coloca em causa questões extremamente articuladas de caráter filosófico, histórico, jurídico, social, econômico e político. Nesse sentido, para compreender em profundidade as suas reflexões sobre Antonio Gramsci, é necessário inseri-las no interior de seu discurso complexo, desenvolvido por Losurdo em sua rica e vasta produção intelectual, tendo-se clareza da natureza orgânica e unitária das batalhas filosóficas e políticas de que foi protagonista. Dentro desse percurso intelectual, Losurdo constantemente destacou a importância da filosofia de Hegel para a compreensão das premissas e da herança das duas grandes rupturas da história moderna e contemporânea: a Revolução Francesa e a

---

1 Professor da Universidade Federal de Uberlândia e da Università di Cagliari, Itália. Tradução de Rita Coitinho.

Revolução Russa. Isso significou também colocar em evidência a estreita relação entre dimensão teórica e finalidade normativa nas argumentações conceituais, as quais foram utilizadas na ampla batalha ideológica que se contrapôs à função histórica assumida pelos jacobinos, na primeira, e depois pelos bolcheviques.[2] Por diversas vezes Losurdo destacou como, em tempos de Restauração triunfante, foi Hegel o primeiro filósofo a referir-se em termos racionais à Revolução Francesa, explicando suas causas por meio do desvelamento das contradições reais imanentes à sociedade do antigo regime, esvaziado de sua necessidade histórica por um processo molecular de decadência e decomposição inevitável.[3]

Um ano após o Congresso de Viena, Karl Ludwig von Haller escreve sua obra mais notável, significativamente intitulada *A restauração da ciência política*, com um objetivo declarado: derrotar, também no plano teórico, as doutrinas revolucionárias já vencidas no plano político, pela reafirmação dos princípios dinásticos e patrimoniais na Europa. Sem uma vigorosa batalha ideológica, Haller vislumbrava o risco de um possível reavivamento das infecções revolucionárias e a difusão de novos focos e surtos insurrecionais entre os povos europeus.[4] No plano histórico e filosófico, a Restauração tratou de explicar a Revolução Francesa por meio de causas externas ao corpo social, colocando no banco dos réus a especulação filosófica em si mesma e o racionalismo iluminista em particular. Nesse sentido, para Edmund Burke,[5] a ideia de palingênese conexa ao conceito de revolução,

---

2 LOSURDO, D. *Guerra e revolução. O mundo um século após outubro de 1917*. São Paulo: Boitempo, 2017, p. 11-19.

3 *Idem*, *L'ipocondria dell'impolitico. La critica di Hegel ieri e oggi*. Lecce: Milella, 2001, p. 121-128. [Edição Brasileira: *A hipocondria da antipolítica: história e atualidade na análise de Hegel*. São Paulo: Revan, 2014]

4 HALLER, V. C. L. *La Restaurazione della scienza politica*. Sancipriano, M. (org.). Turim: UTET, 1963, p. 75.

5 Segundo Francesco Valentini, o que une os historiadores e teóricos da frente de oposição à Revolução Francesa é "a polêmica contra o abstrato", ou seja, a tendência a isolar alguns atributos essenciais de um objeto para determinar em seguida a verdade, por meio de um processo de dedução lógica que dali estende-se a todo o resto. Desse

inspirada na convicção de se poder reconstruir arranjos legais e relações sociais existentes sobre bases radicalmente novas, era o fruto envenenado de um fundamentalismo racionalista, que pretendia colocar em discussão, sob bases lógico-dedutivas, todo o passado, ao qual negava-se o significado mais profundo, gerado pela experiência histórica incrementada a cada geração.[6]

Ao contrário, para Burke como também para Guizot, é justamente essa processualidade histórica, personificada nos fundadores de uma sociedade (valores, tradições, costumes, leis e instituições), que torna mais complexa e profunda a organização social e política da vida humana do que é capaz de compreender a simples racionalidade intelectual.[7] Com diferentes abordagens e tons, argumentações

---

modo, os filósofos iluministas não utilizaram essa abordagem apenas para analisar o ser, mas o colocaram na base da sua ideia de "dever ser", ou seja, pretenderam transformar a realidade ao invés de limitar-se a analisá-la. "Permanece sempre um contraste entre um 'concreto' rico em conhecimento e história e um 'abstrato' que é insignificante porque mutilado e exangue. Mas comparado ao que poderíamos chamar de 'historicismo' burkiano no romantismo alemão, nota-se uma acentuação não só do passado, mas do originário, de um valor que se perdeu e precisa ser reconstruído" (VALENTINI, F. *Il pensiero politico contemporaneo.* Roma-Bari: Laterza, 1979).

6 Segundo Burke, dentre os pilares da sociedade desafiados pelo furor racionalista da revolução, estavam a família e a propriedade, a começar pela grande, "que excita a inveja e a ganância dos homens", "baluarte natural" da "ordem social", também para salvaguardar propriedades menores, para serem asseguradas: "Não encontraremos esse poder defensivo na mesma quantidade da propriedade compartilhada entre muitos, porque nessa distribuição a propriedade que pertence ao indivíduo é necessariamente inferior aos seus desejos, e ao que ele ficaria satisfeito em obter desmembrando as grandes propriedades dos outros. Poucos se dão conta de que os despojos da pilhagem de poucos seriam reduzidos a uma mísera coisa quando fossem divididos entre muitos - mas poucos sabem calcular isso –, e aqueles que incitam o povo ao roubo não pretendem fazer essa distribuição" (BURKE, E. Riflessioni sulla rivoluzione francese. *In*: *Scritti politici*. Turim: UTET, 1963, p. 190).

7 Segundo Guizot, os excessos da Revolução Francesa, embora nascidos de necessidades reais de progresso social e político, tiveram o demérito de negar essa complexidade advinda da história, acabando por afirmar um poder absoluto não muito diferente do despotismo de antigos monarcas como Luís XIV. O jacobinismo e a arrogância napoleônica, como qualquer forma de poder absoluto, acabaram corrompendo até mesmo o justo momento ideal da Revolução Francesa, a ponto de afirmarem uma nova forma de tirania, ainda mais odiosa, pela fé cega nas possibilidades de transformação racionalista da sociedade, por meio do trabalho de um poder legislativo onipotente. Ver: GUIZOT, F. P. G. *Storia della civiltà in Francia*. Turim: UTET, 1974, p. 78.

semelhantes se apresentam também nas notas polêmicas contra a Revolução Francesa, em autores muito diferentes entre si, como Constant, Hume e Bentham, e ainda nas considerações críticas contra a Revolução Russa de intelectuais como Isaiah Berlin[8] ou Slavoj Žižek.[9] Segundo Losurdo, em contraposição à vulgata pós-restauração, Hegel soube reconhecer a história do mundo como um processo unitário e dialético, no qual as transformações não são dominadas por inacessíveis leis divinas ou naturais, sendo, ao invés disso, consequência do estreito entrelaçamento das contradições objetivas e subjetivas geradas no próprio corpo do tecido social abalado pelo conflito. A história da revolução filosófica alemã é a afirmação dos princípios da razão em todos os campos, a transcrição teórica do desenvolvimento histórico do mundo moderno, daquele progresso da liberdade que encontrou um autêntico divisor de águas na Revolução Francesa. A história universal é assim interpretada como produto da razão eterna, e a razão determinou suas grandes revoluções. Nesse sentido, a modernidade como realidade historicamente determinada seria a objetivação processual da emancipação humana, processo ascendente e progressivo, do qual Hegel tinha consciência e ao qual deu forma filosófica e fundamentos gnosiológicos.[10]

Defender a Revolução Francesa significava afirmar a racionalidade do "novo" como uma necessária superação dialética do "velho" agora esvaziado de sua força vital e propulsora, portanto, opondo-se aos pensadores da Restauração que se recusavam a reconhecer a

---

8 "O próprio Lenin era, em alguns aspectos, singularmente utópico: ele partiu da crença igualitária de que com educação e uma organização econômica racional se poderia levar qualquer um, mais cedo ou mais tarde, a realizar com eficiência quase qualquer tarefa" (BERLIN, I. *Libertà*. Milão: Feltrinelli, 2005, p. 75).

9 Em seu último trabalho dedicado a Lenin, Žižek equipara o terror jacobino e o bolchevique, encontrando a raiz autoritária de ambas as experiências no mesmo "extremismo igualitário": "O que foi o recurso ao terror radical dos jacobinos, senão uma espécie de representação histérica que atesta sua incapacidade de perturbar os fundamentos da ordem econômica (propriedade privada)?" (ŽIŽEK, S. *Lenin oggi*. Milão: Ponte delle Grazie, 2017, p. 51).

10 LOSURDO, D. *Hegel e a liberdade dos modernos*. São Paulo: Boitempo, 2019, p. 353-378.

legitimidade do mundo moderno, contrapondo a evocação nostálgica do "belo mundo antigo" à nova realidade historicamente determinada. Dessa forma, a acusação dirigida a filósofos e revolucionários contrários ao velho mundo, a intenção de negar a continuidade e o processo de desenvolvimento histórico, foi radicalmente derrubada por Hegel. Se liberais e teóricos da conservação contestam a Revolução Francesa pela sua origem filosófica, colocando a especulação no banco dos réus e contrastando-a com a realidade concreta, Hegel faz exatamente o contrário:

> Já se disse que a *Revolução Francesa* partiu da filosofia e não é à toa que esta é chamada de *sabedoria mundana*, pois a filosofia não é apenas a verdade em si e por si mesma, mas também a verdade que nasce da mundanidade. Portanto, não se deve declarar-se contrário quando alguém diz que a revolução recebeu seu primeiro estímulo da filosofia. [...] O princípio da liberdade da vontade foi, portanto, afirmado contra o direito existente. [...] Toda a condição da França naquele período é um conjunto confuso de privilégios contrários a todo pensamento e razão em geral, uma condição insensata que é acompanhada pela suprema corrupção da moral, do espírito – um reino de injustiça que, assim que começa a tomar consciência, torna-se uma injustiça vergonhosa. A terrível e dura opressão que pesava sobre o povo, e o constrangimento do governo em fornecer à corte os meios para a pompa e o desperdício, deram a primeira oportunidade ao descontentamento. O novo espírito entrou em ação, a opressão motivou a investigação.[11]

Em seus estudos, Losurdo localiza a transição de Gramsci do liberalismo ao comunismo crítico na longa marcha da universalidade, na interminável dialética entre velho e novo, no interior da qual situam-se contradições e saltos qualitativos imanentes ao devir histórico. Nesse sentido, as perspectivas de transformação radical da sociedade, em torno da ideia de emancipação humana integral, seriam um desenvolvimento do princípio de dignidade universal do homem

---

11 HEGEL, G. *Lineamenti di filosofia del diritto*. G. Marini (org.). Roma-Bari: Laterza, 2021, p. 362.

(em contraposição ao particularismo jurídico aristocrático-feudal), e seriam centrais às transformações políticas do final do século XVIII e início do século XIX. O socialismo define sua função em continuidade com esse processo, mas colocando uma exigência histórica sem precedentes, não totalmente contemplada pelas chamadas revoluções burguesas: a superação das contradições sociais que, em nível substancial, tornam ineficaz ou inoperante o princípio da igualdade formal dos cidadãos perante a lei. A premissa dessa transição (da questão política para a contradição social) pode ser localizada em primeiro lugar na obra de Rousseau, mas encontra seu ponto de virada fundamental nos primeiros escritos de Engels sobre a condição da classe trabalhadora inglesa e nos do jovem Karl Marx sobre a economia política, entre 1843 e 1845: a *Crítica da filosofia hegeliana do direito*, a *Questão judaica*, depois as notas dos *Cadernos parisienses*, mais tarde conhecidos sob o título de *Manuscritos Econômico-Filosóficos*. A ideia gramsciana de emancipação humana segue na esteira dessa tradição, desenvolvendo-a organicamente até suas consequências extremas, questionando não apenas a estrutura de classes das sociedades, mas também a relação entre governantes e governados como tal. A ideia de "reforma intelectual e moral", de fato, não é apenas a perspectiva de superação das contradições que impedem a igualdade efetiva ao gerarem a exploração do homem pelo homem, mas é também a subversão da hierarquia social que divide a humanidade em dirigentes e dirigidos, contrapondo trabalho intelectual e trabalho manual.

II. O pano de fundo filosófico das categorias gramscianas

Ao estudar um autor, segundo Losurdo, podem ser usados métodos hermenêuticos diferentes e opostos: um deles consiste em concentrar nossa atenção nas leituras e textos que mais o influenciaram; outro poderia ser desenvolvido dirigindo-se a atenção para os problemas concretos colocados pelo período histórico em que o autor está inserido. No primeiro caso, corremos o risco de chegar a um "resultado tautológico", descobrindo que nosso autor foi influenciado pela cultura de seu tempo. No segundo, porém, poderíamos chegar a "resultados mais frutíferos", entendendo melhor o quanto os aprofundamentos teóricos não têm necessariamente natureza arbitrária, sendo antes o resultado da tomada de consciência da realidade concreta. No caso de Gramsci, a única maneira de apreender a originalidade teórica e política de seu pensamento consiste justamente em avaliar como ele se relacionava com problemas concretos, como o atraso da Itália em relação à Europa, a guerra, o ano de 1917 na Rússia, o fracasso das revoluções no Ocidente, o nascimento e o advento do fascismo:

> O discurso sobre a influência de um autor sobre outro tem ainda o inconveniente de sugerir uma abordagem puramente individual entre os dois, de um diálogo que se dá não em um contexto histórico concreto, mas em um espaço acadêmico e politicamente asséptico. Se essa abordagem é geralmente questionável e estéril, parece completamente sem sentido para um autor fortemente político como Gramsci, cujo confronto com os grandes intelectuais de seu tempo é mediado desde o início pelo debate que na Itália e na Europa se desenvolve sobre as relações existentes entre as elaborações teóricas daqueles intelectuais e os grandes problemas políticos e sociais da época.[12]

Nesse sentido, a luta pela emancipação, não só dos subalternos de sua ilha (Sardenha), mas também dos "povos infelizes das colônias, difamados e tratados como bárbaros e incivilizados pelas periódicas cruzadas da velha Europa",[13] para os quais o jovem Gramsci volta sua atenção, representa desde o início o motivo de seus interesses culturais. Isso vale não apenas para a fase em que Gramsci direciona seu caminho no movimento socialista, escolhendo o terreno ideológico do materialismo

12 LOSURDO, D. *Antonio Gramsci dal liberalismo al "comunismo critico"*. Roma: Gamberetti editrice, 1997b, p. 129.

13 *Ibidem*, p. 17-18. [Edição Brasileira: *Antonio Gramsci - do liberalismo ao "comunismo crítico"*. São Paulo: Revan, 2006]

histórico, mas também para aquele momento em que ele ainda estava fortemente influenciado por autores situados no campo liberal.

Dentro dessa trajetória intelectual, ter clareza da formação filosófica antipositivista e antideterminista do jovem revolucionário é fundamental para compreender o papel em sua elaboração teórica da filosofia idealista de Croce; daí a centralidade da concepção dialética hegeliana, a mesma com a qual Lenin internaliza e desenvolve o pensamento de Marx. Mas mesmo essa exigência deve ser assumida com muita cautela, evitando reduzir um autor à genealogia filosófica da qual brotou seu pensamento. Contra essa tendência, no parágrafo 27 do *Caderno 11*, é o próprio Gramsci quem polemiza, estigmatizando a pretensão de se reduzir o pensamento de Marx às contribuições filosóficas que caracterizaram sua formação. Um estudo sobre a formação filosófica de um autor como este é biograficamente importante para a compreensão de sua configuração intelectual – "porém, o mais interessante é justamente a superação das velhas filosofias, a nova síntese ou seus elementos, a nova forma de conceber a filosofia, cujos elementos estão contidos nos aforismos ou dispersos nos escritos do fundador da filosofia da práxis, e devem ser selecionados e desenvolvidos. Na questão teórica, a filosofia da práxis não se confunde e não se reduz a nenhuma outra filosofia".[14] Segundo Gramsci, toda filosofia nasce das íntimas contradições históricas das quais faz parte, e toda filosofia concebe a si mesma como uma unidade de história e natureza, ou seja, como desenvolvimento e superação do que a precedeu; no entanto, na história do pensamento filosófico, a obra de Hegel representa um caso à parte, porque abarca o que é a realidade em um único sistema filosófico, como consciência das contradições:

> Nesse sentido, portanto, a filosofia da práxis é uma reforma e um desenvolvimento do hegelianismo, é uma filosofia liberta (ou que procura libertar-se) de todo elemento unilateral e fanático; é a plena consciência das contradições em que o mesmo filósofo, entendido individualmente ou entendido como todo um grupo social, não

14 GRAMSCI, A. *Quaderni del carcere*. Turim: Einaudi, 1975a, p. 1436.

> apenas compreende as contradições, mas se coloca como elemento de contradição, elevando esse elemento ao princípio do conhecimento e, portanto, da ação.[15]

Essa é a premissa da concretude do marxismo (compreendido em sua forma autêntica e não brutalizado pelo determinismo positivista), ou seja, de sua capacidade de escapar de qualquer generalização sistêmica abstrata. Para isso ele conclui: "Nega-se o homem em geral, na forma como ele se apresenta, e todos os conceitos dogmaticamente unitários são ridicularizados e destruídos como expressão do conceito de 'homem em geral' ou da natureza humana imanente a todo homem".[16] A tradução do terreno filosófico para o da práxis seria a essência do materialismo histórico e uma das razões de sua superioridade sobre outras visões filosóficas, motivo pelo qual Gramsci adota a definição de Labriola: filosofia da práxis. Mas esse nível não esgota o campo de tradutibilidade da filosofia da práxis, pelo contrário, o maior âmbito de sua implementação está na tradução da teoria para as condições de cada formação econômico-social nacional específica e original. Segundo Gramsci, o verdadeiro conceito de ortodoxia, referente ao materialismo histórico, não deve ser confundido com a defesa da rigidez doutrinária, portanto, com a apologética ideológica, nem com a busca por elementos de continuidade ou descontinuidade nas correntes que sucedem a Marx. A filosofia da práxis deve ser considerada como uma concepção unitária do mundo, que não requer as contribuições dessa ou daquela filosofia:

> A filosofia da práxis "basta-se a si mesma", contém em si todos os elementos fundamentais para construir uma concepção total e integral do mundo, uma filosofia e teoria total das ciências naturais, não apenas, mas também para dar vida a uma organização prática integral da sociedade, isto é, tornar-se uma civilização total e integral.[17]

---

15 *Ibidem*, p. 1487.

16 *Ibidem*, p. 1488.

17 *Ibidem*, p. 1434.

Entendido nesses termos, o conceito de "ortodoxo" serviria melhor para explicar o conteúdo revolucionário de uma doutrina. Por exemplo, explica Gramsci, o cristianismo foi revolucionário em relação ao paganismo, representando (com sua comunidade religiosa) um momento de ruptura radical entre o velho e o novo mundo. Não reconhecer a autossuficiência do marxismo significa não ter rompido os laços com o velho mundo ou, pior, ser hegemonizado pela cultura tradicional. Essa operação, destinada a incorporar o marxismo à cultura tradicional, ocorre não apenas com o revisionismo de Croce e Bernstein, mas também no campo "ortodoxo", como demonstram as posições de figuras como Bukharin, criticadas por Gramsci.

A busca por uma filosofia original e geral na base do materialismo histórico é o sinal claro de que não se lhe reconhece uma originalidade de conteúdo e método. Assim, faz-se confusão com a cultura filosófica de Marx, sem considerar sua teoria uma superação de todas as correntes filosóficas que alimentaram sua formação. O marxismo não se confunde nem se reduz a nenhuma outra filosofia, pelo contrário, representa uma síntese dialética das linguagens e conceitos subjacentes ao seu processo de formação. Gramsci reconhece a importância (entre as fontes do marxismo) da filosofia hegeliana para o materialismo histórico, justamente porque ela já representava uma superação das filosofias anteriores:

> É certo que o hegelismo é o mais importante (relativamente) dos modos de filosofar de nosso autor, também e especialmente porque o hegelismo tentou superar as concepções tradicionais de idealismo e materialismo em uma nova síntese, que certamente teve uma importância excepcional e representa um momento histórico-mundial da pesquisa filosófica. [...] A filosofia da práxis é o "historicismo absoluto", é tornar totalmente mundano e terrestre o pensamento, um humanismo absoluto da história. É nessa linha que deve ser escavado o veio da nova concepção do mundo.[18]

18 *Ibidem*, p. 1437.

Retomar essas questões metodológicas, colocadas pelo próprio Gramsci, conhecer o percurso da sua formação intelectual, para além do interesse biográfico, é importante para compreender dois aspectos centrais de seu pensamento: em primeiro lugar, a função não puramente secundária ou subordinada da chamada dimensão superestrutural, daí a importância das questões hegemônicas em uma sociedade moderna e desenvolvida; em segundo lugar, a análise crítica da contradição instrumental entre trabalho espiritual (funções de direção) e trabalho material (funções subalternas) a que corresponde a distinção entre governantes e governados. Como mencionado, o menor denominador comum desses dois eixos conceituais encontra-se na rejeição sistemática das abordagens deterministas do socialismo positivista; daí a convicção de Gramsci de que a política nem sempre é imediatamente atribuível, em todos os seus aspectos, ao desenvolvimento da estrutura como seu reflexo mecânico.

Falando do inicial "Bergsonismo de Gramsci", Prestipino sublinhou de que maneira o jovem intelectual sardo se formou em um clima cultural no qual a reação à ideologia científica acabou por esmagar até mesmo o marxismo, veiculado através dos cânones mecanicistas do determinismo da Segunda Internacional. A rejeição do complexo de certezas progressivas típicas do positivismo "assumiu as características de uma tradução vitalista do cientificismo (por exemplo, Bergson) e de uma retradução idealista do marxismo (especialmente em Croce, segundo a interpretação proposta pelo próprio Gramsci)".[19] Disso derivou a originalidade da abordagem de Gramsci ao marxismo no panorama do socialismo italiano que, em contraste com as simplificações estruturalistas, resgatou o tema marxista da relação complexa entre forças produtivas e relações sociais.

Era nova em Gramsci, sobretudo, a convicção de que as relações sociais não esgotavam o domínio das formas nas quais as forças

19 PRESTIPINO, G. Dall'idealismo italiano ai modelli gramsciani. *In*: Giacomini, R.; Losurdo, D.; Martelli, M. (org.). *Gramsci e l'Italia*. Nápoles: La Città del Sole, 1994, p. 90.

produtivas se desenvolvem, e que igual ou maior atenção deveria ser dada ao mundo ético-institucional, em particular às formas "do Estado, que é o corpo vivo e plástico da sociedade", como escreve em *L'Ordine Nuovo.*[20]

Segundo Losurdo, essa originalidade também se manifesta na maneira de interpretar o fascismo sem nunca subestimar os novos elementos que essa ideologia trouxe consigo, inovando e desenvolvendo a força operativa da revolução passiva na história da Itália, em uma época nova e diferente, como aquela caracterizada pela chamada "política de massas". Dentro desse foco, os estudos sobre a obra e a função de Benedetto Croce assumem uma crescente centralidade nas reflexões gramscianas. Segundo Garin, ao falar de Gramsci e Croce, pode-se configurar um paralelo entre os destinos de duas personalidades em cuja produção teórica é possível distinguir os sinais profundos de um dos períodos mais dramáticos da história da Itália. Como se sabe, na formação e nos escritos de Gramsci até 1920, isso é evidente, senão explícito, mas é nos anos de sua prisão que ele realiza seus estudos mais rigorosos sobre Croce, com a convicção de que esclarecer suas sombras e entender as aquisições mais progressivas seriam decisivas no quadro da Itália pós-fascista. Como os depoimentos de Athos Lisa e Giovanni Cerasa deixaram claro,[21] Gramsci não apenas foi um crítico implacável das simplificações atribuíveis ao paradigma social-fascista, como nunca compartilhou o otimismo mecanicista daqueles que consideravam próximo o declínio do fascismo e o surgimento do socialismo. Pelo contrário, Gramsci prenunciava uma transição democrática, dentro da qual os comunistas teriam que assumir um papel complexo visando a conquista hegemônica,[22] cuja prefiguração

20 *Ibidem*, p. 91.

21 LISA, A. "Discussione politica con Gramsci in carcere". *Rinascita*, 49: 17-21, 1964.

22 Giovanni Lay, líder comunista da Sardenha e companheiro de prisão de Gramsci, relatando as conversas na prisão de Turim em julho de 1930, escreve: "Foi durante essas conversas que ele expôs a ideia da assembleia constituinte. A convocação de uma assembleia constituinte como uma palavra de ordem capaz de criar as bases para uma luta unitária da maioria dos italianos contra o fascismo" (AA.VV. *Gramsci vivo nelle testimonianze dei suoi contemporanei. In*: Quercioli, M. P. (org.). Ghilarza: Iskra, 2010, p. 227).

deveria aderir plasticamente às peculiaridades e especificidades da formação social italiana, com a ambição de compreender e superar suas mais elevadas manifestações culturais, entre as quais Gramsci colocou em primeiro lugar a tradição filosófica crociana. Conforme esclarecem as famosas notas do *Caderno 7*, "a tarefa era essencialmente nacional, ou seja, exigia um levantamento do terreno e uma fixação dos elementos de trincheira e de fortificação".[23] Nessa investigação, "a discussão com Croce é a discussão com a ideologia que os marxistas encontrarão no período de transição que se seguirá à crise do fascismo".[24] Nesse desafio, que permeia e ramifica-se a cada página dos *Cadernos do Cárcere*, configura-se a tentativa de destacar a função dos intelectuais na história da Itália e, em seu interior, a função central da filosofia de Benedetto Croce:

> Analisar criticamente a obra de Croce, apontada como a mais relevante da cultura italiana antes do fascismo e destinada, com toda probabilidade, a oferecer o quadro intelectual à Itália pós-fascista, se, como pensava Gramsci, a crise do fascismo não seria a revolução socialista, mas um recuo da frente de luta na linha das liberdades destruídas pelo fascismo. De fato, é provável que justamente essa lúcida previsão do futuro esteja na raiz da dupla linha de desenvolvimento da investigação gramsciana: por um lado, a crítica contundente às posições de Croce, apresentadas como mistificações sistemáticas e interessadas da filosofia da práxis; por outro lado, a necessidade de chegar a um acordo com a filosofia de Croce, mas por meio de um acerto de contas, para além de qualquer álibi, e da forma mais ampla e completa possível.[25]

Como sabemos, nas *Teses do Congresso de Lyon* e no ensaio sobre *A Questão Meridional*, Gramsci localiza em Croce o mais alto representante da revolução passiva responsável por ter impedido a real democratização do país, garantindo em primeiro lugar a preservação

---

23 GRAMSCI, A. *Quaderni del carcere*. Turim: Einaudi, 1975a, p. 866.

24 GARIN, E. *Con Gramsci*. Roma: Editori Riuniti, 1997, p. 111.

25 *Ibidem*, p. 124.

dos antigos equilíbrios contra o novo e, em seguida, no contexto de profunda crise de hegemonia do liberalismo no pós-guerra, favoreceu o advento do fascismo. A esse respeito, Frosini escreveu que a posição revisionista assumida no final do século XIX por Croce, e preservada ainda que com formas renovadas no novo século, assumiu para Gramsci uma função política precisa (ainda plenamente operacional durante o fascismo) de absoluta importância para a dinâmica da modernização passiva, essencial a toda "revolução-restauração":

> Essa função pode ser sintetizada na necessidade de absorver os impulsos rebeldes dos subordinados, decapitando suas organizações graças à assimilação de seus intelectuais de referência. Com a crítica de Marx, com a filosofia do espírito, com a história ético-política e agora com a religião da liberdade, Croce perseguiu sempre o mesmo objetivo: controlar as tentativas de auto-organização das classes subalternas. Esse objetivo não estava, portanto, em contraste com o fascismo, senão de maneira superficial.[26]

O anticomunismo, em essência, teria empurrado Croce para o fascismo, concebido como uma forma-revolução passiva, renovada e correspondente ao novo quadro histórico, uma barreira de contenção contra o perigo bolchevique e uma garantia dos antigos equilíbrios sociais passivos.[27] No entanto, como aponta Cingari em seu denso e aprofundado volume sobre Benedetto Croce recentemente publicado, nos *Cadernos* Gramsci identifica no filósofo idealista a forma mais elevada de cultura, que foi "molecularmente" esvaziada de sua capacidade de direção, substituindo a nova hegemonia, a filosofia da práxis, por uma antiga, a fim de possibilitar uma reforma intelectual e moral radical, e, portanto, a substituição de um bloco social por outro. Em suma, Gramsci sente a necessidade de "desenvolver os elementos imanentes e historicistas de Croce, superando as contradições com um resultado 'idealista', movido pela exigência de subtrair a centralidade

---

26 FROSINI, F. *La "storia d'Europa" di Benedetto Croce e il fascismo.* Milão: Unicopli, 2019, p. 29.

27 *Ibidem*, p. 33.

da questão social, colocando assim o problema de uma mudança que ultrapassasse a esfera das classes dominantes".[28]

Segundo Mustè, a despeito da sua importância na história intelectual italiana, a relação entre a obra de Gramsci e a de Croce é um nó que não foi completamente desatado e investigado como merece. As razões do insuficiente aprofundamento nesse tema seriam, em parte, atribuíveis à mudança de opinião sobre Croce, que se tornou evidente com a publicação das primeiras edições das cartas e dos *Cadernos*, num período histórico (1947-1951) marcado pelo crescente conflito entre dois blocos em luta, que levou a "uma atmosfera hostil o idealismo, logo reduzido a 'adversário de classe' ou à 'ideologia burguesa'".[29]

Entre 1911 e 1921, Croce foi uma das principais referências filosóficas de Gramsci, como atestam a carta a Tatiana datada de 17 de agosto de 1931 e a passagem do *Caderno 10* em que, falando do número único de *La Città Futura* de 1917, definiu sua abordagem da época como "bastante crociana":

> O estudo do pensamento de Croce (que foi acompanhado por outros autores) cresceu, portanto, a partir do colegial e certamente ficou mais claro com seus estudos universitários em Turim, também em razão das aulas de mestres como Annibale Pastore, Matteo Bartoli, Umberto Cosmo, Rodolfo Mondolfo. Com a adesão ao Partido Socialista, que amadureceu entre 1913 e 1914, Gramsci não descartou essa bagagem cultural, mas (como já foi muito bem escrito) a "incorporou" ao seu marxismo peculiar, começando a atrair para si aquelas acusações de idealismo das quais teve que se defender entre 1924 e 1926, e que, podemos acrescentar, nunca o abandonarão por completo, mesmo após a morte.[30]

28 CINGARI, S. *Dietro l'autonarrazione. Benedetto Croce fra Stato liberale e Stato democratico*. Milão: Mimesis, 2019, p. 51.

29 MUSTÈ, M. *Marxismo e filosofia della praxis. Da Labriola a Gramsci*. Roma: Viella, 2020, p. 301.

30 *Ibidem*, p. 303-304.

Após 1921, com a influência de Croce diminuindo gradativamente, Gramsci voltaria a ocupar-se dele apenas em *A Questão Meridional* de 1926, ensaio em que, segundo Mustè, a opinião sobre o filósofo liberal parece incerta e quase contraditória. Isso porque, por um lado, ele atribui a Croce uma "elevada função nacional" por haver proposto uma concepção secular do mundo" [31]– como escreveu Garin –, e por outro lado o classifica como uma das figuras mais importantes da reação italiana. Segundo Mustè, a razão de tal interpretação seria atribuível a necessidades políticas, ou seja, a de não se expor novamente à crítica por idealismo, que ressurgiu no Congresso de Lyon pelos bordiguianos.

Após sua prisão, a primeira referência ao filósofo idealista encontra-se na famosa carta a Tânia, de 19 de março de 1927, na qual Gramsci expõe seu programa de trabalho para os anos de prisão, declarando seu desejo de aprofundar sua escrita sobre a questão meridional e sobre a importância de Benedetto Croce. Antes de poder iniciar esse trabalho passaram-se dois anos, nos quais Gramsci pôde meditar e rever o julgamento expresso no ensaio de 1926, graças à reelaboração dos conceitos de hegemonia e de Estado integral (sociedade política + sociedade civil, ética e política; força + direção; domínio + hegemonia), sobre os quais a influência de Croce é evidente e declarada. Esse processo de revisão é decisivo tanto para a definição do marxismo como filosofia da práxis, quanto para esclarecer o alcance da crítica de Gramsci a Croce:

> A dupla crítica do materialismo (Bukhárin) e da posição especulativa do idealismo (Croce) traça a trajetória da recuperação da lição de Antonio Labriola e de uma nova leitura da obra de Marx. É aqui que a crítica a Croce assume um contorno definido, com a rejeição da doutrina das categorias e com a negação da interpretação tardia de Marx como filósofo do "deus oculto" da estrutura econômica. É aqui que emergem as duas categorias-chaves da reflexão de Gramsci, estreitamente ligadas entre si: o bloco histórico (que será

31 GARIN, E. *Op. cit.*, p. 123.

abandonado nas notas seguintes) e a tradutibilidade das linguagens científicas e filosóficas.[32]

A redação do *Caderno 10*, iniciada em abril de 1932, é precedida de inúmeras reflexões sobre a figura de Croce, que é traçada nos *Cadernos* anteriores e em várias cartas nas quais Gramsci destacou seu interesse por uma reorganização sistemática dessas notas, como aconteceu com o primeiro caderno especial, intitulado *A filosofia de Benedetto Croce*. Mustè esclarece bem a gênese conturbada desse Caderno e da triangulação entre Gramsci, Tania e Sraffa, de onde se depreende que o intelectual sardo lidou com *A História da Europa* antes mesmo de receber a obra. Assim, não nos deteremos mais nesse tema, remetendo às páginas deste importante ensaio recentemente publicado por Mustè.[33]

III. Dialética e filosofia da práxis

O diferente entendimento da dialética constitui uma das articulações teóricas mais importantes da história do movimento operário de inspiração marxista. Se para intelectuais como Bernstein a concepção dialética da história seria o resultado de um método apriorístico e arbitrário (uma astúcia filosófica, um mero artifício metafísico),[34] para toda uma outra linha de pensamento (de Engels a Lenin, de Lukács a Gramsci) a dialética é o coração pulsante do materialismo histórico, é o que o torna uma teoria viva e dinâmica.[35] Em outras épocas, dizia-se que só quem estudou Marx a fundo

---

32 MUSTÈ, M., 2020, p. 308-309.

33 *Ibidem*, p. 310-313.

34 BERNSTEIN, E. *I presupposti del socialismo e i compiti della socialdemocrazia*. Roma-Bari: Laterza, 1968, p. 31.

35 Para uma discussão mais detalhada, remeto à minha monografia sobre o tema: FRESU, G. *Lenin lettore di Marx. Determinismo e dialettica nella storia del movimento operaio*. Nápoles: La Città del Sole, 2008 [Edição Brasileira: *Lênin Leitor de Marx*. São Paulo: Anita Garibaldi, 2016].

pode compreender plenamente Hegel;[36] como sabemos, Lenin chegou à conclusão oposta, dispondo-se a estudar sua filosofia movido pela convicção de que para compreender Marx organicamente era necessário penetrar no pensamento do filósofo alemão.[37]

---

36 Segundo Livio Sichirollo, Marx não pode ser considerado um discípulo de Hegel, mas Hegel um precursor de Marx; Hegel atuaria historicamente na consciência contemporânea por meio de Marx, no sentido de que muito do interesse que se desenvolveu por Hegel durante o século XX baseou-se na importância assumida pela doutrina marxista. Os problemas aos quais Marx dá uma resposta "partem" das teses de Hegel e não estão em contradição com elas; nossa tendência a ver as "descobertas" contidas na filosofia de Hegel, e o fato de que Marx nos permite entender para onde deve ser orientada a nossa análise, não significam que essas "descobertas" não estivessem presentes na produção do grande filósofo alemão. Nesse sentido, Marx e Engels estariam entre os poucos que compreenderam plenamente a filosofia de Hegel no século XIX: ambos "aceitaram o método hegeliano apenas para subvertê-lo, para restituir à história a imagem de um homem andando sobre suas pernas. [...] O sistema, ou seja, a filosofia e seu método, é uma tomada de consciência da realidade; essa intervenção modifica a realidade, e o próprio conhecimento toma consciência de sua existência, a ponto de abalar e quebrar o sistema que a torna possível. Essa é a dialética" (SICHIROLLO, L. *Dialettica*. Milão: ISEDI Istituto Editoriale Internazionale, 1973, p. 151).

37 Se em *Materialismo e empiriocriticismo* a atenção de Lenin está totalmente voltada para reafirmar a gnoseologia materialista - contra o ecletismo da filosofia empiriocriticista - enquanto o tema da dialética e a contribuição da filosofia hegeliana não encontram espaço, entre 1908 e 1913 Lenin escreve uma série de artigos em que este tema encontra uma primeira exposição clara, ainda que sintética. O conjunto desses artigos foi então reunido em um pequeno volume que tomou a forma de um pequeno ensaio biográfico sobre Karl Marx, publicado pela primeira vez em 1925. No primeiro desses artigos, significativamente intitulado *Três fontes e três partes constitutivas do marxismo*, Lenin reitera um primeiro conceito básico: a doutrina de Marx continuou e desenvolveu as três mais importantes correntes de ideias do século XIX, nascidas dos três países mais avançados da época. Filosofia Clássica Alemã; economia política inglesa clássica; socialismo francês. Não satisfeito com este aprofundamento, em plena eclosão da Primeira Guerra Mundial, Lenin sentiu novamente a necessidade de combinar seus estudos econômicos e políticos, naquela fase voltados para o tema do imperialismo, com uma rigorosa pesquisa no campo filosófico, destinada a adquirir as ferramentas de análise dialética. Precisamente na fase de máximo empenho analítico e de batalha interna do movimento operário social-democrata, Lenin sentiu a necessidade não apenas de retornar ao estudo de Marx e Engels, mas diretamente à obra de Hegel. Assim, em 1914, Lenin empreendeu o estudo da *Ciência da Lógica* e, em 1915, das *Conferências sobre história da filosofia e filosofia da história*, na plena convicção de que, sem o conhecimento aprofundado dessas obras, também a compreensão do *Capital* seria limitada. O resultado dessas leituras são as notas dos *Cadernos Filosóficos*, publicadas pela primeira vez entre 1929 e 1930, certamente não uma obra filosófica orgânica, mas que - ainda que em forma de notas - constitui um dos mais importantes legados da produção teórica de Lenin.

Dentro desse longo e denso debate, Antonio Labriola representa um caso à parte no panorama do socialismo italiano, tanto por sua peculiar formação filosófica quanto por seu importante papel teórico no centro do debate mais avançado dentro da Segunda Internacional sobre o tema do marxismo como uma visão orgânica e autônoma do mundo. Do ponto de vista teórico, Labriola considerava a concepção materialista da história como autossuficiente. Essa concepção tinha em si a força necessária para o seu desenvolvimento sem ter que ceder a outras filosofias, sem inflexões à direita ou à esquerda. Turati, por outro lado, era de filiação positivista, assim como a maioria dos socialistas italianos da época.[38]

Labriola, aluno do grande filósofo Bertrando Spaventa, foi educado em Nápoles como protagonista do segundo florescimento do hegelismo. Aproximou-se de Marx já tendo em sua bagagem filosófica um profundo conhecimento da dialética.[39] Nesse processo de aproximação do marxismo, são frequentemente apontadas fases e pontos de virada significativos, mas os estudos convergem na conclusão de que Labriola chegou ao socialismo, antes de tudo, a partir de necessidades políticas, aprofundando-se no plano teórico posteriormente. "A biografia de Labriola diz que o primeiro filósofo marxista italiano encontrou o socialismo pela primeira vez como uma ação, como uma prática política separada da 'filosofia' da maneira que ele a entendia até então; certamente não sem estar convencido disso até certo ponto, disse a Carducci em 1886 que havia abandonado o passado, dedicando-se à política ativa, e que não era mais um filósofo".[40] Justamente por sua formação e concepção filosófica particulares, Gramsci considerava Labriola um ponto de referência

38 DAL PANE, L. *Antonio Labriola nella politica e nella cultura italiana*. Turim: Einaudi, 1975, p. 430.

39 LABRIOLA, A. *Opere*. Dal Pane, L. (org.). Milão: Feltrinelli, v. 1, 2 e 3, 1959/1961/1962.

40 COTRONEO, G. Il giovane Labriola tra Hegel e Spaventa. *In*: Alberto, B. (org.). *Antonio Labriola nella storia e nella cultura della nuova Italia*. Macerata: Quodlibet, 2005, p. 189-190.

constante para a renovação do marxismo, quase um antídoto para os limites teóricos do socialismo entre os séculos XIX e XX.[41]

Como se sabe, o hegelianismo meridional atingiu sua máxima eficácia somente após a morte de seus protagonistas, "quando seus principais discípulos ideais, Croce e Gentile, republicam seus escritos e revivem sua memória. O próprio Antonio Labriola elaborou as coisas mais significativas sob o incentivo de Croce, que até quis torná-lo editor".[42] Segundo Eugenio Garin, a cultura filosófica meridional em que Labriola se formou teve suas raízes desde Vico e Telesio, chegando até Tommaso Campanella. Dentro dessa tradição, a síntese hegeliana parecia se encaixar perfeitamente na "robustez especulativa"[43] da tradição sulista; porém, na leitura de Augusto Vera, o mais importante representante do hegelianismo na Itália, a estrita observância da ortodoxia hegeliana acabou perdendo vitalidade dialética e se exauriu no terreno da teologia. Ao contrário, segundo Garin, De Sanctis e Spaventa contribuíram para a renovação da tradição hegeliana italiana, lançando as bases para seu desenvolvimento futuro na filosofia da práxis de Labriola e Gramsci. Embora De Sanctis não possa ser rigorosamente vinculado ao hegelianismo, sua *Storia della letteratura italiana* (História da literatura italiana) fez parte de uma visão histórico-política que teve profundos pontos de contato com a concepção do filósofo alemão. Por sua vez, Bertrando Spaventa, sempre problematizando as contradições da realidade política a partir de uma concepção sistemática e dialética da história, foi protagonista de uma autêntica libertação teórica do engessamento e "das linhas sistêmicas do hegelismo ortodoxo",[44] colocando no coração do debate intelectual italiano os fermentos mais vitais dessa tradição filosófica.

Losurdo dedicou um eficiente ensaio de aprofundamento à história do hegelismo napolitano, com seus vários legados filosóficos,

---

41 LOSURDO, D. *Op. cit.*, 1997b, p. 17-19.

42 GARIN, E. *Cronache di filosofia italiana 1900/1943*. Roma-Bari: Laterza, 1966, p. 14-15.

43 *Idem.*

44 GARIN, E. *Op. cit.*, p. 17.

destacando o quanto, na esteira dessa tradição, o intelectual sardo contribuiu para despertar entre os jovens do *L'Ordine Nuovo* um grande interesse pela relação de dependência entre a doutrina marxista e o idealismo filosófico. A convicção acerca do vínculo orgânico entre Hegel e Marx certamente se nutre da leitura de Labriola, porém, segundo Losurdo, "seu Hegel parece pressupor também o dos irmãos Spaventa, que desempenharam um papel importante em uma daquelas revoluções liberais que os *Cadernos do Cárcere* colocam em conexão com a influência do filósofo idealista":[45]

> Discípulo dos irmãos Spaventa, Labriola, por sua vez, exerce uma notável influência sobre Gramsci, que dele retira a definição que dá para sua própria orientação teórica e política, "comunismo crítico". Algumas ideias do pensamento de Silvio e Bertrand podem ter chegado a Gramsci por meio de suas assíduas visitas aos textos de Croce e Gentile. Devemos nos colocar, porém, a questão de observar em que modo pode ter agido diretamente sobre o pensador e líder comunista senão a lição teórica dos dois irmãos, o exemplo moral de um outro pensador e líder revolucionário como Silvio Spaventa. [...] se Labriola declara ter-se "convertido lentamente ao socialismo" também graças ao "novo florescer napolitano do hegelianismo", Gramsci não se cansa de insistir, ao longo de sua evolução, no fato de que "o socialismo crítico repousa graniticamente no idealismo germânico" culminando em Hegel, e que "o marxismo se funda no idealismo filosófico".[46]

Retomando os momentos essenciais da formação do marxismo gramsciano, Togliatti, em famosa entrevista de 1953,[47] afirmou que, para o materialismo histórico italiano, o pensamento de Spaventa teria desempenhado a mesma função renovadora de Feuerbach.[48] Por essa

---

45 LOSURDO, D. *Dai fratelli Spaventa a Gramsci. Per una storia politico sociale della fortuna di Hegel in Italia*. Nápoles: La Città del Sole, 1997a, p. 174.

46 *Ibidem*, p. 171-172.

47 FERRARA, M.; FERRARA, M. (org.). *Conversando con Togliatti*. Roma: Edizioni di Cultura Sociale, 1953, p. 29.

48 Em carta de 13 de janeiro de 1930, Gramsci informa à cunhada Tânia que lera o livro *De 1846 a 1861* (editado por Benedetto Croce), que reúne cartas e documentos escri-

razão, a transição intelectual de Labriola do idealismo ao materialismo seria análoga à de Marx e Engels. Togliatti também analisou dessa forma o caminho de esclarecimento teórico de Antonio Gramsci, não casualmente acusado repetidamente de idealista por seus críticos e adversários, tanto por seu passado crociano quanto por sua concepção antideterminista sobre a centralidade das relações hegemônicas.[49]

Não só a influência idealista inicial, mas também o interesse de Lenin no jovem Gramsci podem ser explicados pela rejeição da cultura positivista típica do socialismo italiano.[50] Nas notas do *Caderno 10*, o próprio Gramsci lembra a importância dessa influência ao se referir a um de seus destaques de 1917, sobre o texto de Croce *Religione e serenità* (Religião e Serenidade):[51]

> [...] escrevi que assim como o hegelismo havia sido a premissa da filosofia da práxis no século XIX, nas origens da civilização contemporânea, a filosofia do crocianismo poderia ser a premissa da filosofia da práxis em nossos dias, para nossas gerações. A questão era apenas insinuada, de uma forma certamente primitiva e

tos por Silvio Spaventa, destacando alguns aspectos biográficos da trajetória do irmão mais novo de Bertrando, em que reconheceu: "Spaventa [...] foi um dos poucos (cerca de sessenta) que, dos mais de seiscentos condenados em 1848, nunca quis fazer votos de agradecimento ao rei de Nápoles; nem se dedicou à devoção; de fato, como escreve frequentemente, estava cada vez mais convencido de que a filosofia de Hegel era o único sistema e a única concepção de mundo racional e digna do pensamento na época" (GRAMSCI, A. *Lettere dal carcere*. Turim: Einaudi, 1971, p. 119).

49 Ao tratar desse tema e da colocação de Gramsci, é absolutamente necessário fazer referência ao estudo realizado por Marcello Mustè sobre o materialismo histórico italiano, em que são analisadas as trajetórias intelectuais entrelaçadas de Labriola, Croce, Gentile e Mondolfo, das quais "Gramsci representa, em muitas versões, o epílogo e o ponto mais alto dessa jornada. Não porque não haja insuficiências e dificuldades não resolvidas em sua reflexão, mas porque, nas meditações da prisão, ele pôde confrontar as diferentes dimensões da filosofia da práxis e conferir-lhes o carimbo de um novo problema, que surgiu de sua própria experiência e que dizia respeito, em primeiro lugar, ao cerne da constituição do sujeito político e sua posição na democracia moderna" (MUSTÈ, Marcello. *Marxismo e filosofia della praxis. Da Labriola a Gramsci*. Roma: Viella, 2018, p. 11-12).

50 FRESU, G. *Antonio Gramsci. L'uomo filosofo*. Cagliari: AIPSA, 2019, p. 40-82. [Edição Brasileira: *O Homem Filósofo*. São Paulo: Boitempo, 2020.]

51 CROCE, B. Religione e serenità. *La critica. Rivista di letteratura, storia e filosofia*, dirigida por B. Croce, n. 15, 1915.

> inadequada, pois naquela época o conceito de unidade entre teoria e prática não era claro em mim e eu tendia a ser bastante crociano.[52]

Embora reconhecendo a imaturidade de suas posições juvenis, Gramsci julgou útil retomar e desenvolver novamente de forma crítica aquelas exigências, ou seja, "refazer para a concepção filosófica de Croce a mesma redução que os primeiros teóricos da filosofia da práxis fizeram para a concepção hegeliana". No fundo dessa operação, Gramsci apontava a necessidade de resgatar o marxismo das vulgarizações do positivismo, construindo uma nova "cultura integral que tenha as características de massa da Reforma Protestante e do Iluminismo francês, e que tenha as características do classicismo da cultura grega do italiano renascentista, cultura que, retomando as palavras de Carducci, sintetiza Massimiliano Robespierre e Immanuel Kant, política e filosofia em uma unidade dialética intrínseca a um grupo social não apenas francês ou alemão, mas europeu e mundial".[53] Segundo o intelectual sardo, para construir uma visão de mundo crítica e coerente, capaz de contestar o terreno da luta hegemônica contra o liberalismo, era necessário elevar o marxismo italiano ao ponto mais avançado alcançado pelo pensamento filosófico, resgatando-o das simplificações do socialismo economicista:[54]

> É necessário que o legado da filosofia clássica alemã seja não apenas inventariado, mas tornado vivo e operativo novamente, e para isso é preciso lidar com a filosofia de Croce, ou seja: para nós, italianos, ser herdeiros da filosofia clássica alemã significa ser herdeiros da filosofia crociana, que representa o momento mundial atual da filosofia clássica alemã.[55]

---

52 GRAMSCI, A. *Op. cit.*, 1975a, p. 1233.

53 *Idem.*

54 Elementos deste esforço de emancipação das angústias intelectuais do socialismo italiano encontram-se assim em diversos textos juvenis, como *Il Sillabo e Hegel*, escrito para *Il Grido del Popolo,* de 15 de janeiro de 1916, como resenha do livro de Mario Missiroli, *Il Papa e la guerra.*

55 GRAMSCI, A. *Op. cit.*, 1975a, p. 1235.

Gramsci atribui grande importância à filosofia de Croce, tanto que sugere fazer a respeito de sua obra um trabalho semelhante ao realizado por Marx e Engels sobre Hegel e, ao mesmo tempo, fazer a elaboração de um *Anti-Croce* capaz de desempenhar a mesma função do *Antidühring* para a nova geração do marxismo antes da guerra. A grande limitação de Croce, segundo Gramsci, consistia em acreditar que o marxismo não reconhecia o momento da hegemonia, negligenciando ou evadindo o tema da direção cultural. Em sua reação justificada ao determinismo econômico, Croce teria acabado por confundir o materialismo histórico com sua forma vulgarizada. Sua polêmica niilista dirigida ao materialismo histórico é, para Gramsci, uma reação ao mecanicismo fatalista do determinismo; no entanto, para além de mal-entendidos e interpretações forçadas e instrumentais, ele teve o mérito de reavaliar a "frente de luta cultural" no campo da luta e da organização política, elaborando a doutrina da hegemonia, e ampliando o campo conceitual da ciência política para além da simples identificação da relação Estado-força.

IV. Do liberalismo ao comunismo crítico

Se Losurdo define o percurso de formação de Gramsci na transição do liberalismo para o comunismo crítico, segundo Rapone, "não se pode concluir que Gramsci iniciou sua trajetória intelectual e política como liberal; o produto dos empréstimos que contrata com o idealismo dos pensadores liberais do início do século XX italiano é utilizado para elaborar uma visão política socialista, que certamente revela peculiaridades marcantes, mas está por certo inserida na perspectiva de ação e dos objetivos estratégicos do movimento operário classista".[56]

Rapone escreve que a própria adesão de Gramsci ao socialismo encontra sua articulação teórica em uma concepção de devir histórico, na qual, contra qualquer determinismo mecanicista, resgata o

56 RAPONE, L. *Cinque anni che paiono secoli. Antonio Gramsci dal socialismo al comunismo.* Roma: Carocci, 2011, p. 262.

protagonismo do homem ativo e consciente, entendido como produto e força motriz do movimento histórico. A essa consideração ele acrescenta outra: a insistência na função do homem como criador da história se desenvolve no jovem Gramsci em antítese não apenas com o positivismo, mas também – e sobretudo – com toda concepção providencial e transcendental. Nesse sentido, o socialismo é colocado como estímulo à renovação do pensamento, capaz de reposicionar o homem com sua ação concreta no primeiro plano do devir histórico. Em vista disso, a modernidade teórica, em oposição à cosmovisão católica, e com ela contra qualquer forma de apriorismo, encontra seu ponto de referência essencial no historicismo e no idealismo entendido como a emancipação do homem da transcendência divina. Essa exigência, esclarece Rapone, nunca aproxima as posições de Gramsci do anticlericalismo militante, nem das banalizações da questão religiosa, amplamente presentes no movimento socialista.

> As referências ao idealismo, portanto, não indicam uma inclinação puramente acadêmica ou especulativa, mas estão ligadas à dinâmica da luta política em que Gramsci está engajado [...] por essa razão, o idealismo alemão, tendo revelado a energia contida no pensamento e o potencial de autodeterminação do indivíduo, é, para Gramsci, o fundamento sobre o qual repousa o socialismo crítico: nessa perspectiva e aspecto ele constitui o pano de fundo da posição socialista.[57]

O tema da relação entre Gramsci e o liberalismo, além de bastante controverso, não suscitou investigações sistemáticas totalmente satisfatórias. Nesse sentido, em seu discurso na conferência internacional *Gramsci e il Novecento* (Gramsci e o Século XX), realizada em Cagliari no ano 1997, Paolo Bonetti relembrou a reação provocada pela publicação em 1980 de seu ensaio *Gramsci e la società liberaldemocratica* (Gramsci e a sociedade liberal democrática). Em um contexto marcado tanto pela crise do eurocomunismo quanto do socialismo real soviético, o triunfo do paradigma democrático

---

57 *Idem.*

liberal levou a nova escolástica liberal a apresentar Gramsci como um autor inapresentável e ultrapassado, catalogando-o entre as relíquias totalitárias de um tempo histórico superado. Nesse contexto, destacou Bonetti, nos demos ao trabalho de consultar os textos de Gramsci para concluir que ele não se ocupou dos intelectuais liberais, com exceção de Einaudi e Croce. Sua "rejeição ao individualismo econômico", sua "filosofia da história", sua concepção dos intelectuais e seu desinteresse pelo constitucionalismo fizeram de Gramsci um autor, enquanto iliberal, totalmente inadequado. No entanto, além do desinteresse geral da cultura italiana pela tradição do pensamento liberal democrático, sua análise crítica do Estado liberal italiano, do *Risorgimento* ao fascismo, com suas contradições congênitas, debilidades imanentes, transição incompleta para a modernidade (institucional, parlamentar e econômica), era tudo menos mecânica ou superficial, e não se limitava ao contraste entre liberalismo e comunismo. Portanto, é uma investigação conduzida não de um ponto de vista extrínseco, mas de dentro da própria tradição liberal, partindo de seus valores, a fim de "abrir caminho para uma revolução que muitas vezes se apresenta, apesar de seu caráter assumidamente totalitário, como tentativa de realizar, em uma dimensão coletivista e não mais individualista, uma aplicação integral dos princípios liberais".[58]

Gramsci, tal como Marx, não pretendia fazer do socialismo um coveiro da sociedade burguesa, mas seu herdeiro. Dessa forma, ele se colocou em termos dialéticos, concebendo o advento da nova ordem como superação da velha, não sua simples negação. Assim, mesmo em uma fase histórica marcada pela grave crise do liberalismo italiano, disposto a deixar de lado suas próprias instituições e seus valores ideais para impedir a mudança da ordem social, Gramsci concebe o socialismo dentro de um processo ascendente e progressivo, que se abriu com a destruição da velha ordem feudal, encontrando em Hegel

58 BONETTI, P. Gramsci e il liberalismo italiano del Novecento. *In*: Vacca, G. (org.). *Gramsci e il Novecento*. Roma: Carocci, v. 1, 1999, p. 125-43.

o filósofo que mais sistematicamente foi capaz de conceituar a transição do antigo Estado patrimonial de castas fechadas para o moderno Estado ético. Nesse aspecto, segundo Bonetti, o problema da nova ordem surge como uma "inversão-continuação" da antiga:

> À decadência moral da burguesia e à perda de sua função histórica progressiva, Gramsci contrapõe outro caminho para a liberdade, não aquela anarco-niilista da decadência burguesa, o aventureirismo irresponsável dos "diletantes da vida", mas a construção paciente, pela grande massa e suas organizações, de um comunismo entendido como "humanismo integral", ou seja, um tipo de sociedade e civilização em que a organização coletiva se torna um instrumento de libertação, inclusive individual; um meio para construir uma vida mais segura, a expansão da personalidade e o aumento das forças produtivas "para o bem-estar e a felicidade e não para a aventura e a perversão".[59]

Em contraposição tanto ao mecanicismo determinista em suas variantes reformistas e radicais quanto ao subversivismo reacionário da pequena burguesia, Gramsci inscreve sua complexa concepção da relação entre "velho" e "novo" nos processos de transição histórica, a partir da centralidade da dialética hegeliana dentre as fontes do marxismo:

> Julgar todo o passado filosófico como um delírio e uma loucura não é apenas um erro de anti-historicismo, porque contém a pretensão anacrônica de que no passado se deveria ter pensado como hoje, mas é um verdadeiro resíduo da metafísica, porque pressupõe um pensamento dogmático válido em todos os tempos e em todos os países por cujos critérios todo o passado é julgado. O anti-historicismo metódico nada mais é do que metafísica. A superação dos sistemas filosóficos do passado não exclui que tenham sido historicamente válidos e que tenham desempenhado uma função necessária: sua transitoriedade deve ser considerada pelo ponto de vista de todo o desenvolvimento histórico e da dialética real; que eles eram *dignos* de cair não é um juízo moral ou de higienização do pensamento, emitido de um ponto de vista "objetivo", mas um julgamento histórico-dialético. Pode-se

---

59 *Ibidem*, p. 131.

> confrontar a apresentação feita por Engels da proposição hegeliana de que "tudo o que é racional é real e o real é racional", proposição que também será válida para o passado.[60]

Segundo Bonetti, se não é correto fazer de Gramsci um liberal, "não há dúvida de que suas relações com a sociedade liberal democrática são de inversão-continuação",[61] assumindo em seu processo de formação intelectual uma gama de temas característicos das tradições culturais e filosóficas burguesas, para reinterpretá-las e superá-las dialeticamente através de uma nova e original visão de mundo, a filosofia da práxis. Gramsci sempre foi "claramente contrário ao protecionismo":[62] não é por acaso que seu primeiro ato formal de participação política foi precisamente a sua adesão ao Grupo sardo da Liga antiprotecionista de Attilio Deffenu em 1913.[63] Por trás do protecionismo, o intelectual sardo vislumbrava a moeda de troca e o fundamento orgânico sob o qual se orientava o "bloco histórico" fiador da ordem social tradicional, com todas as suas formas insanas de dominação e exploração da pobreza agrária.

Segundo Losurdo, "Gramsci começa de alguma forma como um liberal",[64] mas, embora partindo das mesmas premissas teóricas, Gramsci supera o neoidealismo de seus primeiros referenciais filosóficos no plano político:

> Essa evolução do liberalismo para o "comunismo crítico" parece ainda mais fascinante pelo fato de funcionar como um contraponto objetivo à evolução de não poucos intelectuais que, sempre na esteira dos mesmos acontecimentos e partindo dos mesmos desafios teóricos, empreendem uma marcha de aproximação com o fascismo,

---

60 GRAMSCI, A. *Op. cit.*, 1975a, p. 1416-1417.

61 BONETTI, P. *Op. cit.*, 1999, p. 127.

62 *Ibidem*, p. 129.

63 "Caro Deffenu, enviei-lhe há algum tempo uma ordem de pagamento de 2,00 liras para ser membro do grupo do sardo da Liga antiprotecionista". GRAMSCI, A. *Epistolario* (janeiro de 1906 a dezembro de 1922). Roma: Treccani, v. 1, 2009, p. 143.

64 LOSURDO, D. *Op. cit.*, 1997b, p. 26.

ora aderindo a ele (é o caso de Gentile), ora parando no limiar da adesão, ora participando da elaboração de temas e motivos ideológicos posteriormente herdados do fascismo.[65]

Novamente, a diferença diz respeito ao modo de filosofar diante das questões concretas colocadas pela história. Nesse sentido, Losurdo destacou a relação solidária, não puramente intelectual, entre Gramsci e as massas subalternas, fruto das experiências concretas que o marcaram em sua terra natal. Como já apontado antes, a luta pela emancipação, não só dos subordinados de sua ilha (a Sardenha), mas também dos "povos infelizes das colônias, tachados e tratados como bárbaros e incivilizados pelas periódicas cruzadas da velha Europa",[66] para a qual o jovem Gramsci volta sua atenção, representa desde o início o motivo de seus interesses culturais. Isso vale não apenas para a fase em que Gramsci inicia sua trajetória no movimento socialista, ao escolher o terreno ideológico do materialismo histórico, mas também para sua forte atração inicial por autores situados no campo liberal, como Croce e Salvemini, e aquela fase imediatamente posterior, nos confrontos com Gentile.

A tese de Losurdo é que, a partir do *Risorgimento* e da polêmica contra o Sílabo* em defesa de Hegel e da modernidade, Gramsci envereda em seu caminho de liberal sem que isso seja contraditório com seu crescente interesse por Marx, cuja leitura inicial é fortemente mediada justamente pela interpretação crociana.[67] No entanto, o dado importante reside no fato de que a relação com o idealismo italiano não responde a necessidades acadêmicas, mas "refere-se a lutas políticas e sociais reais":

65 *Ibidem*, p. 34.

66 *Ibidem*, p. 17-18.

* N.T.: refere-se ao *Syllabus Errorum* do Papa Pio IX (1864), que continha oitenta proposições, dentre elas as contidas nas teses 77 a 80, onde pontuou-se que a religião católica deveria ser a religião do Estado, com exclusão dos outros cultos, e onde buscou-se refutar as teses centrais enunciadas a partir da Revolução Francesa de 1789.

67 *Ibidem*, p. 26.

> Croce e Gentile são relacionados por Gramsci à Itália que nasceu do *Risorgimento*: para se opor a eles estão os círculos clericais, que na Sardenha (e na Itália) da época constituíam uma força decisiva da conservação com o medo que estimulavam em relação a qualquer mudança social, classificada antecipadamente como um salto assustador no escuro. Esses círculos veem em Hegel sua besta negra e, juntamente com sua filosofia, pretendem rejeitar o moderno. Porém, *na luta entre o Sílabo e Hegel, foi Hegel quem venceu*. É a vitória não apenas de um filósofo, mas de um desenvolvimento histórico e de um mundo histórico real que encontrou sua expressão teórica no sistema do pensador alemão. [...] É sobretudo a vitória da consciência histórica, que na situação dada se recusa a ver e sofrer uma natureza imodificável.[68]

V. A luta pela modernidade e contra a conservação

A influência inicial da filosofia liberal não impediu Gramsci de captar o salto histórico causado pela Revolução Russa. Se, no clima inflamado da polêmica clerical ligada ao Sílabo, Hegel e o liberalismo representavam a premissa para alcançar a subversão da ordem tradicional das coisas, agora, no novo contexto marcado pelo assalto ao céu em 1917, é Lenin quem representa a luta da modernidade contra a conservação: "O lema de dois anos antes, *Hegel contra o Sílabo!* agora assumiu uma nova configuração: *Lenin contra o Sílabo!* [...], que continua a recomendar a submissão das massas aos Estados burgueses que as imolam como vítimas sacrificiais no altar da guerra, que ainda está impregnado de metafísica e teologismo, que ainda está deste lado da modernidade em seu sentido mais alto e mais forte. Por etapas sucessivas, e por um processo complexo e contraditório, a modernidade se configura como uma gigantesca revolução contra o Sílabo. É uma revolução que vê a afirmação da livre subjetividade, e essa livre subjetividade se reitera plenamente na luta contra a fatalidade da guerra e seu rito sacrificial".[69] O comunismo é assim interpretado como o

68 *Ibidem*, p. 18-19.

69 *Ibidem*, p. 30-31.

cumprimento da modernidade, portanto pode ser entendido como socialismo ou "comunismo crítico".

Segundo Losurdo, o distanciamento de Croce se dá justamente em relação ao julgamento sobre a Revolução de Outubro e acerca do papel de seu principal protagonista, que se impõem à alma do jovem Gramsci, varrendo as ossificações dogmáticas do determinismo e a suposta linearidade histórica traduzida das ciências naturais, pela qual teríamos passado do modo de produção social feudal ao capitalista e, só depois, ao socialismo, pois na evolução da espécie passamos do macaco ao homem, por contradições completamente internas às leis da economia, não pela intervenção ativa e consciente das grandes massas populares. Segundo Losurdo, "Gramsci contrasta implicitamente o evolucionismo positivista com um Hegel que naqueles anos estava também no centro de um debate político",[70] sendo alvo de uma ofensiva que, a partir de Bernstein, o considera responsável pelo apriorismo imanente à visão histórica marxista. "Nos últimos anos, portanto - escreve Losurdo -, a avaliação positiva ou negativa da Revolução de Outubro passa pela avaliação positiva ou negativa da dialética hegeliana".[71] Nesse sentido, no célebre *La rivoluzione contro il Capitale* (A Revolução contra o Capital), de dezembro de 1917, Gramsci capta com surpreendente clareza o dado saliente do primeiro "ataque ao céu" do século XX, apresentando-o numa linha de continuidade com a Revolução Francesa e a visão dialética da história de Hegel.[72]

Mas justamente sobre esse ponto, Losurdo assinala o paradoxo, pois se para entender e justificar a virada de outubro de 1917 "Gramsci pensa em resgatar o pensamento idealista italiano",[73] desde a revolução de fevereiro Croce e Gentile não perdem tempo nem deixam espaço para dúvidas, condenando, sem espaço para

70 *Ibidem,* p. 61.

71 *Ibidem*, p. 62.

72 GRAMSCI, A. *Op. cit.*, 1975b, p. 150.

73 LOSURDO, D. *Op. cit.*, 1997b, p. 63.

apelação, os levantes russos, definindo-os como contraditórios com o próprio materialismo histórico:

> Se mesmo antes da revolução bolchevique Hegel tende a ser, para Gramsci, o filósofo que não apenas expressa a modernidade, mas também teoriza o salto qualitativo e a dialética revolucionária, para Croce e Gentile, Hegel é na verdade o teórico da guerra: as categorias dialéticas da descontinuidade, salto qualitativo, luta etc. são empregadas pelos dois neo-idealistas italianos, sempre em relação às relações internacionais, para negar o ideal de paz perpétua, não para pensar em desenvolvimento dentro da sociedade e do Estado e muito menos para pensar em um revolução como a bolchevique, nascida na onda da luta contra a guerra.[74]

Se Croce credita a Marx o mérito de ter estimulado a redescoberta antimetafísica de Hegel, ele transfere o conceito de luta como força motriz da história do terreno marxista da dialética entre classes sociais para a esfera da luta entre Estados. "O conflito e a guerra entre Estados são o equivalente, em nível internacional, à luta de classes e à revolução dentro de um único país. Croce e Gentile não escondem sua preferência pela guerra".[75] Uma concepção que os aproxima das posições que, com o pano de fundo salveminiano e o nacionalista de Corradini, caracterizam a virada intervencionista de Mussolini e sua transição do socialismo para o fascismo. A luta entre "nações proletárias" e "nações capitalistas", que deveria ter levado as "nações jovens" a substituir as "nações decrépitas" na liderança da humanidade. Um conceito emprestado, de forma transfigurada, da teoria do conflito de classes de Marx, e traduzido para o palco da política internacional em uma chave nacionalista. Em plena Primeira Guerra Mundial, Gramsci, ainda com vinte e cinco anos (*Lotta di classe e guerra*, "Avanti!" ed. Piemonte, 19 de agosto de 1916), não deixa escapar o perigo dessa operação – premissa indispensável da categoria de "espaço vital" – que expressa a luta política por

74 *Ibidem*, p. 64.

75 *Ibidem*, p. 65.

intermédio da guerra, a conquista de mercados, a "subordinação econômica e militar de todas as nações a uma única, a que, por meio do sacrifício do sangue e do bem-estar imediato, demonstrou ser a eleita, a digna".[76]

Com a guerra e os apetites imperialistas que dominaram toda a resistência política e intelectual, abre-se uma brecha entre Gramsci e o liberalismo, que considera as massas populares matéria-prima à disposição das classes dominantes, assim como não reconhece aos povos coloniais nenhuma subjetividade e capacidade de autodeterminação, considerando legítima a ocupação de suas terras, a exploração e o uso do despotismo mais brutal para seu governo: "A discriminação entre burgueses e liberais de um lado e socialistas de outro se identifica na ausência de um conceito de homem verdadeiramente universal".[77]

Ao contrário, a Revolução Russa, entre seus muitos significados, representou um ponto de não retorno na história mundial, precisamente por seu conteúdo e compromisso anticolonial. Nisso, como Domenico Losurdo explica longamente na última obra de sua vida, está a distinção entre o marxismo oriental e o marxismo ocidental depois de Marx.[78] Assim, em continuidade com uma elaboração que encontrou sua síntese mais eficaz em *Imperialismo, a fase superior do capitalismo*, Lenin sublinha a relação muito próxima e indissolúvel entre a luta pela emancipação da dominação colonial dos países "orientais" e a sobrevivência do Estado socialista, colocando as duas realidades na

76 GRAMSCI, A. *Op. cit.*, 1975b, p. 41.

77 LOSURDO, D. *Op. cit.*, 1997b, p. 91.

78 Da Segunda Internacional a Toni Negri, Michael Hardt e Žižek, passando pelos muitos intelectuais críticos queridos da esquerda, a incompreensão, a subestimação ou o paternalismo em relação à questão colonial produziu leituras contraditórias que explicam muito da subordinação ideológica, da inconclusividade e da marginalidade da esquerda nos países capitalistas avançados. A total incapacidade de enfrentar a tragédia das novas guerras coloniais, portanto a incapacidade de ser (inequivocamente) o centro ativo e a força motriz de um movimento anti-imperialista, é o teste decisivo sobre os limites do marxismo ocidental contemporâneo e suas muitas variantes pós-ideológicas tão em voga hoje (LOSURDO, D. *Il marxismo occidentale. Come nacque, come morì, come può rinascere.* Bari-Roma: Laterza, 2016, p. 53-101). [Edição Brasileira: *O Marxismo Ocidental: como nasceu, como morreu, como pode renascer.* São Paulo: Boitempo, 2018]

mesma frente e na mesma esfera contra-hegemônica, em um contexto dominado pelo fracasso das revoluções no Ocidente.[79]

Segundo Losurdo, ao se posicionar incondicionalmente pela emancipação do domínio colonial, Gramsci acusou a burguesia liberal da época não apenas no plano político, mas também no plano filosófico-antropológico, pela total incapacidade solidária e indisposição para lidar com "os problemas, os sofrimentos e direitos dos excluídos da civilização e do Ocidente. [...] A marcha do comunismo é, em certo sentido, a marcha da universalidade".[80] A revolução burguesa representa uma etapa fundamental no processo histórico de emancipação, mas somente no comunismo ela assume um caráter integral e, portanto, o princípio da universalidade torna-se real e substancial. A ética assumida do Estado liberal se choca com sua pouca propensão expansivo-inclusiva.

O que mais distinguiu a burguesia em sua fase revolucionária foi, para Gramsci, sua capacidade de incluir outras classes sociais e direcioná-las, por meio do Estado, para exercer a hegemonia política e social. Enquanto no feudalismo a aristocracia, organizada como uma "casta fechada", não se colocava o problema da incorporação das demais classes, a burguesia revela-se muito mais dinâmica e móvel, visando a assimilação do restante da sociedade ao seu nível de desenvolvimento econômico e cultural.[81] Isso altera profundamente a função do Estado

79 LENIN, V. *Meglio meno, ma meglio*. *In*: *Opere Complete*. Roma: Editori Riuniti, v. 33, 1967, p. 445-60.

80 LOSURDO, D. *Op. cit.*, 1997b, p. 93.

81 Michael Walzer descreveu com eficácia a afirmação das liberdades modernas, associadas ao inédito princípio da dignidade humana universal como resultado de um processo dominado pela luta pelo reconhecimento. Em uma sociedade hierárquica como a Europa feudal, o título indicava rigidamente a posição social associada ao nome da pessoa. Tratar uma pessoa com base em seu título significa trazê-la de volta à ordem social, concedendo-lhe ou recusando-lhe, dependendo de sua posição, respeito. Os títulos proliferam nos estratos superiores, onde demarcam distinções limitadas e insinuam a intensidade e a importância da luta pelo reconhecimento. Nas posições inferiores da escala social, as pessoas não têm título, mas são levadas em consideração pelo nome ou por algumas definições gerais com significado pejorativo (escravo, menino, menina etc.). Havia uma forma específica de se relacionar, codificada para todas as pessoas com

ao torná-lo "educador", também por meio da função hegemônica do Direito na sociedade. A burguesia opera historicamente para homogeneizar as classes dominantes (em termos de costumes, moral, senso comum) e criar um conformismo social capaz de consolidar seu poder, por meio de uma combinação de força e consenso, para tentar arregimentar e dirigir com esquemas culturais próprios as classes dominadas. Todo Estado é ético na medida em que trabalha para elevar a população como um todo a um nível cultural e moral adequado ao desenvolvimento das forças produtivas e aos interesses das classes dominantes. Mas, para Gramsci, a efetiva eticidade de um Estado só pode realizar-se alcançando a condição de "emancipação humana" integral, ou seja, com a subversão das relações tradicionais entre dirigentes e dirigidos e o fim da exploração do homem pelo homem:[82]

> A concepção de Hegel é típica de um período em que o desenvolvimento em extensão da burguesia poderia parecer ilimitado, portanto, sua ética ou universalidade poderia ser afirmada: todo o gênero humano será burguês. Mas, na realidade, somente o grupo social que coloca o fim do Estado e de si mesmo como um fim a ser alcançado pode criar um Estado ético, tendendo a acabar com as

---

base no título dado por nascimento, uma forma que definia simultaneamente o grau de reconhecimento a que tinham direito. Quando conhecemos os títulos de todos, conhecemos a ordem social, sabemos a quem devemos nos curvar e quem deve fazê-lo perante nós. Ver WALZER, M. *Ragione e passione. Per una critica del liberalismo*. Milão: Feltrinelli, 1987, p. 251-252.

82 Em polêmica com as concepções de sociedade autorregulada, em que o homem alcança sua emancipação integral com a extinção dos conflitos entre interesses e contradições sociais encarnadas pelo Estado, Michael Walzer escreveu que o utopismo do marxismo (extinção do conflito, portanto do Estado e da política) seria atribuível à sua incapacidade de compreender a diversidade da humanidade para além da simples condição de classe: estabelecida, superada a diferença e destruída a hierarquia, o Estado perderá força e o governo dos homens será substituído pela administração das coisas; a era da política vai acabar. Tais teorias, argumenta Schwartz com razão, refletem a incapacidade de compreender (quanto mais apreciar) as muitas e variadas formas de diferença entre os seres humanos e o conflito social. Em última análise, é a ansiedade gerada pela diferença que desperta a antipatia pela política e a fantasia de aboli-la. Mas é improvável que tal abolição possa ser implementada sem reprimir tanto a diferença quanto o conflito, o que exige uma política altamente coercitiva (WALZER, M. 2001, p. 55-56).

divisões internas dos dominantes etc. e criar um organismo social unitário técnico-moral.[83]

Segundo Losurdo, a categoria da contradição objetiva assume um papel central na definição da concepção de filosofia da práxis, o que não existia na filosofia de Croce e Gentile. Isso explica por que a dialética hegeliana é para Gramsci um ponto de referência irrenunciável, enquanto não o é no neoidealismo dos dois filósofos italianos, embora seja inegável a função destes na formação intelectual de Gramsci. Losurdo destaca de que maneira, diante da decepção suscitada pela filosofia de Croce, incapaz de compreender "a revolução contra *O Capital*", Gentile inicialmente parecia fornecer mais ferramentas capazes de reafirmar o valor da política diante das reduções positivistas do marxismo.[84] Mas não tardou a se manifestar em Gramsci, assim como no jovem Togliatti, a desilusão em relação a Gentile, em relação a quem ainda havia uma distância quanto ao significado da contradição objetiva. "Levar corretamente em conta as contradições objetivas é o critério para distinguir entre o conhecimento histórico real, de um lado, e a utopia/ideologia, de outro".[85] Para Gramsci, a revolução não pode brotar da pura iniciativa do sujeito, encontrando sua condição preliminar indispensável na contradição objetiva. Por essa razão, Losurdo rejeita veementemente a tentativa de reconduzir Gramsci e o grupo do *L'Ordine Nuovo* a Giovanni Gentile ou Benedetto Croce, a ponto de "apresentar o gentilianismo (fascismo) e gramscianismo (comunismo) como dois irmãos gêmeos".[86] Devido à sua luta contra as abordagens deterministas e positivistas no movimento socialista, Gramsci passou a ser considerado um "metafísico do sujeito e da práxis subjetiva",[87] porém, segundo Losurdo, em Marx e Gramsci o tema da práxis não pode de modo algum ser pensado abstraindo-se

83 GRAMSCI, A. *Op. cit.*, 1975a, p. 1050,

84 Ver LOSURDO, D. *Op. cit.*, 1997b, p. 118.

85 *Ibidem*, p. 107.

86 *Ibidem*, p. 117.

87 *Ibidem*, p. 127.

do tema da objetividade material. Uma questão não suficientemente compreendida pelas recentes interpretações culturalistas e pós-modernas das categorias de Gramsci.

É sem sentido reduzir a filosofia da práxis gramsciana à filosofia da subjetividade criadora, que se formou na luta contra a versão positivista e mecanicista do marxismo (contra aqueles que condenaram a Revolução de Outubro agitando *O Capital*), mas também no curso da luta empreendida por Lenin contra as tendências extremistas e voluntaristas amplamente presentes na Terceira Internacional.[88]

Se, por um lado, Gramsci indica na dialética de Hegel a premissa filosófica mais importante da filosofia da práxis, por outro, denuncia a distorção instrumental dessa concepção pela tradição neoidealista italiana. Por isso, na nota 41 do *Caderno 10*, o intelectual sardo zomba do falso historicismo de Croce e de toda aquela longa tradição (liberal e conservadora) que apresenta a Revolução Francesa como uma negação fanática e irracional da história.[89] Um historicismo que, segundo Gramsci, nada tem de científico, cuja única função se resume essencialmente na exigência da Restauração, retomada integralmente em todos os cânones ideológicos do revisionismo que tentam expurgar a Revolução de Outubro de 1917 da história do século XX.

VI. Estado e questão nacional

Segundo Losurdo, internamente ao marxismo do século XX, Gramsci é um autor que se destaca por sua abordagem crítica das tendências anárquicas e escatológicas que fariam coincidir mecanicamente o fim do domínio burguês com a destruição de seu Estado:

> Por outro lado, a expectativa do desaparecimento do Estado, do conflito e, em última análise, da política, torna sem sentido o problema da hereditariedade que está no centro das preocupações de

88 *Ibidem*, p. 109.

89 GRAMSCI, A. *Op. cit.*, 1975a, p. 1325-1326.

> Gramsci. Não surpreende então que, apesar de tantas oscilações e contradições, ele tenha se esforçado para redimensionar, reinterpretar ou questionar a tese da extinção do Estado.[90]

Nos *Cadernos,* Gramsci escreve que a própria retórica liberalista do Estado mínimo e da primazia do mercado se baseia em "um erro teórico", porque transforma uma "distinção metódica" em uma "distinção orgânica".[91] No entanto, nem mesmo essa redução elimina a regulação estatal, ela simplesmente a transfere para a sociedade civil, mas, visto que esta e o Estado estão identificados, as funções de arregimentação e repressão deste continuam existindo e funcionando, mesmo quando são exercidas por aparatos particulares e não diretamente estatais.[92]

O mito da extinção do Estado aproxima o liberalismo do anarquismo, mas também está amplamente presente na tradição do marxismo, em cujas fileiras certamente não é incomum encontrar simplificações e condenações dos processos reais desiguais de transição ao socialismo a partir dessa concepção.[93] Não só no mundo

---

90 LOSURDO, D. *Op. cit.*, 1997b, p. 190.

91 "O entendimento do movimento de livre comércio se baseia em um erro teórico cuja origem prática não é difícil de identificar: na distinção entre sociedade política e sociedade civil, que de distinção metódica passa a ser apresentada como uma distinção orgânica. Assim, afirma-se que a atividade econômica pertence à sociedade civil e que o Estado não deve intervir em sua regulação. Mas como a sociedade civil e o Estado se identificam na realidade atual, é preciso estabelecer que o liberalismo é uma regulação de natureza estatal, introduzida e mantida por via legislativa e coercitiva: é um fato da vontade consciente e não expressão espontânea e automática do fato econômico" (GRAMSCI, A. *Op. cit.,* 1975a, p. 1590).

92 Deste ponto de vista, não é supérfluo notar a diferença de Croce, segundo o qual a convergência entre liberalismo e libertarismo é apenas de natureza empírica e provisória: "Como deveria ser agora pacífico, o liberalismo não coincide com o chamado liberalismo econômico, com o qual teve pontos de contato, e talvez ainda tenha, mas sempre de forma provisória e contingente, sem que se atribuísse à máxima de deixar fazer e deixar passar nada além do valor empírico, como válido em certas circunstâncias e não válido em circunstâncias diferentes. Portanto, [o liberalismo] nunca pôde refutar, por princípio, a socialização ou a estatização dos meios de produção, nem os recusou, pelo fato de que realizou muitas obras desse tipo" (CROCE, B. *Storia d'Europa nel secolo decimonono*. Roma-Bari: Laterza, 1965, p. 31).

93 Como sabemos, Hegel dedica muitas páginas de sua *Filosofia do Direito* tanto à incapacidade de compreender a racionalidade histórica do Estado moderno, quanto à

liberal, mas também na esquerda, a principal acusação à Revolução de Outubro (sua suposta "traição") estaria na não extinção do Estado. Ao contrário, a multiplicação de suas funções e atividades, necessárias para direcionar esse processo histórico sem precedentes, estaria na origem do caráter liberticida do "socialismo histórico".[94]

Contra essa concepção, Gramsci rejeita a identificação do comunismo, da "sociedade regulada", para usar a definição dos *Cadernos*, com a anarquia. Nesse sentido, escreve Losurdo, "os *Cadernos do Cárcere* parecem reconhecer a dívida para com Hegel quando traçam essa imagem de um 'Estado sem Estado' ou de um 'Estado ético', que tomou o lugar do Estado como organização de violência de classe e no qual se constitui o comunismo, para os grandes cientistas da política e do direito, além de explicitamente para Hegel. O comunismo é então visto como a realização daquela imagem que, no autor da *Filosofia do Direito,* permanece no nível da pura utopia, já que deixa de fora as colossais convulsões sociais que lhe podem dar concretude".[95]

---

obsessão que, a partir de Locke, levou os liberais a interpretar a liberdade como uma limitação do poder público. A racionalidade do Estado não pode ser confundida com uma de suas formas historicamente determinadas ou com as funções desempenhadas por elas. Hegel não aceita a tendência de reduzir a essência do Estado às funções que ele desempenha para assegurar a coexistência de indivíduos livres. Não se pode confundir o Estado com a sociedade civil, nem se pode remontar o Estado à sociedade civil, no sentido de considerá-lo como guardião da defesa da liberdade de iniciativa econômica, que deve limitar-se a ditar as regras e aplicá-las. Mas, na concepção do Estado, a polêmica de Hegel não se dirige apenas aos liberais, a Rousseau e à cultura constitucional contratualista da Revolução Francesa. Suas notas críticas também são dirigidas contra a ideologia da Restauração e seu principal teórico, Ludwig Von Haller. Segundo Hegel, a filosofia que reconhece o Estado como uma entidade racional em si não pode deixar de opor-se a qualquer teoria que reduza o Estado às suas funções externas, neste caso a necessidade de proteção. Ver: HEGEL, G., 2020, p. 196-197.

94 Nesse sentido, Slavoj Žižek, no referido livro sobre Lenin, toca em um ponto bastante revelador. Žižek afirma a necessidade de problematizar o conceito de totalitarismo, argumentando que o "terror político" se encontra na "subordinação" da esfera produtiva material à "lógica política", que em última análise "negaria sua autonomia" (ŽIŽEK, S., 2017, p. 272). A ideia de uma relação inversamente proporcional entre a esfera das liberdades e a extensão das atividades estatais é um dos mitos mais duradouros do liberalismo, que une a concepção de "governo limitado" de Locke com as teorias do totalitarismo de Hannah Arendt.

95 LOSURDO, D. *Op. cit.*, 1997b, p. 191-192.

Mas Gramsci não se limita a redimensionar a tese da extinção do Estado; ele acredita que, no plano da batalha de ideias, a concepção do anarquismo representa uma extensão do liberalismo e não do socialismo. Nesse sentido, Losurdo define as ideias de Bakunin como "a radicalização do liberalismo pós-1848", que insiste com a mesma fobia do "despotismo estatal", com argumentos antijacobinos muito próximos aos de autores liberais como Tocqueville.[96] O antijacobinismo presente em Bakunin e Proudhon chegou a influenciar o próprio Gramsci em sua juventude, por intermédio de Sorel. No entanto, uma vez emancipado de qualquer vínculo teórico com este último, o intelectual sardo critica radicalmente a abordagem dos dois teóricos franceses, justamente por sua obsessão pelos jacobinos e pelo despotismo estatal.

O conjunto desses problemas torna-se evidente quando, com o fracasso das revoluções no Ocidente e o desencadeamento da ofensiva dos países ocidentais, a sociedade soviética se encontra na encruzilhada entre duas perspectivas: consolidar o socialismo na URSS, fortalecendo sua organização estatal, ou prosseguir no caminho da "revolução permanente".[97] Uma bifurcação destinada a causar a laceração da direção bolchevique e uma fratura irremediável no movimento comunista internacional que, como se sabe, levou Gramsci a escrever a famosa carta ao Comitê Central do PCR, na qual ele censura os métodos usados para liquidar a oposição a Stalin, ao mesmo tempo que afirma se reconhecer nas

96 GRAMSCI, A. *Op. cit.*, 1975a, p. 193.

97 Para um estudo mais aprofundado sobre este tema, remetemos ao recente e interessantíssimo volume, em cujo prefácio os curadores Paolo Capuzzo e Silvio Pons exortam "a necessidade de recolocar a figura de Gramsci no quadro original da experiência comunista que marcou sua biografia", para compreender de forma mais orgânica o quanto conhecer "as diferentes conjunturas da conturbada história do comunismo dos anos 1920 e 1930 [que] representavam o arcabouço fundamental dentro do qual Gramsci trabalhou como político e pensador", é fundamental para se apreender o sentido de sua originalidade no quadro dialético do movimento comunista daqueles anos (CAPUZZO, P. e PONS, S. (org.). *Gramsci nel movimento comunista internazionale*. Roma: Carocci, 2019, p. 9).

posições expressas pela maioria.[98] No que diz respeito ao debate, Gramsci compartilhava das questões de mérito, porém distanciando-se claramente dos métodos "administrativos" utilizados pelo grupo dirigente chefiado por Stalin, e convocando o Partido Soviético para a necessária unidade, indispensável ao movimento comunista internacional, especialmente em uma fase de retrocesso como aquela. Além da controvérsia sobre as questões de método na condução da dialética interna do grupo dirigente bolchevique, Gramsci considerava a linha de Trotsky incompatível com as perspectivas da "frente única" e mais ainda com a tarefa de conquista hegemônica no Ocidente. Embora seja extremamente difundida a tendência de apresentar a obra dos *Cadernos*, e em particular as teorias sobre a hegemonia, como um ponto de profunda descontinuidade entre Gramsci e Lenin, nas notas relativas à passagem da "guerra de movimento" à "guerra de posição", no *Caderno 7*, o intelectual sardo atribui a Lenin o mérito de ter compreendido a complexidade das estruturas de dominação das sociedades ocidentais capitalistas avançadas, indicando primeiro às classes subalternas a grande tarefa histórica da conquista hegemônica. Ao contrário, a teoria da "revolução permanente" de Trotsky era, para Gramsci, o reflexo da teoria da guerra de movimento, do assalto imediato, ou seja, o reflexo de um país em que as condições gerais econômicas, culturais e sociais eram embrionárias e subdesenvolvidas, assim sendo, a classe dominante era incapaz de exercer sua própria hegemonia política e social.

A fórmula da "revolução permanente" surgiu antes de 1848 como expressão cientificamente elaborada das experiências jacobinas, e, mais genericamente, corresponde a uma fase de forte atraso

98 A respeito do suposto antistalinismo de Gramsci, Giuseppe Prestipino assim se expressou: "Gramsci não foi conscientemente antiestalineano, e não o é, ao menos na medida em que, de seu cárcere e de seu isolamento forçado, ele foi levado a atribuir a Stalin ou ao grupo dirigente soviético escolhas teóricas e políticas que lhe parecem convergir com suas próprias escolhas filosóficas (antideterministas) e com suas próprias escolhas ético-políticas (antiburocráticas)" (PRESTIPINO, G. *Op. cit.*, 1994, p. 93).

da sociedade, na qual há um desenvolvimento limitado da sociedade civil e dos aparelhos hegemônicos das classes dominantes. Nessa fase ainda não existem grandes partidos políticos e sindicatos, e há uma maior autonomia nacional das economias e dos aparatos estatais-militares. Isso mudou radicalmente em 1870 com a expansão colonial europeia, quando as relações organizacionais internas e internacionais dos Estados se tornaram mais complexas e articuladas; nesse período, na política, ocorre a mesma mudança que ocorreu na arte militar, e a fórmula da "revolução permanente" é substituída pela hegemonia civil, ou seja, passa-se da guerra de movimento à guerra de posição. A articulação, seja estatal, seja da sociedade civil, das democracias modernas, é para a arte política comparável às "trincheiras" e fortificações permanentes da "guerra de posição", e pode-se dizer que um Estado ganha uma guerra porque a prepara tanto em nível técnico-militar, quanto em nível político nos anos de paz. Obviamente, esse discurso diz respeito apenas aos Estados modernos e avançados e não aos países subdesenvolvidos e às colônias.

A teoria de Trotsky era, para Gramsci, o resultado de uma abordagem superficial, tanto em nível nacional quanto europeu – e somente sua obstinação o fez acreditar que o que teorizou na época da revolução de 1905 foi realizado quinze anos depois.[99] Lenin, em vez disso, havia entendido que no Ocidente, em março de 1921, após o fracasso das perspectivas revolucionárias e a abertura de uma

99 Gramsci refere-se aqui às memórias de Trotsky, nas quais ele afirmava que a estreita ligação e continuidade entre a revolução burguesa e a revolução socialista geram uma condição de revolução permanente da qual não se pode mais escapar até que a revolução social se complete. Com base nisso, Trotsky afirmou que sua posição visava queimar todas as etapas e forçar a situação a passar imediatamente da revolução burguesa à socialista, afirmando que, ainda que em 1905 nada tivesse sido alcançado e a revolução tivesse sido sufocada, sua previsão acabou por tornar-se realidade quinze anos depois. Na verdade, Gramsci acredita que a teoria de Trotsky não era boa, "nem quinze anos antes nem quinze anos depois", e com ironia ele zomba de suas supostas habilidades divinas, afirmando que ele era no máximo capaz de adivinhar "no atacado": "É como se dizer que está previsto que uma menina de quatro anos se tornará mãe e, quando ela se torna, aos vinte anos, dizerem que eu adivinhei, não lembrando, porém, que quando ela tinha quatro anos o que desejava era estuprar a moça sobre quem eu estava certo de que seria mãe" (GRAMSCI, A. *Op. cit.*, 1975a, p. 866).

fase de ofensiva reacionária, era necessária uma mudança da guerra de movimento para a guerra de posição. A primeira tinha sido bem-sucedida na Revolução Russa de 1917, mas a segunda era até então a única possível no Ocidente, onde a sociedade civil era altamente desenvolvida e a capacidade hegemônica da classe dominante era muito forte. Para Gramsci, esse é o significado mais imediato e importante da teoria da "frente única". Lenin pôde intuí-la, mas não teve tempo de desenvolvê-la, até porque, segundo Gramsci, só poderia tê-la feito no plano teórico, enquanto a tarefa era essencialmente "nacional", ou seja, cabia aos partidos dos países ocidentais operar um profundo reconhecimento do terreno e uma fixação dos elementos de trincheira e fortificação:

> No Oriente o Estado era tudo, a sociedade civil era inicial e gelatinosa; no Ocidente havia uma relação justa entre o Estado e a sociedade civil, e no estremecimento do Estado se vislumbrava imediatamente uma estrutura robusta da sociedade civil. O Estado era apenas uma trincheira avançada, atrás da qual havia uma robusta cadeia de fortalezas e casamatas; aproximadamente, de Estado para Estado, é claro, mas isso exigia precisamente um reconhecimento preciso do caráter nacional.[100]

No parágrafo 68 do *Caderno 14*, dedicado a Maquiavel,[101] Gramsci escreve que a tarefa da "classe internacional" era estudar precisamente a "combinação de forças nacionais" (aquilo que em outras notas ele definiu como elementos de trincheira e fortificação), desenvolvendo-as também em função das exigências internacionais. Somente a classe dominante capaz de interpretar essa combinação pode ser definida como tal; para isso, conclui Gramsci, as acusações

---

100 *Idem*.

101 No que diz respeito à datação, ao conteúdo e ao significado da "liquidação de Leone Davidovici" no *Caderno 14*, assinalamos os resultados alcançados por Gianni Francioni em seus estudos relatados em um ensaio recentemente publicado, de extraordinário interesse não apenas filológico, mas também político: FRANCIONI, G. La liquidazione di Leone Davidovici. Per una nuova datazione del Quaderno 14. *In*: Francioni, G. e Giasi, F. (org.). *Un nuovo Gramsci*. Roma: Viella, 2020, p. 341-364.

de nacionalismo de Leone Davidovici (Trotsky) contra Bessarione (Stalin) "são ineptas quando se referem ao cerne da questão".[102] "Se estudarmos todo o esforço da 'maioria' (os bolcheviques) entre 1902 e 1917", continua Gramsci, "compreenderemos como sua originalidade residia exatamente em 'depurar' o internacionalismo de todo elemento vago e puramente ideológico (no pior sentido) para dar-lhe um conteúdo político realista".[103] A hegemonia se fundamenta nas necessidades de caráter nacional; portanto, para uma classe internacional orientar os estratos sociais estritamente nacionais, deve se nacionalizar, pois segundo o intelectual sardo – também devido à derrota das revoluções no Ocidente – não estavam objetivadas as condições mundiais para o socialismo, e por isso seriam necessárias múltiplas fases, nas quais as combinações nacionais individuais poderiam ser as mais diferentes. É interessante notar como Gramsci liga atitudes "não-nacionais" aos erros já cometidos pelo mecanismo determinista na Segunda Internacional, que produziram inércia e passividade no movimento operário, quando ninguém se considerava em condições internacionais para iniciar o processo revolucionário, e, enquanto esperava-se que os outros também estivessem sem condições, o movimento se limitou a acumular forças. Agora a mesma atitude "não-nacional" reapareceu na teoria da revolução permanente, que ele define como resultado de um "bonapartismo anacrônico e antinatural":

> As debilidades teóricas dessa forma do velho mecanismo são mascaradas pela teoria geral da revolução permanente, que nada mais é do que uma previsão genérica apresentada como dogma e que se autodestrói, pelo fato de que não se manifesta efetivamente.[104]

Para Gramsci, não só a linha do "socialismo em um só país" era duplamente correta, tanto para salvaguardar a realidade soviética

102 GRAMSCI, A. *Op. cit.*, 1975a, p. 1729.

103 *Idem.*

104 *Ibidem*, p. 1730.

quanto para as perspectivas de revoluções no Ocidente, mas, em geral, além desse fato inevitável, impunha a tarefa estratégica de construção do Estado socialista e, certamente, não a de sua extinção.

Conclusões

Que a história do campo ideológico no qual Gramsci atuou por toda a sua vida revelou contradições e limites é inquestionável, caso contrário, nosso raciocínio seria diferente e lidaria com outros problemas, sem ter que partir de um fato inevitável: a derrota histórica do socialismo. No entanto, além de aderir ou não aos paradigmas dessa visão de mundo, o crescente interesse por Gramsci testemunha uma riqueza de categorias e interpretações capazes de ir muito além das finalidades normativas de seu pensamento. A difusão internacional das categorias gramscianas deriva, de fato, da necessidade de se compreender a realidade concreta. Não se trata, portanto, de um estudo voltado apenas para a pura erudição, mas de um uso dirigido a compreender e dar respostas a algumas contradições históricas fundamentais, subjacentes à vida cultural, social e política de realidades geográficas extremamente diversificadas.

Mesmo levando-se em conta essa circunstância, ainda assim, uma maior historicização, tanto do socialismo em geral quanto dos processos revolucionários que inflamaram o Ocidente no século XX, ajudaria a compreender melhor este século marcado por grandes dramas, mas também por conquistas épicas na história da luta pela emancipação da humanidade. Cada revolução, colidindo com a realidade concreta (com ações e reações previstas ou imprevistas), acaba por criar um quadro sempre diferente do que havia sido teorizado e idealizado anteriormente. É inevitável. Assim foi para a Revolução Francesa (ainda que continuemos a considerá-la um ato fundamental de libertação universal), assim é para todas as revoluções liberais que, para além dos princípios, acabaram por institucionalizar formas de pobreza sem limites, exclusão e marginalização social aberrante e desumana, certamente não levadas em conta pelos vários Constant, Locke, Smith e Bentham.[105] Existe, porém, uma diferença profunda, sobre a qual Domenico Losurdo chamou repetidamente a nossa atenção: quando se debate acerca dos teóricos e protagonistas das revoluções socialistas, inevitavelmente as atenções se voltam apenas para as contradições dos processos reais que eles geraram, nunca para os aspectos progressivos; quando nos referimos aos teóricos do pensamento liberal ("os clássicos"), falamos dos valores universais de fraternidade e liberdade individual teorizados por eles, nunca de miséria, guerras de rapina e domínio colonial ou da rígida divisão em classes, características das sociedades liberais reais. No primeiro caso, nos concentramos apenas nos limites dos processos históricos reais; no segundo, nas declarações de princípio e nos impulsos ideais de seus pensadores.[106] Já na aceitação acrítica dessa inversão dos termos do raciocínio, esconde-se uma clara vitória hegemônica do pensamento liberal, sobre a qual nunca se pode refletir o suficiente. Assim, como Losurdo escreveu repetidamente, não é por acaso que os autores mais queridos da esquerda, após o colapso do socialismo histórico, são figuras de revolucionários derrotados, que não tiveram a oportunidade de participar da gestão do poder, assumindo a responsabilidade de escolhas nada fáceis ligadas à transição socialista. Dessa forma, permanecemos fiéis aos valores do socialismo e críticos do capitalismo, sem, contudo, nos posicionarmos sobre os acontecimentos controversos dos processos revolucionários do século XX. Embora Gramsci faça parte desse panteão, juntamente de figuras como Che Guevara e Rosa Luxemburgo, por todas as razões expostas até aqui, só podemos concluir com as palavras de Losurdo, sublinhando os problemas de interpretação do pensamento gramsciano que tal constatação inevitavelmente suscita e, concretamente, tem gerado nas últimas décadas:

---

105 LOSURDO, D. *Controstoria del liberalismo.* Roma-Bari: Laterza, 2005, p. 3-9. [Edição Brasileira: *Contra-história do liberalismo*. São Paulo: Ideias & Letras, 2006]

106 *Idem*, *Il peccato originale del Novecento*. Roma-Bari: Laterza, 1999, p. 35-62.

Tal abordagem revela-se completamente incapaz de compreender o pensamento e a personalidade de Gramsci. Ele também foi um dirigente comunista de primeiro plano e não pode ser transformado em uma espécie de Horkheimer ou Adorno italiano, comprometido com a construção de uma teoria crítica sem laços, ou com uma relação exclusivamente polêmica com o movimento comunista e com o "movimento real de transformação da realidade". [...] Gramsci empenha-se em um esforço para compreender o novo com simpatia, mesmo quando, aos olhos de um observador superficial e inconsciente da terrível complexidade do processo revolucionário, ele parece trair as próprias razões de seu nascimento.[107]

Referências

BERLIN, I. *Libertà*. Milão: Feltrinelli, 2005.

BERNSTEIN, E. *I presupposti del socialismo e i compiti della socialdemocrazia*. Roma-Bari: Laterza, 1968.

BONETTI, P. Gramsci e il liberalismo italiano del Novecento. *In*: Vacca, G. (org.). *Gramsci e il Novecento*. Roma: Carocci, v. 1, 1999.

BURKE, E. Riflessioni sulla rivoluzione francese. *In*: *Scritti politici*. Turim: UTET, 1963.

CINGARI, S. *Dietro l'autonarrazione. Benedetto Croce fra Stato liberale e Stato democratico*. Milão: Mimesis, 2019.

COTRONEO, G. Il giovane Labriola tra Hegel e Spaventa. *In*: Burgio, Alberto (org.). *Antonio Labriola nella storia e nella cultura della nuova Italia*. Macerata: Quodlibet, 2005.

CROCE, B. Religione e serenità. *La critica. Rivista di letteratura, storia e filosofia*, dirigida por B. Croce, n. 15, 1915.

______. *Storia d'Europa nel secolo decimonono*. Roma-Bari: Laterza, 1965.

DAL PANE, L. *Antonio Labriola nella politica e nella cultura italiana*. Turim: Einaudi, 1975.

FERRARA, M.; FERRARA, M. (org.). *Conversando con Togliatti*. Roma: Edizioni di Cultura Sociale, 1953.

107 LOSURDO, D. *Op. cit.*, 1997b, p. 249-250.

FRANCIONI, G. La liquidazione di Leone Davidovi. Per una nuova datazione del Quaderno 14. *In*: Francioni, G. e Giasi, F. (org.). *Un nuovo Gramsci*. Roma: Viella, 2020.

FRESU, G. *Antonio Gramsci. L'uomo filosofo*. Cagliari: AIPSA, 2019 (Edição Brasileira: *O Homem Filósofo*. São Paulo: Boitempo, 2020).

FROSINI, F. *La "storia d'Europa" di Benedetto Croce e il fascismo*. Milão: Unicopli, 2019.

GARIN, E. *Con Gramsci*. Roma: Editori Riuniti, 1997.

______. *Cronache di filosofia italiana 1900/1943*. Roma-Bari: Laterza, 1966.

GRAMSCI, A. *Epistolario* (janeiro de 1906 a dezembro de 1922). Roma: Treccani, v. 1, 2009.

______. *Lettere dal carcere*. Turim: Einaudi, 1971.

______. *Quaderni del carcere*. Turim: Einaudi, 1975a.

GUIZOT, F. P. G. *Storia della civiltà in Francia*. Turim: UTET, 1974.

HEGEL, G. *Lineamenti di filosofia del diritto*. G. Marini (org.). Roma-Bari: Laterza, 2021.

LABRIOLA, A. *Opere*. Dal Pane, L. (org.). Milão: Feltrinelli, v. 1, 2 e 3, 1959/1961/1962.

LENIN, V. Meglio meno, ma meglio. *In*: *Opere Complete*. Roma: Editori Riuniti, v. 33, 1967.

LISA, A. Discussione politica con Gramsci in carcere. *Rinascita*, anno XXI, n. 49, 1964.

LOSURDO, D. *Antonio Gramsci dal liberalismo al "comunismo critico"*. Roma: Gamberetti editrice, 1997b.

______. *Controstoria del liberalismo*. Roma-Bari: Laterza, 2005. [Edição Brasileira: *Contra-história do liberalismo*. São Paulo: Ideias & Letras, 2006]

______. *Dai fratelli Spaventa a Gramsci. Per una storia politico sociale della fortuna di Hegel in Italia*. Nápoles: La Città del Sole, 1997a.

______. *Guerra e revolução. O mundo um século após outubro de 1917*. São Paulo: Boitempo, 2017.

______. *Hegel e a liberdade dos modernos*. São Paulo: Boitempo, 2019.

______. *L'ipocondria dell'impolitico. La critica di Hegel ieri e oggi*. Lecce: Milella, 2001. [Edição Brasileira: *A hipocondria da antipolítica: história e atualidade na análise de Hegel*. São Paulo: Revan, 2014]

LOSURDO, D. *Il marxismo occidentale. Come nacque, come morì, come può rinascere.* Bari-Roma: Laterza, 2016. [Edição Brasileira: *O Marxismo Ocidental: como nasceu, como morreu, como pode renascer.* São Paulo: Boitempo, 2018]

______. *Il peccato originale del Novecento.* Roma-Bari: Laterza, 1999.

MUSTÈ, M. *Marxismo e filosofia della praxis. Da Labriola a Gramsci.* Roma: Viella, 2018.

______. *Marxismo e filosofia della praxis. Da Labriola a Gramsci.* Roma: Viella, 2020.

PRESTIPINO, G. *Dall'idealismo italiano ai modelli gramsciani. In*: Giacomini, R.; Losurdo, D.; Martelli, M. (org.). *Gramsci e l'Italia.* Nápoles: La Città del Sole, 1994.

HALLER, V. C. L. *La Restaurazione della scienza politica.* Sancipriano, M. (org). Turim: UTET, 1963.

RAPONE, L. *Cinque anni che paiono secoli. Antonio Gramsci dal socialismo al comunismo.* Roma: Carocci, 2011.

SICHIROLLO, L. *Dialettica.* Milão: ISEDI Istituto Editoriale Internazionale, 1973.

WALZER, M. *Ragione e passione. Per una critica del liberalismo.* Milão: Feltrinelli, 1987.

ŽIŽEK, S. *Lenin oggi.* Milão: Ponte delle Grazie, 2017.

Losurdo e a crítica da imagem de Hegel (e da Alemanha): repensando as relações entre filosofia hegeliana e geografia política

Marcos Aurélio da Silva[1]

Ideias históricas, ideias geográficas

Uma nota de destaque da contribuição teórica de Losurdo é, sem dúvida, aquela voltada à crítica da leitura que se faz de Hegel como um filósofo da reação e da Alemanha como país cuja história é intrinsecamente reacionária, crítica magistralmente elaborada na obra *La catastrofe della Germania e l'immagine di Hegel.*[2] O tema percorre diferentes fases da história política alemã, e mesmo europeia, terminando por se fixar no imaginário intelectual do Ocidente após a Segunda Guerra Mundial e, ainda mais, após a crise da democracia moderna que marcou o fim do "compromisso keynesiano-fordista", associado à abertura de uma fase restaurativa a qual Stefano Azzarà chamou de "revolução passiva pós-moderna".[3] Como toda fase restaurativa, o mundo velho e superado reaparece em cena rejuvenescido a ponto de tornar-se irreconhecível, um movimento que se faz sentir até mesmo

---

1 Professor do Programa de Pós-graduação em Geografia da Universidade Federal de Santa Catarina. Doutor em Geografia Humana pela FFLCH-USP com estágio de Pós-doutorado em Filosofia Política na Universidade de Urbino 'Carlo Bo' (Itália).

2 LOSURDO, D. *La catastrofe della Germania e l'immagine di Hegel.* Milão: Instituto Italiano per gli Studi Filosofici; Nápoles/Guerini e Associati, 1987.

3 AZZARÀ, S. G. Restauração e revolução passiva pós-moderna no ciclo neoliberal: um transformismo intelectual de massa. *Crítica Marxista*, n. 50, p. 36.

"no terreno dos símbolos, estruturas organizativas e conceitos".[4] E eis como Hegel, filósofo crítico do contratualismo proto-burguês e que lança as bases não só do moderno Estado constitucional,[5] mas até mesmo para a construção de uma sociedade socialista,[6] o mesmo Hegel lido por Gramsci como um teórico que "não pode ser pensado sem a Revolução Francesa",[7] termina por ser associado por um autor como Lucio Colletti simplesmente ao "atraso da cultura alemã".[8] Estaríamos diante de um Hegel abertamente "antiocidental", com a recusa da "economia de mercado" e da "economia política de Adam Smith", mas também, ao lado da "ciência mecânica", da "ótica" e da "cosmologia de Newton", a recusa do "Estado representativo moderno, surgido da 'gloriosa Revolução' Liberal Inglesa de 1688 e principalmente, de forma mais ampla, da Revolução Francesa".[9]

Como se vê, estamos inteiramente diante de um problema histórico, ligado a uma mudança de época e para o qual Losurdo apresenta reflexões críticas de grande alcance. Isto posto, precisamente por ser histórico, este se apresenta também em sua dimensão geográfica, tendo muito a dizer aos geógrafos. De fato, o campo da geografia – e mais em geral das pesquisas que se voltam para as questões do espaço social e político – tem sido um dos mais impactados pela virada conceitual e simbólica do pós-modernismo.

Vejamos como argumenta Michel Foucault, um dos expoentes da *forma mentis* pós-moderna. Ocupado com a "descrição espacializante dos fatos discursivos",[10] com as "'heterotopias', os espaços [sociais] singulares", Foucault já não crê que "a história e o devir" sejam

---

4 *Ibidem*, p. 38.

5 LOSURDO, D. *Hegel e la libertà dei moderni.* Nápoles: La scuola di Pitagora, 2011, p. 135 e ss.

6 *Idem, La catastrofe della Germania e l'immagine di Hegel. Op. cit.*, p. 91.

7 GRAMSCI, A. *Quaderni del carcere. Edizione critica dell'Istituto Gramsci. A cura di Valentino Gerratana.* Turim: Einaudi, 1975, p. 1317.

8 COLLETTI, L. Quando a Revolução faz falta. *Isto é Senhor,* 19 ago. 1989, p. 123.

9 *Idem.*

10 FOUCAULT, M. Sobre a geografia. *In*: *Microfísica do poder.* Rio de Janeiro: Paz e Terra, p. 253.

"revolucionários",[11] e a rigor propõe o mesmo que "uma ciência da história", e mais precisamente que "uma história da humanidade", "é uma dinâmica de efeitos coercitivos".[12] Trata-se, como é obvio, não só de uma tentativa de se "desfazer do marxismo", mas de desfazer a influência de Hegel sobre Marx, cuja falha teria sido, especialmente no que diz respeito à proposição de uma "teoria da vontade", não ter "demolido Hegel tão radicalmente quanto Engels".[13] E é assim que a ideia de "progresso histórico", cara ao filósofo de Stuttgart, uma vez associada ao *espaço*, pode produzir apenas coerção. Somente a heterotopia, os espaços sociais singulares, podem fazer emergir à "vontade" os "problemas particulares", sustenta Foucault, entregando-se assim à total negação do "conceito de progresso", para o que se remete a Nietzsche e sua compreensão da história como simples "concatenação de acontecimentos produzidos pelo azar" – uma história "sem leis", como disse a crítica do filósofo japonês Ryumei Yoshimoto, que aqui entrevista Foucault.[14]

Uma tal crítica à história como progresso, com seus efeitos sobre uma determinada ideia de geografia em Hegel, não tardou a se fixar. François Châtelet, escrevendo sobre Hegel e a geografia no segundo número da revista *Hérodote* – a mesma que em seu primeiro número entrevista Michel Foucault e com ele compartilha a ideia das "espacializações nebulosas, nômades" –,[15] ao lado de uma elucidativa apresentação da relação entre o real e o racional hegeliano, sua força como critério de superação de uma geografia positivista, seu pleno reconhecimento como uma ciência que "pertence à história",[16] passa

11 *Idem*, Espacio, saber y poder. *In*: *El poder una bestia magnifica.* Buenos Aires: Siglo Veitiuno, 2019, p. 154-155.

12 *Idem*, Metodología para el conoscimiento del mundo: como deshacerse del marxismo. *In*: *El poder, una bestia magnifica. Op. cit.*, p. 92.

13 *Ibidem*, p. 96.

14 *Ibidem*, p. 90.

15 FOUCAULT, M. Sobre a geografia. *Op. cit.*, p. 249. As expressões são da *Hérodote*.

16 CHÂTELET, F. Hegel e a geografia. Trad. R. M. F. do Amaral Pereira. *Geosul*, v. 4, n. 7, 1989, p. 47.

por alto sobre temas de extrema importância a uma correta apresentação da imagem de Hegel e suas relações com os acontecimentos históricos passados e do seu tempo. É o caso da ideia da guerra em Hegel, muito rapidamente apresentada como o "motor realista da história", o "agente determinante" que, "através das guerras internacionais sempre mais sangrentas", leva ao "fim da história", ao "Estado mundial".[17] Mas não menos inquietantes são as referências ao "eurocentrismo" de Hegel, especialmente no que diz respeito à apresentação da África como o "fora da história", posição tão somente explicada com a "fórmula do próprio Hegel, segundo a qual um pensador é necessariamente filho do seu tempo".[18] Assim, não é de surpreender que alguns anos depois o próprio Châtelet tenha posto esses argumentos no debate geopolítico do século XX, declarando: "Desde os 'Fundamentos geográficos da história universal' de Hegel até as proclamações do general MacArthur e a diplomacia de Henry Kissinger, passando pela *História da arte* de Élie Faure, a perspectiva é a mesma. Tudo parte dos Estados brancos... tudo volta a eles".[19]

É a partir do mesmo contexto, fixado já como um período de longa duração, que se pode compreender o reaparecimento do mesmo raciocínio, cerca de três décadas depois das intervenções de Foucault e Châtelet, em um geógrafo de renome como Paul Claval. Este autor, em uma obra de epistemologia da geografia, referindo-se à "dimensão" geográfica presente na obra que Hegel dedica à "Razão na história", diz ser esse um escrito cujas "visões" – ou "imaginações geográficas" – "justificam a expansão colonial da Europa".[20] E, ainda em nossos dias, esse é o raciocínio de uma obra que pretende discutir as relações espaço-tempo em Marx, disposta a afirmar que a "versão de Hegel" acerca dos "sucessivos estágios da história" é

17 *Ibidem,* p. 59. Os itálicos são nossos.

18 *Ibidem,* p. 55.

19 CHÂTELET, F. e PISSIER-KOUCHNER, É. *As concepções políticas do século XX.* Trad. C. N. Coutinho e L. Konder. Rio de Janeiro: Zahar, 1983, p. 296.

20 CLAVAL, P. *Epistemologia da geografia.* Trad. M. de C. A. Pimenta e J. A. Pimenta. Florianópolis: Editora da UFSC, 2014, p. 363.

não só uma métrica para que os outros povos sejam "julgados", mas também para que sejam "subjugados".[21]

Não há dúvida, estamos diante de uma formulação a toda prova aberta à fácil associação entre Hegel e Ratzel, o geógrafo cujas teorizações em torno de uma *Politische Geographie* terminaram por se enredar em um claro "paradoxo": por um lado rejeitando a simples associação entre geografia, geografia de Estado e *Politische Geographie*, um ramo do conhecimento que ele considerou "menos científico, mas também o mais antigo" da geografia, por outro aceitando "adaptar" a "função política do conhecimento geográfico" "às novas exigências da organização burguesa, que coincidiram *tout court* com aquelas do Estado".[22] A rigor, é uma contemporização com a ideia de "naturalização da guerra e da competitividade entre as nações", bem como de que o Estado pode se desenvolver segundo "uma lógica própria", autônoma em relação à "dinâmica social que lhe deu vida", caminho através do qual a sua *Politische Geographie* terminou por se inserir na "retaguarda ideológica" do projeto expansionista, conduzido pela Alemanha bismarckiana.[23]

---

21 GARCÍA-QUESADA, G. *Karl Marx, historian of social times and spaces*. Leiden/Boston: Brill, 2022, p. 43.

22 FARINELLI, F. Friedrich Ratzel and the nature of (political) geography. *In*: *Political Geography*, n. 19, 2000, p. 951-2.

23 MORAES, A. C. R. A antropogeografia de Ratzel: indicações. *In:* Ratzel, F. *Geografia*. Trad. F. Murad e D. Bottmann. Moraes, A. C. R. (org.); Fernandes, F. (coord.). São Paulo: Ática, 1990, p. 20 e 25 (Coleção Grandes Cientistas Sociais). Há pelo menos três linhas de argumentação acerca das formulações de Ratzel em torno da geografia e em especial da *Politische Geographie*. Robert Moraes sustenta uma leitura crítica, mas ao mesmo tempo um pouco reducionista. Na esteira das objeções que no início do século passado Jules Sion e Lucian Febvre fizeram à *Politische Geographie* de Ratzel – "um manual do imperialismo" – e de uma leitura muito apegada ao Lukács de *A destruição da Razão*, ele concluiu que a "estratégia imperial bismarckiana" foi "plenamente assumida por Ratzel". Uma leitura mais recente é aquela do geógrafo Jörn Seemann, cujos traços de revisionismo são, todavia, evidentes. Este autor não nega as vinculações da *Politische Geographie* com o expansionismo bismarckiano, mas aceita uma espécie de naturalização do imperialismo que conduz essa expansão, cujo sentido é alargado para associá-lo à "colonização" ou à simples "migração humana". O geógrafo italiano Franco Farinelli propõe uma leitura mais equilibrada. Ele reconhece que Ratzel se vincula ao projeto da *Erdkunde* (Geografia) de Karl Ritter e Alexandre Humboldt, ligada ao desenvolvimento civil que caracteriza a fase inicial da revolução burguesa em luta contra o poder aristocrático-feudal. Daí ter Ratzel evitado limitar o conhecimento geográfico

A leitura que Losurdo faz de Hegel e da Alemanha de modo algum permite este tipo de conjectura, inscrevendo o filósofo de Stuttgart em outra linha do desenvolvimento histórico e dos fundamentos da política. A começar pelo fato de que Hegel é um autor do período pré-1848, a fase "estético-literária", a qual se seguiu, com a derrota da Revolução de 1849, a fase da "visão realista da política", em cujo centro encontramos o "positivismo histórico", frequentemente associado, e em especial na Alemanha em formação, através da "ciência" e da "técnica", à "preparação da máquina de guerra" que serve ao projeto expansionista e ao chauvinismo.[24] Trata-se, como se pode ver, do problema de uma correta contextualização histórica, mas não apenas disto. Com efeito, poder-se-ia recordar que já ao final da década de 1820 encontramos um Gustav Hugo e os social-chauvinistas alemães a sustentarem a eugenética e um darwinismo social *avant la lettre*, e isso a partir da influência de Malthus, contra quem parece polemizar Hegel, insiste Losurdo.[25] Ainda assim, para além da noção de contexto histórico, é necessário falar de "excedência teórica",[26] categoria formulada

---

e mesmo a *Politische Geographie* a uma simples geografia de Estado, limite que nem mesmo a leitura que Vidal de la Blache faz da *Politische Geographie* ratzeliana soube estabelecer, na medida em que propôs estendê-la "ao conjunto da geografia humana". Não obstante, a contemporização com as novas exigências da burguesia alemã torna patente o "trágico paradoxo" de Ratzel, motivo de sua crise pessoal no final da vida, revelada no que o geógrafo italiano disse ser o seu "último testamento científico", a obra *Über Naturschilderung* ("Sobre a interpretação da Natureza"), quando "o conhecimento se volta inteiramente para a filosofia da natureza, e a ciência é reconduzida à arte". Para as referências desta nota ver: MORAES, A. C. R. A antropogeografia de Ratzel: indicações. *Op. Cit*, p. 26; SION, J. A segunda edição da *Geografia Política* de Friedrich Ratzel. Trad. M. D. de Souza. *Revista de Geopolítica*, v. 7, n. 2, jul./dez. 2016, p. 108; SEEMANN, J. Friedrich Ratzel entre tradições e traduções. Uma breve abordagem contextual. *In*: *Terra Brasilis (Nova Série)*, n. 1, 2012, p. 3 e 8; FARINELLI, F. Friedrich Ratzel and the nature of (political) geography. *Op. Cit*, p. 951 e segs.; LA BLACHE, P. V. A geografia política: a propósito dos escritos do Sr. Friedrich Ratzel. *In*: *Vidal, vidais: textos de geografia humana, regional e política*. Haesbaert, R., Pereira, S. N. e Ribeiro, G. (org.). Rio de Janeiro: Bertrand Brasil, 2012, p. 403.

24 LOSURDO, D. *La catastrofe della Germania e l'immagine di Hegel. Op. cit.*, p. 36-38.

25 *Ibidem*, p. 166.

26 LOSURDO, D. *Il marxismo occidentale. Come nacque, come morì, come può rinascere*. Roma-Bari: Laterza, 2017, p. 189.

por Losurdo para apreender a diferença entre "expressão" e "conceito" – o conceito hegeliano –, a rigor similar àquela que estabelece Marx entre "ideologia" e "ciência".[27] Ou seja, sem rejeitar a ideia hegeliana da "filosofia como filha do próprio tempo", trata-se de evitar que a dialética entre "História" e "Lógica" se perca no entendimento de que a segunda é apenas uma "emanação imediata" da primeira, o que equivale a reter a história não como simples – abstrata - "imediação", mas precisamente a partir de uma "perspectiva de longa duração".[28]

É essa perspectiva de ciência histórica que permite a Losurdo discutir em Hegel temas certamente presentes entre os interesses do pai da geografia política que foi Ratzel – o Estado, as relações internacionais, a guerra –,[29] mas sem se deixar conduzir, como tantos intérpretes de Hegel o fizeram – instrumental ou ingenuamente –, pelas pulsões mais imediatas do tempo histórico. Desse modo, por oposição a um teórico do "Estado absoluto", inerente ao que seria uma geografia política do imperialismo, emerge o filósofo de uma concepção democrática de Estado, fundamento de uma geografia política também democrática, embriões da forma socialista de Estado e das relações estatais.

O artigo que se segue irá apresentar tal perspectiva a partir de um ponto de vista da história das ideias - a mesma que animava a filosofia política de Losurdo -, compreendendo tratar-se de ideias não só históricas, mas histórico-geográficas, caminho através do qual propõe-se repensar a relação, e junto a isso propor uma unidade, entre a filosofia de Hegel e a geografia,[30] outrossim, ela de algum modo presente em Losurdo. Para tanto, iremos nos concentrar em

27 ALESSANDRONI, E. Hegel e il nucleo scientifico del materialismo storico. *In*: Azzarà, S. G. *La comune umanità: memoria di Hegel, critica del liberalismo e del materialismo storico in Domenico Losurdo*. Nápoles: La scuola di Pitagora, 2019, p. 194.

28 *Ibidem,* p. 192-193.

29 MORAES, A. C. R. A antropogeografia de Ratzel. *Op. cit.,* p. 8.

30 Para Hegel, "a unidade de determinações distintas não é só unidade imediata", e neste sentido "indeterminada e vazia", mas unidade em que "uma das determinações, apenas se mediada por meio da outra, contém [a] verdade" (HEGEL, G. W. F. *Enciclopedia delle scienze filosofiche*. Trad. B. Croce. Roma-Bari: Laterza, 2009, p. 635).

três temas centrais presentes na obra *La catastrofe della Germania e l'immagine di Hegel*. 1. o Estado hegeliano e a crítica da *Realpolitik*; 2. a crítica, inerente à noção hegeliana de Estado, ao organicismo e à *völkische*; 3. a crítica de liberais, fascistas e reacionários de diversos matizes ao historicismo hegeliano.

I. Hegel teórico do Estado e crítico da *Realpolitik*

Uma leitura que se faz na França nos anos da Primeira Guerra Mundial em ambientes liberais é aquela de que o Estado – e assim a questão nacional – "é sinônimo de imperialismo e de política de potência", duas categorias que são por sua vez um "sinônimo de anti-individualismo, de 'transpessoal', de organicista", sendo Hegel e a Alemanha aqui os principais alvos.[31] Na verdade, presente no mesmo campo político liberal que encontramos na Alemanha daqueles anos, a ideia do transpersonalismo de Hegel data, em seu próprio país, já do período da resistência à invasão napoleônica. Ela é sustentada por Rudolf Haym, para quem, "com a celebração da eticidade e a desvalorização do indivíduo, Hegel havia demonstrado a sua total estranheza ao 'princípio germânico protestante da liberdade'", posição reafirmada no círculo político-cultural frequentado por Haym – a saber, o ambiente nacional-liberal alemão que resiste à *Vormärz* –[32] como "a pretensão de absorver o indivíduo no *citoyen*", que assim se "contrapõe" aos "'conceitos de liberdade dos alemães'", com seu "'acento sobre o direito absoluto da personalidade'".[33] Não obstante, é preciso lembrar que no contexto pós-1848, quando o rei da Prússia decide "invocar o espectro do comunismo a fim de privar a burguesia alemã dos últimos vestígios de iniciativa independente", segundo o disse Gustav Mayer,[34] e a liberdade alemã já não é simplesmente o "direito

31 LOSURDO, D. *La catastrofe della Germania e l'immagine di Hegel. Op. cit.*, p. 11-13.

32 Os anos de agitação política que antecedem as revoluções de 1848 nos Estados alemães.

33 *Ibidem*, p. 13.

34 MAYER, G. *Friedrich Engels: uma biografia*. Trad. P. Davoglio. São Paulo: Boitempo, 2020, p. 130.

absoluto de personalidade", mas "a doutrina alemã da política como luta de potência", Hegel irá aparecer a Haym, lembra Losurdo, como o exemplo primeiro de "ingenuidade" e "subalternidade francófona da cultura alemã", tão "estranho à nação alemã a ponto de deduzir do odiado inimigo até as categorias centrais da elaboração filosófica".[35]

A argumentação de Haym no pós-1848 permite já entrever um pouco da posição de Hegel. Como demonstra Losurdo, ela estava voltada a "indicar, na filosofia clássica alemã, o *pendant* da Revolução Francesa e, em última análise, a conclusão daquela marcha da liberdade que havia iniciado com a Reforma e passado pela grande fase iluminista", em cujos "protagonistas" se encontrava tanto Voltaire como Federico II.[36] É uma perspectiva interpretativa, conforme já acenamos, cara ao marxismo de Gramsci, que daqui extraiu a noção de *tradutibilidade* ao insistir que, já na "Sagrada Família", Marx havia "demonstrado como a linguagem política francesa, adotada por Proudhon, corresponde e pode traduzir-se na linguagem da filosofia clássica alemã" – afirmação considerada "muito importante para compreender o íntimo valor do materialismo histórico", bem como "para encontrar a via de resolução de muitas aparentes contradições do desenvolvimento histórico".[37]

Os anos que se seguem ao de 1848 são aqueles em que autores como Ludwig von Rochau e Karl Baugarten lançam, na Alemanha, os seus manifestos em favor da *Realpolitik*. Precisamente, a partir desses documentos e das posições que eles sustentam, é possível demarcar, na leitura de Losurdo, as profundas diferenças na concepção de Estado de Hegel, e aquela dos social-chauvinistas que chega a Bismarck e depois a Ratzel.

Cabe voltar à Primeira Guerra Mundial. Não só na França se associa Hegel ao chauvinismo alemão, mas mesmo na Alemanha se estabelece "uma linha de continuidade" que vai de Hegel "aos nacionais-liberais

---

35 LOSURDO, D. *La catastrofe della Germania e l'immagine di Hegel. Op. cit.*, p. 14.

36 *Ibidem,* p. 14-15. Federico II, o Grande, também conhecido como o Rei filósofo, governou a Prússia entre 1740 e 1789, o maior reinado dos Hohenzollern.

37 GRAMSCI, A. *Quaderni del cárcere. Op. cit.*, p. 467-468.

da segunda metade do século XIX, até Bismarck e a primeira guerra mundial".[38] Apesar disso, tomando as declarações de Baugarten, a *Realpolitik* "pressupõe o acerto de contas com aqueles intelectuais alemães que, apelando aos 'Gregos apátridas', se fecharam em um 'idealismo antigo' dentro de uma estridente contradição com as condições de fundo da vida... alemã".[39] E Rudolf Haym, o mesmo que traça um "afetuoso retrato" de Baugarten por ocasião de sua morte, insiste que "é a partir de 1848 que se opera a passagem da época estético-literária a uma 'realístico-política'", estando Hegel inteiramente no primeiro período, já que sua filosofia "cresceu sob o terreno do nosso classicismo helenizante", com o "inebriante 'sopro da vida estética' e a 'força narcótica da metafísica'".[40] Por sua vez, a *Realpolitik* é caracterizada por Rochau como decididamente "individualista", seu traço fundamental está "no princípio germano-protestante da liberdade", "seu primado" se encontra na "energia interior" do povo alemão, nada tendo a ver, como aliás insistira já Haym, com a "celebração hegeliana da eticidade", estando antes ligada à "vitalidade individual e individualista" "da nação alemã", que agora "é chamada a dar prova também" no campo das "relações internacionais".[41] E assim se compreende que, alguns anos depois dos manifestos de Rochau e Baugarten, com a Alemanha avançando sobre os territórios da Alsácia e da Lorena, o nacional-liberal Heinrich von Treitschke, já tendo rejeitado a pretensão hegeliana de "absorver o indivíduo no *citoyen*", agora propõe que "a guerra é a política por excelência", numa clara diferença em relação a Hegel, insiste Losurdo, para quem "a guerra não é política, mas natureza", "um resíduo do Estado da natureza", enquanto a "comunidade política e estatal se consolida e se edifica sobre a base da cessação do estado da natureza e do estado de guerra" que está presente "no seu interior".[42]

---

38 LOSURDO, D. *La catastrofe della Germania e l'immagine di Hegel. Op. cit.*, p. 16.

39 *Ibidem*, p. 35-36.

40 *Ibidem*, p. 36.

41 *Ibidem*, p. 18.

42 *Ibidem*, p. 13 e 19-20.

Uma tal definição de comunidade política conduz Hegel a conceber o mundo moderno saído da Revolução Francesa como a "divinização do Estado", ou a "conciliação do divino com o mundo", no sentido preciso de que "rejeita limitar o espiritual na Igreja", e assim "rejeita considerar o mundano e político irremediavelmente opacos aos valores morais e espirituais".[43] Mas para Treitschke, essa concepção de Hegel e de sua escola não pode ser aceita, já que esquece que "o cristianismo não pode ver resolvida a sua vida e as suas aspirações exclusivamente no âmbito da comunidade política e estatal".[44] Uma posição não muito diferente daquela de Haym e dos nacionais-liberais, críticos do "estatalismo" e do "centralismo" francês, em contraste com o "individualismo" dos "grandes do liberalismo europeu".[45] Entre estes últimos, certamente estão o liberalismo inglês e Stuart Mill, quem Treitschke reproduz para dizer que "o indivíduo é ameaçado de morte" não só "pelo Estado", mas "também pela sociedade", que pode "exercer uma 'terrível violência'" contra a 'liberdade pessoal'".[46]

Losurdo não tarda a demonstrar as incoerências desse argumento. As posições de Treitschke são evidentes. Primeiro porque sua crítica da divinização hegeliana do Estado confunde deliberadamente "liberdade antiga" e "liberdade moderna", pretendendo fazer crer que a última se inspira "no esplendor cívico de Atenas", a "repousar sobre o vasto fundamento da escravidão", e motivo pelo qual diz "não poder compartilhar a afirmação autenticamente antiga" de Maquiavel, "segundo a qual o bom cidadão pode tornar-se significativo apenas mediante o Estado".[47] Segundo porque, diante do "defasado" "gozo da esfera privada" em relação "às paixões políticas", ele declara que "tanto mais defasado" é esse gozo, maiores são "as esperanças de que a

43 *Ibidem*, p. 21.

44 *Ibidem*, p. 22.

45 *Ibidem*, p. 21-22.

46 *Ibidem*, p. 23.

47 *Ibidem*, p. 21-22 e 27-28.

unidade nacional seja recolocada na capacidade de iniciativa política e militar", vale dizer, "na força do Estado prussiano".[48]

E assim abre-se o caminho a Bismarck, que nutre um "ódio furibundo" contra a Revolução Francesa, porém não menos contra os "'excessos da Reforma'", para o que se movimenta com os argumentos da "liberdade alemã", logo interpretados à luz das esperanças que Treitschke depositava na unificação prussiana da Alemanha. Esta última, ressalta Bismarck em 1853, "não se tornou grande de modo algum por intermédio do liberalismo e do livre pensamento, mas por meio de governantes fortes, decididos e sábios, que tiveram o máximo cuidado com as forças militares e financeiras do Estado", mantendo-as em suas "autocráticas mãos, para lançá-las com coragem e sem escrúpulos nos equilíbrios da política europeia assim que se apresentou o momento favorável".[49] E eis como emerge a cultura política dominante "no final do século XIX e no curso da primeira guerra mundial", lembra Losurdo, quando o "desenvolvimento do imperialismo alemão e o prepotente emergir da rivalidade anglo-alemã" empurra a "liberdade alemã" a se contrastar não apenas com a "história da França", mas "também com aquela da Inglaterra" e do liberalismo inglês.[50]

Agora, sem paralelos, a cultura do particularismo alemão serve ao primeiro-ministro (1862) e futuro chanceler (1871) não apenas para se lançar "sem escrúpulos" contra os equilíbrios europeus, mas para contestar as próprias reformas antifeudais. E aqui está o lugar da crítica às "abstratas teorias gerais", um risco à "peculiaridade dos direitos historicamente transmitidos" tão típicos da Prússia, "o país que melhor encarna o princípio do *suum cuique*", afirma Bismarck.[51] E é nessa direção que se deve entender suas críticas à "figura do funcionário público", visto com "suspeita ou aberta hostilidade" a despeito do seu nível "muito alto", pois a "crítica cética no campo

48 *Ibidem*, p. 25.
49 *Ibidem*, p. 30.
50 *Ibidem*, p. 26.
51 *Ibidem*, p. 30-31.

religioso e político" pode facilmente transformá-los "de 'servidores da Coroa em seus adversários'".[52] E por sua "mania de 'governar demais e legislar demais'" é que o funcionário público termina por ser "identificado como o antagonista do *Junker*", notadamente em razão da "'tendência de uma grande parte da burocracia prussiana ao nivelamento e à centralização e até à 'democracia vermelha'", lamenta Bismarck, que também exala o "seu ódio contra a Comuna de Paris".[53] E a tudo isso se soma a sua exaltação "do campo em detrimento da cidade", ele mesmo "um desses *Landjunker* [...] conscientes de si e de sua classe", e que sabe mais do que ninguém que "a asfixia da Revolução Alemã de 1848" foi "obra do campo", motivo pelo qual condena também, "senão a indústria, de qualquer modo, sua centralidade, o *Industrialismus*".[54]

Em oposição a essa requisitória da reação, a noção de Estado em Hegel, demonstra Losurdo, uma vez crítica da "liberdade alemã" e do princípio da defesa da peculiaridade germânica que ela pretende representar, nada tem a ver com a "liberdade antiga", e tampouco se dirige à sustentação da guerra. Sua noção de divinização do Estado – o *Estado ético* – corresponde à construção da "liberdade moderna", e é parte integrante da "polêmica contra o cristianismo enquanto ideologia da evasão e da resignação, contra a 'moda', surgida no declínio do mundo antigo, de 'fustigar-se, cobrir-se de sacrifícios, aviltar-se e humilhar-se, submeter-se e obedecer como escravos'"–[55] temas presentes em Hegel já "nos escritos juvenis, com o *pathos* do *citoyen* que remete à Revolução Francesa".[56] Mesmo a expressão "razão de Estado", ao tempo da Primeira Guerra utilizada como antítese do jusnaturalismo, é referida por Hegel – que a utiliza uma única vez, nas *Lições sobre a Filosofia da História*, insiste Losurdo - "em conexão

52 *Ibidem*, p. 31.

53 *Ibidem*, p. 32.

54 *Ibidem*, p. 34.

55 *Ibidem*, p. 27, citando Hume.

56 *Ibidem*, p. 27.

com o 'iluminismo jusnaturalista', com a luta contra os 'privilégios' consagrados nos 'velhos pergaminhos', contra o 'positivo', pela realização dos 'universais fins do Estado'".[57] Ou seja, longe de "querer liquidar o jusnaturalismo, Hegel procede à sua diversa fundação", referindo-se a "'bens, ou melhor, a determinações substanciais' absolutamente 'inalienáveis' e 'imprescritíveis'", que "remetem não à natureza", mas ao "resultado mais maduro e, de qualquer modo, irreversível do processo histórico".[58] E eis porque a expressão "razão de Estado" em Hegel "nada tem a ver com chauvinismo e política de potência", dizendo antes respeito à "desagregação" e ao "abatimento dos particularismos e dos privilégios feudais, em nome da universalidade do direito e do direito natural no curso de um processo histórico, que vai do absolutismo iluminado à Revolução Francesa".[59]

Uma conclusão se impõe. Não só a *Realpolitik* não corresponde ao tempo de Hegel, como a sua noção de Estado nada tem a ver com aquela que domina o tempo da política de potência, bem realçada na noção ratzeliana de Estado, a toda prova tributária do espírito beligerante e do spencerismo que domina a época. Se para Ratzel "a única interpretação correta do povo e do Estado" é aquela das "regiões orgânicas em sua variação", dada pela "natureza fluída das populações", sendo uma "concepção dogmática e estéril" para descrever "o território estatal como objeto estável e inteiramente fixo",[60] para Hegel, vale recordar, a "comunidade política e estatal se consolida e se edifica sobre a base da cessação do estado da natureza e do estado de guerra" que lhe é inerente, o que significa abrir-se à ideia da "política internacional" como "ulterior restrição do estado da natureza e da guerra".[61]

---

57 *Ibidem*, p. 28.

58 *Ibidem*, p. 28 (nota 55).

59 *Idem*.

60 RATZEL, F. As leis do crescimento espacial dos Estados. *In:* Ratzel, F. *Geografia. Op. cit.*, p. 176 (nota 1).

61 LOSURDO, D. *La catastrofe della Germania e l'immagine di Hegel. Op. cit.*, p. 19-20.

Disto resulta que a noção de guerra, em Hegel, seja "uma noção bem mais enxuta", decorrendo basicamente de "'interesses contrapostos que entram em colisão', de direitos reciprocamente contraditórios".[62] Lembrando de certa maneira a noção leniniana de "guerra civil" como "a única guerra efetivamente libertadora",[63] a teoria hegeliana da guerra, insiste Losurdo, "se entrelaça" completamente "com aquela de revolução, não só no sentido de que em determinadas circunstâncias pode prevenir" esta última, ou de que "a necessidade de defender a independência pode estimular em um país o desenvolvimento de incisivas transformações políticas", mas precisamente porque a categoria de guerra "termina por subsumir em última análise também aquela de revolução".[64] Os exemplos de Hegel são claros. Não só a Reforma "não pôde sustentar os seus resultados sem 'guerra' e sem 'lutas'", como também a "luta da Holanda contra a Espanha de Felipe II" foi uma "verdadeira revolução", tanto quanto "uma guerra que se desenvolve por terra e por mar" e onde "a Holanda consegue arrancar da Espanha uma parte de suas colônias".[65] Já no que se refere à Inglaterra, "o processo se desenvolve através de 'lutas constitucionais' que são ao mesmo tempo lutas de religião", enquanto, na "antiguidade clássica, a revolta dos escravos pelo reconhecimento dos seus eternos direitos de homem se configura como 'guerra sangrenta'".[66]

---

62 *Ibidem*, p. 64.

63 GIACOMINI, R. *Lenin e il pacifismo contemporâneo.* Nápoles: La Città del Sole, 1997, p. 690.

64 LOSURDO, D. *La catastrofe della Germania e l'immagine di Hegel. Op. cit.*, p. 41. Aqui torna-se clara a ideia da refundação hegeliana do jusnaturalismo. Engels a elucidou quando comparou as reivindicações baseadas no direito natural do cartismo e a filosofia hegeliana. Atribuindo "toda a miséria de sua época à má distribuição da riqueza", mas acreditando, como o fazia Robert Owen, que os diferentes interesses "poderiam ser pacificamente harmonizados", o primeiro, aos olhos de Engels, figurava apenas como o "penúltimo passo para o autoconhecimento e a autoliberação da humanidade", enquanto a "filosofia dialética" de Hegel era aquela a guiar "até o último estágio da libertação" (MAYER, G. *Friedrich Engels: uma biografia. Op. cit.*, p. 55).

65 LOSURDO, D. *La catastrofe della Germania e l'immagine di Hegel. Op. cit.*, p. 41.

66 *Ibidem*, p. 41-42.

De fato, pode-se compreender agora como Losurdo, seguindo uma linha completamente diferente daquela de Bobbio – que se dedicou a contrapor, não sem "omissões e silêncios", Kant a Hegel "como o filósofo da paz ao filósofo da guerra" –, relembra a afirmação de Giovanni Gentile nos anos do primeiro conflito bélico mundial, para quem, no "sistema de Hegel", a "esfera do Estado e do espírito objetivo" encerra "múltiplas limitações", e sobretudo no que diz respeito à "relação com os outros Estados", fundada na ideia de pôr "acima do Estado a *Weltgeschichte*, a história da relação entre os Estados".[67]

II. Hegel teórico do Estado e crítico do organicismo e da *völkische*

Como dissemos antes, no contexto da Primeira Guerra a imagem de Hegel como o filósofo que "melhor encarna o vício de fundo da tradição nacional alemã", a saber, o "militarismo alemão e prussiano", não aparece apenas na França, mas também na própria Alemanha. E esse é um ponto de vista que está presente em diferentes ambientes políticos.

A orientação seguida pela social-democracia é exemplar a esse respeito. Ela está inicialmente empenhada em se aproximar do ideal kantiano da paz perpétua com o objetivo de "reagir à embriaguez chauvinista".[68] Mas o retorno a Kant carregava consigo "a condenação de Hegel" e, ressalta Losurdo, uma curiosa aproximação com o campo nacional-liberal. Autores como Johann Plenge e Max Scheler haviam "recomendado à social-democracia o retorno a Marx e Hegel como o instrumento mais eficaz para deslocá-la ao terreno nacional e 'patriótico' e ligá-la, portanto, ao carro de guerra da Alemanha".[69] A rigor, a disposição da social-democracia para tal ecletismo era já parte de sua virada revisionista. Ir a Kant e afastar-se de Hegel tinha também o significado de tomar distância de Lenin, para quem a

---

67 *Ibidem*, p. 45 e 118-119.

68 *Ibidem*, p. 99-100.

69 *Ibidem*, p. 100.

Primeira Guerra era um produto da "dialética objetiva do capitalismo e da rivalidade entre as grandes potências imperialistas".[70] Para Kautsky, no entanto, as raízes da guerra já não residiam "no capitalismo e no imperialismo internacional enquanto tal, mas na peculiar tradição política e cultural da Alemanha, no militarismo alemão", que terminava por remeter "inevitavelmente ao 'estatismo'".[71] Assim, não é de estranhar que nos anos 1920, Bernstein, "retomando uma tese que havia começado a elaborar muitos anos antes do desencadeamento da guerra", lance a ideia da retomada de Kant pela social-democracia alemã "como antídoto à exaltação da força dos bolcheviques ainda prisioneiros da dialética hegeliana".[72]

Ao compreendermos as relações que Losurdo estabelece com essa virada da social-democracia, é possível concluir que está aberto o campo a uma leitura da Alemanha como o país da *völkische*, e de Hegel como o seu teórico. Estamos diante de uma concepção que remete à "tradição romântica", voltada a valorizar "a riqueza, a vitalidade e a espontaneidade da tradição e da vida dos povos", ou a "'sociedade viva'".[73] É assim que Georg Simmel irá se referir ao individualismo como algo "'absolutamente inseparável da essência alemã'", mas esses mesmos "indivíduos orgulhosos da sua identidade sabem depois livremente unir-se em uma 'totalidade super-individual'", vale dizer, o que existe de "mais individual e de mais universal se funde" em "'uma unidade vital'", de maneira a "construir uma unidade 'orgânica'".[74] Daí porque, para Max Scheler, sendo o indivíduo sempre "parte de um *todo orgânico*", "à alma alemã é estranho, mais do que 'toda unilateral onipotência estatal e social', também 'todo unilateral individualismo'".[75] Trata-se, com efeito, de uma comunidade que, "mais que política", é antes de tudo "étnica e

70 *Ibidem*, p. 101.
71 *Idem*.
72 *Ibidem*, p. 102.
73 *Ibidem*, p. 111.
74 *Ibidem*, p. 71.
75 *Idem* (itálicos no original).

ao mesmo tempo espiritual, uma comunidade misticamente transfigurada, que encarna valores permanentes e peculiares da germanidade, entre os quais, aquele da liberdade alemã".[76]

Mas assim como a glorificação do indivíduo no seio dos nacionais-liberais logo se apresenta em aberta contradição com a defesa da iniciativa política e militar, também "a totalidade orgânica", supostamente "própria da tradição alemã", irá mostrar seus vínculos com a propaganda de guerra e, nesse registro, sua aberta crítica aos princípios da divinização do Estado, que Hegel recolhe do 1789 francês. Já Bismarck irá se referir à França como "uma nação de nulidade", que não tem "nenhum sentimento individual do próprio eu", são "trinta milhões de judeus como negros", cada um deles "privado de valor e de qualidade".[77] É o mesmo sentimento individual que Georg Simmel, nos anos da Primeira Guerra, irá celebrar como "germânico", não sem defini-lo como "a ilimitada possibilidade de cada indivíduo de diferenciar-se dos outros", ao passo que Heinrich von Treitschke "lamenta" que o "'idealismo' dos países ocidentais" se inebriasse "exclusivamente pela universal igualdade [...]".[78] De sua parte, Werner Sombart "vê na Alemanha o extremo baluarte contra o 'desenfreado formigueiro plebeu'", enquanto Ferdinand Tönies celebra "a 'comunidade' rural e patriarcal" e Johann Plenge enfatiza a "comunidade do povo".[79]

Não é de estranhar que a visão organicista fundada no *pathos* da "peculiaridade germânica" chegasse até Hitler e ao racismo sustentado pelo Terceiro Reich. Com efeito, é Losurdo mesmo que exclui a possibilidade de traduzir o termo *völkische* como "nacional ou já nacional-popular", associando-o diretamente, com referência a Heidegger, ao termo "nacional-socialista", sem esquecer de notar "que

76 *Idem.*
77 *Ibidem*, p. 72.
78 *Idem.*
79 *Ibidem*, p. 73 e 75.

os dicionários da época o traduzissem" já como "racista".[80] E eis o papel do organicismo após a Primeira Guerra, reaparecendo pela pena de Oswald Spengler como recurso à "luta contra o marxismo", pois, "na Alemanha prussificada, o socialismo existia já há muito tempo", resultado "desta comunidade orgânica e compacta", afirma o autor de *Prussianismo e socialismo*, para quem "Federico Guilherme I já era 'o primeiro socialista consciente' no sentido autêntico e autenticamente germânico do termo".[81] Concepção não muito diversa do "estereótipo caro a Sombart", que fala "dos 'heróis' alemães contra os 'mercadores' ocidentais" – a rigor surgido já no tempo "da guerra franco-prussiana" e como forma de "defender a Europa do socialismo" –,[82] estereótipo a toda prova conveniente "ao mito da liberdade alemã", para o qual recorre Spengler, pois o "prussianismo", segundo sustentou após a ascensão de Hitler, não é "'uma forma qualquer de socialismo', mas 'o máximo de individualismo possível no presente".[83] E é o próprio Hitler que, tomando a visão *völkische* como "central da ideologia do *Mein Kampf*, a contrapõe explicitamente à concepção que "pretende atribuir ao Estado uma 'força criativa e produtora da cultura'", já que não só "desconhece o valor da raça, mas se torna também culpado da 'desvalorização da pessoa', aliás da 'pessoa individual'".[84] E é ainda uma vez Hitler quem se dá conta muito claramente de que "a celebração do Estado, da comunidade política, é absolutamente incompatível com o darwinismo social, com 'o aristocrático pensamento de fundo da natureza'", a mesma natureza que "exige a 'vitória do melhor e do mais forte' e a 'submissão do pior e do fraco'".[85] Eis como se pode compreender

80 Citado em AZZARÀ, S. G. *Comunisti, fascisti e questione nazionale. Germania 1923: fronte rossobruno a guerra d'egemonia?* Milão/Udine: Mimesis, 2018, p. 35-36.

81 LOSURDO, D. *La catastrofe della Germania e l'immagine di Hegel. Op. cit.*, 1987, p. 105-106.

82 *Ibidem,* p. 51 (idem nota 25). Federico Guilherme I governou a Prússia entre 1713 e 1740.

83 *Ibidem,* p. 107-108.

84 *Ibidem,* p. 108-109.

85 *Ibidem,* p. 109.

que a *Realpolitik*, caracterizada por uma ideologia "decididamente individualista",[86] é totalmente inerente à visão *völkische* organicista de mundo – esta última, recorde-se, uma categoria utilizada por Ratzel para falar do Estado, por ele definido como uma "região orgânica" e de "território instável".

Certamente, lembra Losurdo, as contradições em que se enredam a reação alemã – mas também os ambientes conservadores europeus de modo geral – faz pensar em duas visões de organicismo: 1. enquanto "celebração da comunidade entendida como unidade unânime e coletiva", bem presente no nazismo através de sua "polêmica furibunda contra a dissolução que do organismo *völkische* operam seja o liberalismo, seja – ainda mais – o marxismo com sua visão de sociedade dividida em classes e atravessada pela luta de classe"; 2. enquanto "orgânico procedimento de seleção da natureza", uma visão que por sua vez já "não pode certamente definir-se organicista" em *senso stretto*.[87] Na verdade, elas respondem pela contradição mesmo, assente no nacional-liberalismo, a falar tanto de "comunidade orgânica" como de "máximo individualismo". A solução do nazismo parece ser aquela de debitar as "contradições, conflitos e tensões sociais aos agentes patogênicos externos", em primeiro lugar "os judeus".[88]

De todo modo, Hegel, demonstra Losurdo, não pode ser associado a qualquer dessas visões, como propõe um autor como Lucio Colletti, por nós antes referido, e que, segundo Losurdo, apenas seguiu as "extravagâncias históricas" de Karl Popper. O mesmo Popper que, remetendo Hegel ao romantismo, o apresenta como o filósofo que combate "a sociedade aberta", associando-o à "restauração do governo prussiano de Federico Guilherme III", e associando a sua *Fenomenologia do Espírito* a uma "justificação da escravidão", mas fazendo chegar sua "denúncia" para além da "Alemanha de Hegel", vale dizer, "também à URSS, onde haviam tomado pé as ideias de Marx (um

86 *Ibidem*, p. 17-18.

87 *Ibidem*, p. 134-136.

88 *Ibidem*, p. 136.

discípulo de Hegel)".[89] É isso o que há de original em Popper, pois o argumento, como antes notamos, já estava presente nos setores liberais no tempo da Primeira Guerra, seja na França ou na Alemanha, quando se falava de "transpersonalismo" e "espírito gregário" do povo alemão, a fim de apresentar Hegel como "a encarnação do prussianismo estatista, militarista e guerreiro" – uma leitura não muito diferente daquela que conservadores e moderados faziam em Paris após "o *choc* provocado pela Comuna", com o que acenavam para "o exemplo de ordem e tranquilo bom governo proveniente da Berlim de Bismarck"[90]. A diferença é que Popper, no "lugar de estatismo", "fala de 'tribalismo'", não sem antes associá-lo à negação do "nacionalismo moderno", "revolucionário e liberal", existente na Alemanha apenas no tempo das Guerras de Libertação (*Befreiungskriege*), tendo sido Hegel, insiste Popper, aquele que "conduziu ou reconduziu 'o nacionalismo ao campo totalitário'".[91] Ou seja, estamos diante da ideia do organicismo *völkische* como obra do hegelianismo, tanto quanto toda a tradição estatista e militarista alemã.

A crítica de Losurdo a Popper e a toda essa linha de raciocínio não é menos contundente. Desfrutando da fama de "grande epistemólogo", Popper "não se move de acordo com seu crédito" no que diz respeito à "história e ideias políticas".[92] Na verdade, o tempo da "resistência antinapoleônica ao movimento nacional, embora dentro da substancial legitimidade de seus objetivos, apresenta também uma componente reacionária", marcada "pela rejeição à Revolução Francesa, pela transfiguração da Idade Média e dos antigos Germânicos, e por uma encolerizada francofobia que muitas vezes transpassa o chauvinismo", com a condenação do "elemento democrático-popular, plebeu, presente na sublevação antinapoleônica

89 *Ibidem*, p. 129-134.

90 *Ibidem*, p. 124 e 88. Federico Guilherme III subiu ao trono em 1797 e governou a Prússia até 1840.

91 *Ibidem*, p. 124-125.

92 *Ibidem*, p. 124.

e no movimento nacional em geral".[93] Losurdo demonstra que é apenas "nos decênios seguintes que o movimento nacional adquire uma configuração democrática e revolucionária", no exemplo da "Revolução Democrática de 1848, desencadeada sob a onda do movimento nacional na Alemanha, na Itália, e na Hungria".[94] E isso geralmente sob os auspícios da difusão do hegelianismo, como se vê no caso italiano, "onde a prolongada fortuna de Hegel" aparece em "conexão com a maior vitalidade do movimento democrático".[95] Certamente Hegel celebra Napoleão – "essa alma do mundo" – após tê-lo visto em 1806 na batalha de Jena, segundo registrou na famosa carta a Friedrich Niethammer, mas, como recorda Losurdo, Hegel "denunciava a política de rapina da França já em 1799".[96]

Sobretudo, a concepção de Estado formulada por Hegel desautoriza a leitura organicista que Popper pretende oferecer. Ela não equivale, como já observado, ao "estado da natureza" caro às concepções racistas, presentes já ao tempo de Hegel em Edmund Burke e Gustav Hugo (que depois alcança Gobineau e o nazismo),[97] e nem ao envolvimento do indivíduo na "*Volk* da tradição romântica", uma "celebração da comunidade, entendida como unidade unânime e coletiva".[98] Losurdo nota que a política cultural de Hegel é uma denúncia da

93 *Ibidem*, p. 125 e 153. Losurdo recorda o caso de Friedrich Ludwing Christoph Jahn, militante nos "corpos voluntários das *Befreiungskriege*" e "um dos mais populares protagonistas da resistência", tratado na literatura reacionária com "arrogância e desprezo" (Treitschke) e condenado por sua "adesão inconsciente ao princípio revolucionário da igualdade inorgânica" (Spengler).

94 *Ibidem*, p. 125.

95 *Ibidem*, p. 90.

96 *Ibidem*, p. 152. Referindo-se à recente biografia escrita por Terry Pinkard, a filósofa Susan Buck-Morss insiste que "é algo fantasioso traçar demasiadas conclusões acerca desse encontro legendário, pois a Fenomenologia já havia sido escrita, e posto que Hegel também padeceu dos horrores da batalha" (BUCK-MORSS, S. *Hegel, Haití y la historia universal*. Trad. J. M. Espinosa. México: FCE, 2013, p. 42). Vide PINKARD, T. *Hegel. Il filosofo della ragione dialettica e della storia*. Trad. S. Di Bella. Milão: Hoepli, 2018, p. 251-252, que insiste sobre o fato de que Hegel escreve a famosa carta enquanto um "admirador da Revolução Francesa".

97 LOSURDO, D. *La catastrofe della Germania e l'immagine di Hegel*. *Op. cit.*, p. 164-165.

98 *Ibidem*, p. 71 e 134-135.

autêntica nostalgia alemã", criticando abertamente a ideia de "comunidade germânica", que ele "havia condenado como expressão da barbárie".[99] Precisamente por isso, o Estado em Hegel é "a superação do estado da natureza" e "da violência e da subjugação que o caracterizam", pois "a ideia de liberdade é verdadeira apenas enquanto Estado", um meio para "a superação da escravidão" e assim para alcançar "o reconhecimento recíproco".[100] Sua oposição ao "aristocratismo" da natureza "se manifesta no acento posto sobre a objetiva configuração das instituições políticas e do Estado".[101] Daí o "*pathos* hegeliano do Estado" figurar como o "*pathos* da razão", fazendo assim emergir como central a categoria de "universalidade", já que é "a comunidade do conceito" que "funda a comunidade política", o que significa dizer que "contrapor o sentimento à razão", ou "o apego ingênuo e irrefletido ao solo e às tradições pátrias", tem por corolário "não deixar subsistir 'nenhuma comunidade objetiva entre os homens'".[102]

Nesse universal, nessa comunidade objetiva, nada há, todavia, da unidade unânime da *völkische*. E é precisamente por isso que Hegel toma distância da categoria de "identidade". Na *Lógica*, lembra Losurdo, Hegel sublinha que, "se fosse obrigado a escolher, precisaria privilegiar a categoria de contradição em relação àquela de identidade", sendo este "um princípio que Hegel faz explicitamente valer no campo político-social" – pois, "ao contrário das leis naturais, as leis jurídicas podem encontrar consenso ou oposição", e disso podem surgir "'colisões' (*Collision*), 'contraste' (*Widerstreit*), 'antítese' (*Gegensatz*), 'contradição' (*Widerspruch*) e 'luta' (*Kamp*)".[103] Trata-se antes de um "inevitável transpassar da 'identidade' (*Identità*), através da 'diferença' (*Verschiedenheit*) e da 'oposição' (*Gegensatz*), na 'contradição'

99 *Ibidem*, p. 71-72 e 114.

100 *Ibidem*, p. 137-138.

101 *Ibidem*, p. 110.

102 *Ibidem*, p. 112.

103 *Ibidem*, p. 135. Citando as *Lições sobre Filosofia do Direito* nas aspas posteriores ao travessão.

(*Widerspruch*)".[104] Os elementos da "teoria da guerra", como antes vimos, todavia, são completamente assimiláveis à categoria de revolução.

E a mesma rejeição da "unidade unânime" se aplica ao indivíduo. Hegel é muito claro a esse respeito, destaca Losurdo. Para o filósofo italiano, "está fora de discussão em Hegel o reconhecimento do valor e da liberdade do indivíduo", e na verdade "se pode falar do Estado como realização do divino enquanto o Estado mesmo torna concreta e mundana a liberdade do indivíduo", que por sua vez "não está obrigado a procurar liberdade e valores espirituais só na intimidade da consciência ou no âmbito da Igreja, na evasão em todo caso do mundano e do político" – o Estado "*in interiore homine*", como desejava Giovanni Gentile, e não "*inter homines*", como é para Hegel.[105] Novamente criticando a leitura desviante de Adorno, Losurdo insiste que o "*pathos* hegeliano do universal" não só "não comporta de modo algum a destruição dos direitos do indivíduo", como a "reivindicação desses direitos pressupõe uma definição de indivíduo e de homem, como aquele que precisamente se encontra em Hegel".[106] E é assim que a referência de Gentile quanto às "múltiplas limitações" da "esfera do Estado" em Hegel - o fato de que o Estado para ele não é "realmente infinito" - não diz respeito apenas à "relação com os outros Estados", comportando antes "uma tripla limitação" que inclui a "família", a "sociedade civil" e o "espírito absoluto".[107]

---

104 *Ibidem*, p. 135-136.

105 *Ibidem*, p. 116 e 118.

106 *Ibidem*, p. 140-141.

107 *Ibidem*, p. 117-118. Remetendo a Rozenkranz, o autorizado biógrafo de Hegel, Losurdo nota como para ele a noção hegeliana de Estado, associada a "um ponto firme para o desenvolvimento da humanidade", não implica em "uma exaltação nacionalista", e por isso mesmo "o ponto central do sistema hegeliano não é mais visto tanto no espírito absoluto" – na arte, na religião, na filosofia –, "mas no espírito objetivo". Ver LOSURDO, D. *A hipocondria da antipolítica. História e atualidade na análise de Hegel.* Trad. J. Clasen. Rio de Janeiro: Revan, 2014, p. 98-100. Não é diferente a leitura de Terry Pinkard, para quem, em Hegel, a "história do mundo era apenas a arena na qual o espírito 'objetivo' aplainava o terreno para a reflexão sobre si, realizada pela humanidade na esfera do 'espírito absoluto'" (PINKARD, T. *Hegel. Il filosofo della ragione dialettica e della storia. Op. cit.*, p. 543).

III. Liberais, reacionários e fascistas contra o historicismo hegeliano

Observamos que a crítica de Foucault à ideia do marxismo como uma "ciência da história" parte da rejeição a Hegel e de uma recepção de Nietzsche e de sua noção de história como simples "concatenação" de eventos "produzido(s) pelo azar". Não há dúvida, estamos diante de uma interpretação que revela enormes problemas, sobretudo ao se pensar que o anti-historicismo de Nietszche flertava com o social-darwinismo.[108] Seria preciso dizer que, para Foucault, é no mínimo "irrelevante a reconstrução histórico-filológica"[109] de um autor. Irrelevante ou não o apego à filologia, o resultado não é muito diferente daquele que, entre 1830 e 1848, conheceu a dissolução da escola hegeliana, quando a aproximação de pensadores dos mais diversos permitiu a "descoberta do 'existente', do 'positivo', do sensível, da descida do abstrato ao concreto, a recuperação da particularidade".[110]

Na verdade, as inspirações nietszcheanas de Foucault revelam que a repulsa do historicismo hegeliano tem uma longa trajetória e, na maioria das vezes, se entrelaça com posições políticas muito reacionárias. E é isso o que demonstra Losurdo, insistindo como essa rejeição se inicia já com Malthus, que se empenha em "refutar Condorcet e a visão da história como progresso saída da Revolução

108 Afirmando que não deseja "reconstruir" a "história da humanidade", que não deseja "absolutamente considerar as massas", Nietzsche lança-se contra o historicismo do hegeliano Eduard von Hartmann e escreve: "Contra este 'processo universal' de Hartmann, buscar-se-ia de bom grado refúgio no turbilhão de átomos de Demócrito ou na teoria de Darwin, segundo a qual sobrevive, dentre as inumeráveis combinações possíveis, o ser mais adaptado à vida" (NIETZSCHE, F. *Escritos sobre a História*. Trad. N. C. de M. Sobrinho. Rio de Janeiro: PUC-Rio; São Paulo: Loyola, 2005, p. 232-233).

109 LOSURDO, D. *Nietzsche, o rebelde aristocrata: biografia intelectual e balanço crítico*. Trad. J. A. Clasen. Rio de Janeiro: Revan, 2009, p. 1002. Losurdo recorda que Nietzsche se refere "com ardor" em suas cartas a Francis Galton, primo de Darwin e o inventor da "ciência" da eugenia, mas também a autores como Lombroso e Gobineau. Ver p. 589 e 1006.

110 BODEI, R. Introduzione. *In:* Rosenkranz, Karl. *Vita di Hegel*. Milão: Bompiani, 2012, p. 15.

Francesa",[111] para chegar aos racistas da segunda metade do século XIX, depois aos fascistas e nazistas, ao liberalismo de Popper, fixando-se enfim na chamada Nova Direita, com Alain de Benoist.

Trata-se do problema da adesão à perspectiva do *nominalismo* metodológico, a maneira de pôr em questão o "conceito abstrato de homem", em última análise, o conceito de "próximo", ou "semelhante" (*Mitmnesch*), o "conceito de homem enquanto tal", considerado apenas uma "abstração idealista" por Ludwig Gumplowicz, o autor de *A luta das raças* (*Der Rassenkampf*).[112] É Popper quem explica sem rodeios essa perspectiva, opondo claramente "'nominalismo metodológico' ou também 'individualismo metodológico'" ao "'essencialismo metodológico' ou 'coletivismo metodológico'", para ele "sinônimo de holismo e de totalitarismo".[113] A reação do Conde Joseph de Maistre à Revolução Francesa não é muito diferente. Para ele, insiste Losurdo, "o 'erro teórico' de fundo 'que levou os franceses por um caminho equivocado desde o primeiro instante da sua revolução é o conceito de homem", também rejeitado na Inglaterra por Edmund Burke, ao afirmar que os ingleses "não querem saber nada de 'abstratos princípios' concernentes aos 'direitos do homem'".[114] Por seu turno, Gumplowicz afirma que "em determinadas condições torna-se 'naturalmente necessário' que os membros de um diferente grupo étnico 'apareçam não enquanto homens, mas na qualidade de 'seres' (*Geschöpfe*), aptos apenas a serem exterminados na primeira ocasião", como no caso dos sul-africanos.[115]

De fato, não surpreende que Herbert Marcuse, lembra Losurdo, tenha falado, "a propósito do nazismo, de 'desvalorização da história' (*Depravierung der Geschichte*) e da própria categoria de

111 LOSURDO, D. *La catastrofe della Germania e l'immagine di Hegel. Op. cit.*, p. 142 (nota 116).

112 *Ibidem*, p. 139.

113 *Idem.*

114 *Idem.*

115 *Idem.*

tempo".[116] Vejamos Alfred Rosenberg, uma espécie de teórico oficial do Terceiro Reich. Tomando o nominalismo como "fio condutor" de seu pensamento, Rosenberg irá polemizar incansavelmente contra "o dogma de um suposto 'desenvolvimento geral da humanidade'".[117] Para ele a "tese do progresso" é uma "superficial laicização da escatologia religiosa: o velho Javé se chama agora 'humanidade', 'liberdade', 'liberalismo', 'classe'"; e, citando Leopoldo von Ranke, um crítico de Hegel, afirma que "cada época está em relação imediata com Deus e o seu valor reside não nisso que dela resulta, mas na sua existência mesma, na sua peculiaridade".[118] E não é só a Ranke a quem se refere Rosenberg para refutar a ideia de progresso histórico. Ele remete também a Nietszche, à sua "rebelião contra o rígido esquematismo", que convida a "procurar 'a verdade na personalidade do indivíduo ou do povo isoladamente'".[119] Mas a posição do teórico nazista fora sustentada "com força" já por Gumplowicz, que, em "explícita polêmica contra a filosofia hegeliana da história", insiste que "'não existe nem progresso nem regresso, é sempre a mesma realidade'".[120] Por seu turno, no curso da Primeira Guerra, Sombart dirá que é preciso "apagar da nossa alma os últimos restos do velho ideal de uma progressiva evolução da humanidade", enquanto Popper, partindo dos estereótipos do período e usando uma linguagem a toda prova militarista – o hegelianismo e o marxismo como "'quinta coluna intelectual' dos inimigos da sociedade aberta" –, associa o "historicismo (além do 'tribalismo' e do 'holismo')" à "preparação" e ao "desencadeamento da guerra".[121]

Não é muito diferente a reação que conhece o historicismo na Itália fascista. O futurismo, que depois desemboca no fascismo, tem

116 *Ibidem*, p. 142 (nota 116).

117 *Idem.*

118 *Ibidem*, p. 141.

119 *Ibidem*, p. 142-143.

120 *Ibidem*, p. 142 (nota 116).

121 *Ibidem*, p. 130-131.

em Giovanni Papini um crítico de Benedetto Croce, acusado de "querer 'reprimir toda tentativa de sair dos grandes trilhos da história'".[122] De sua parte, Giovanni Gentili, em "constante polêmica contra a ideia de objetividade do processo histórico", sustenta que na "'história, na sociedade, nas coisas, não há significado nem leis'", argumento a partir do qual critica o marxista Antonio Labriola, por "sua 'teoria *objetiva* das revoluções sociais', por sua visão do processo histórico como 'autocrítica das coisas mesmas'".[123]

Assim sendo, o nominalismo anti-historicista de Popper, abertamente individualista, mas também o programa contrarrevolucionário de Papini e Gentili, reaparecem inteiramente no discurso da chamada Nova Direita. Alain de Benoist, para quem "o cristianismo é o bolchevismo da Antiguidade", contesta não só a "massificação igualitária saída da Revolução Francesa", mas também a "revolução cristã", pois reter os "conceitos universais conduz ao 'totalitarismo igualitário'".[124] Essa é uma contestação feita "explicitamente" em nome de uma ideologia nominalista – frequentemente acompanhada do relativismo absoluto, da "relatividade geral de todos os valores" –, pois a "'concepção de mundo anti-igualitária é fundamentalmente nominalista' e para o nominalista a diversidade é o fato fundamental do mundo".[125] Partindo desses pressupostos, pode-se compreender que o historicismo também seja alvo da polêmica de Benoist, que prefere falar do "absurdo da história" e propor a "negação radical da categoria de 'necessidade' histórica".[126]

Como notamos em algumas páginas atrás, Losurdo demonstrou a falácia do argumento que associa Hegel ao totalitarismo, já que o Estado no filósofo de Stuttgart não tem uma configuração "infinita", estando antes exposto a "múltiplas limitações". Mas o argumento é falaz porque não corresponde à história mesma. Quando

122 *Ibidem*, p. 145 (nota 125).

123 *Idem* (itálico no original).

124 *Ibidem*, p. 144.

125 *Idem*.

126 *Idem*.

Losurdo, nos convidando a repensar leituras como as de Lukács e mesmo de Marx, recorre ao Engels do pós-1848 para demonstrar que não só a imagem de Hegel é distorcida, mas da própria Alemanha, que não pode ser associada mecanicamente ao país da restauração por excelência – ao país de uma história completamente estagnada –, como na interpretação de Colletti. Polemizando "contra a retranscrição nacional-liberal que se estava delineando da história alemã", Engels insiste que "o povo alemão também tem a sua tradição revolucionária", como "a Reforma e a Guerra dos Camponeses", além de "a 'Revolução Filosófica' (ou seja, o desenvolvimento do idealismo de Kant a Hegel) que havia precedido e preparado a erupção da 'Revolução Política' de 1848".[127] Ainda a partir do mesmo raciocínio, Engels "fala das reformas seguidas à derrota de Jena e das *Befreiungskriege* [Guerras de Libertação] como o início da revolução antifeudal na Alemanha", ao que Losurdo propõe acrescentar "a onda de simpatia que provoca na Alemanha a Revolução Americana (saudada com entusiasmo por Kant, avaliada positivamente por Hegel) que tem como alvo precisamente a Inglaterra".[128]

Contudo, a categoria de "necessidade histórica" é apresentada tal qual uma "concepção providencialista da história", não sem deixar de acusar na Alemanha um espírito belicista. O tema, lembra Losurdo, se encontra em Henri Bergson, para o qual "os alemães se consideram 'o povo eleito, instrumento da vontade de Deus sobre a terra'", mas é desenvolvido sobretudo por seu mestre, Émile Boutroux.[129] Para o filósofo francês, a tese da identidade entre História do mundo (*Weltgeschicht*) e Juízo universal (*Weltgericht*), mais do que remeter à relação entre o real e o racional (*Wirklichkeit*), "significa, em última análise,

127 *Ibidem*, p. 161.

128 *Idem* (colchetes acrescentados). A leitura de Lukács a qual Losurdo nos convida a repensar, sustentada em *A Destruição da Razão*, pode ser lida no capítulo: "Determinações para a crítica particular da sociologia". *In*: Lukács, G. *Sociologia*. Trad. J. P. Netto e C. N. Coutinho. Netto, J. P. (org.); Fernandes, F. (coord.). São Paulo: Ática, 1981. Para a posição de Marx, ver MARX, Karl. *A burguesia e a contra-revolução*. Trad. J. Chasin, M. D. Prades, M. V. M. de Aguiar. São Paulo: Ensaio, 1987.

129 LOSURDO, D. *La catastrofe della Germania e l'immagine di Hegel. Op. cit.*, p. 131-132.

que 'os vencedores, os poderosos, são os escolhidos de Deus'".[130] Certamente, insiste Losurdo, Boutroux tem da *Wirklichkeit* de que fala Hegel uma leitura forçada, que passa superficialmente (*sorvola*) "sobre a distinção entre a realidade e o 'positivo'", para associá-la, sempre em chave antigermânica, à divinização do "sucesso e da força", à "'identidade radical do racional e do real, do ideal e do positivo'".[131] Novamente, é já a concepção hegeliana do Estado de que antes falamos, envolta em "múltiplas limitações", que desautoriza essa leitura. No mais, a distância do historicismo hegeliano de qualquer visão providencialista é muito clara. "A história não começa com um fim consciente", diz Hegel, que insiste sobre o fato de que "para os homens" ela "aparece inconscientemente como o resultado de suas ações", pois "das ações dos homens realiza-se 'ainda (resulta) algo diferente daquilo a que visam como fim e alcançam, do que eles sabem e querem imediatamente'".[132] E esse é o sentido da expressão "a razão rege o mundo", sublinha Lenin.[133]

III. I. A dimensão geográfico-política do historicismo hegeliano

É preciso notar, no entanto, que o historicismo hegeliano tem uma dimensão geográfica. E isso não só principalmente no que carrega de determinação natural – o equilíbrio entre a terra e o mar, que "convida o homem à conquista" –,[134] mas porque se realiza como Estado. Pois uma vez que "a história do mundo encarna em parte a própria história da razão", e assim, "em última instância, da ideia mesma de liberdade", essa história "é, portanto, segundo Hegel, história

---

130 *Ibidem*, p. 132.

131 *Ibidem*, p. 94. Losurdo lembra que em 1877 Boutroux exprime uma leitura "muito mais articulada" da categoria de *Wirklichkeit* do que aquela que oferece nos anos da Primeira Guerra, pondo em dúvida "uma interpretação unilateral 'deste grande princípio, hoje tão desacreditado'". *Ibidem*, p. 97 (nota 179).

132 LENIN, V. I. *Cadernos Filosóficos*. Trad. P. de A. Vaz. São Paulo: Boitempo, 2018, p. 314.

133 *Idem*.

134 CHÂTELET, F. Hegel e a geografia. *Op. cit.*, p. 50.

dos estados (no seu peculiar modo de entender o estado)".[135] A rigor, já a geografia para Hegel é uma ciência histórica, como antes assinalado, uma ciência voltada à "total percepção da essência", dessa "fenomenologia plenamente cumprida, totalmente racional, que é a história dos povos, das nações, dos Estados", apreendida pelos "gestos, percepções, paixões, ações" do "lugar da vida material".[136] E eis como Hegel, demonstra Losurdo, se afasta também por esse caminho do individualismo metodológico. O mesmo individualismo que iremos ver sustentado em Gobineau através de um completo desprezo pela "palavra 'pátria'", para ele "privada de sentido", na medida em que "cobre realidades e raças diversas e contrapostas".[137] Ao contrário, é cara a Hegel a defesa da "individualidade exclusiva de cada Estado", bem como a pergunta, "intolerável aos chauvinistas alemães da guerra franco-prussiana" e da Primeira Guerra, quanto ao "direito absoluto" de uma nação de "constituir um Estado".[138] E se a resposta nem sempre é unívoca – pois acima de tudo "há sempre o *Weltgeist* e o concreto processo histórico" –, e se esse direito ainda não é atribuído aos "países e povos coloniais",[139] as conclusões a extrair de modo algum permitem aproximar Hegel de um Friedrich Ratzel e do chauvinismo.

Com efeito, poderíamos nos referir à "excedência teórica" de que falou Losurdo, para demarcar a diferença, em Hegel, entre "conceito" (ou "lógica") e "ideologia". Mas já muitas das posições políticas de Hegel diante de temas ligados ao colonialismo são claras. Por exemplo, se é possível encontrar no filósofo de Stuttgart uma visão às vezes ingênua do colonialismo, isso aparece na qualidade de depositário de

135 PINKARD, T. *Hegel. Il filosofo della ragione dialettica e della storia. Op. cit.*, p. 539.

136 CHÂTELET, F. Hegel e a geografia. *Op. cit.*, p. 47-8. A temática da historicidade da geografia em Hegel remete àquela a qual chamou a atenção Lenin, insistindo que, para Hegel, "na natureza o movimento é apenas em círculo (!!)", ao passo que é "na história" que "cria-se algo novo" (LENIN, V. I. *Cadernos Filosóficos. Op. cit.*, p. 315). A esse respeito, ver também: LOSURDO, D. *A hipocondria da antipolítica. Op. cit.*, p. 103.

137 LOSURDO, D. *La catastrofe della Germania e l'immagine di Hegel. Op. cit.*, p. 139-40.

138 *Ibidem*, p. 50.

139 *Idem*.

esperanças não chauvinistas, como a de abater "as distâncias" e assim "os estereótipos e os ódios nacionais", ao passo que não são esquecidos os seus elementos mais negativos, como o "saque", mas também a "componente bélica que está explícita ou implicitamente presente na expansão colonial".[140] E não menos importante é a posição de Hegel diante "do antissemitismo e da teoria racista" do seu tempo, contra os quais é um "decidido adversário" e "fornece uma crítica penetrante e implacável",[141] do mesmo modo que sua rejeição do escravismo antigo e moderno. No que diz respeito ao primeiro, o vemos expressar uma "comovida condenação" à "caça que contra os hilotas organizavam os espartas",[142] enquanto a crítica do escravismo moderno é explícita já a partir de suas posições diante da Revolução Francesa. Hegel, recorda Losurdo, embora mantendo "distância do jacobinismo", é o filósofo que rejeita "subscrever a simplista demonização que a tradição liberal operou de um movimento" que levou a termo "a liquidação das relações feudais de propriedade e de trabalho", bem como que terminou por "decretar a emancipação dos escravos das colônias, reconhecendo os resultados da revolução desencadeada por eles no Haiti, sob a liderança de um jacobino negro, Toussaint Louverture".[143] Este último, deve-se lembrar, um tema a partir do qual a própria "experiência colonial" vem sendo reavaliada na obra de Hegel, tornando-o um autor de grande atualidade nos chamados estudos pós-coloniais, como nos recorda a recente pesquisa de Susan Buck-Morss.[144]

---

140 *Ibidem*, p. 54-55.

141 *Ibidem*, p. 147.

142 *Ibidem*, p. 139.

143 LOSURDO, D. *Hegel e la libertà dei moderni. Op. cit.*, p. 695.

144 Ver a respeito o prólogo de Claudio Lomnitz ao livro de Buck-Morss – *Hegel, Haití y la historia universal. Op. cit.*, p. 12 –, referindo-se à aproximação desse estudo, apoiado na dialética hegeliana do senhor e do escravo, aqueles realizados por Edward Said, entre outros. O estudo de Buck-Morss nota a importância da revista maçônica *Minerva* – a melhor das revistas políticas da Alemanha na época e o principal veículo de notícias dos acontecimentos políticos de São Domingos – nas leituras de Hegel entre os anos de 1803 e 1805, o período de gestação da *Fenomenologia do Espírito* (p. 67 e ss.). A dialética do senhor e do escravo pode ser abreviada na fórmula de que a liberdade do escravo "não pode ser outorgada", mas obtida através de uma "luta de morte", luta esta que, todavia, não

Mas a relação entre o historicismo de Hegel e sua dimensão geográfica é ainda atual em um outro aspecto na leitura que nos oferece Losurdo. Trata-se do campo das relações internacionais – e assim da geografia política - que interessam ao mundo contemporâneo, onde Hegel talvez seja tão ou mais atual do que Kant. Recorda-se que o filósofo de Könisberg, na esteira dos resultados da Revolução Francesa, é aquele que formula o princípio da "paz perpétua" e os instrumentos de sua realização, isto é, a organização de uma "'grande liga dos povos' que sirva de tribunal internacional e que ponha assim a 'liberdade barbárica' dos Estados nas suas relações recíprocas".[145] Hegel não lança a questão de uma "grande liga dos povos", e até tem dela uma visão mais realista. Se Kant acredita que após o 1789 a guerra está "definitivamente bloqueada", já que não mais ao "monarca absoluto" cabe

---

objetiva a "subjugação" do senhor, mas "a completa eliminação da instituição da escravidão" (p. 87-88). Buck-Morss remete às pesquisas de Pierre-Franklin Tavares - com uma perspectiva mais gradualista - e de Nick Nesbit - mais radical -, mas insiste que muitos fizeram este raciocínio, incluindo por exemplo Frantz Fanon (p. 35 e 88-89). Importa notar, como salienta essa pesquisa, que, se Hegel não faz referência direta ao Haiti na *Fenomenologia do Espírito*, o que se explicaria pela necessidade de autocensura, quando ele redige a *Filosofia do Espírito Subjetivo*, 3ª parte da *Enciclopédia das Ciências Filosóficas* (1830), material que "contém as consequências das lições sobre a *Filosofia da História*", ele faz referência explícita ao país de Louverture, escrevendo: "Não se pode dizer que [os negros] não podem ser educados, pois não só receberam ocasionalmente o Cristianismo com o maior agradecimento [...] como também no Haiti eles formaram um Estado com base em princípios cristãos" (p. 96). Como lembrou a resenha de Remo Bodei ao livro de Buck-Morss, a Constituição de Louverture tem "um significado que transcende os acontecimentos locais, elevando-se (*assurge*) a valor universal, precisamente porque foi inclusiva", já que "concedeu os mesmos direitos a brancos, mulatos e negros, a cristãos, animistas e muçulmanos (que eram cerca de 4% dos escravos)" (BODEI, R. I servi-padroni di Haiti. *Il Sole 24 ore*, 28 fev. 2010). Deve-se observar que, se Buck-Morss acerta em insistir que a figura do escravo em Hegel é contemporânea ao filósofo, ela mesma conduz seu argumento sob o plano de uma radical negação de qualquer "unidade da história" em Hegel. Mas a própria referência aos "princípios cristãos" citados por Hegel que ela recolhe – de onde se pode deduzir uma clara alusão à Reforma – parece pôr em questão essa negação. Sobre a autocensura na Alemanha do tempo de Hegel, veja também: LOSURDO, D. *Hegel e la libertà dei moderni. Op. cit.*, p. 27 e ss. Ainda no que diz respeito ao tema geral desta nota, vale recordar José Aricó, para quem "Hegel previu em sua *Filosofia do Direito* uma teoria do imperialismo bastante próxima à que muitos anos depois formularam Hobson e Rosa Luxemburgo" (ARICÓ, J. *Marx e a América Latina*. Trad. M. C. Marcondes. Rio de Janeiro: Paz e Terra, 1982, p. 128).

145 LOSURDO, D. *La catastrofe della Germania e l'immagine di Hegel. Op. cit.*, p. 43-44.

decidir sobre ela, e sim ao "povo, que tudo tem a perder na guerra", Hegel conclui que mesmo "nações inteiras" podem se entusiasmar e se "lançar" às aventuras bélicas, "obrigando os ministros a declararem guerra de qualquer modo", como "ocorreu várias vezes" com a Inglaterra.[146] Por outro lado, mesmo "quando 'um certo número de Estados se constitui em família', a universalidade não se realiza por isso", porque "essa 'união' é uma nova individualidade que tem ela própria uma 'antítese'", a qual mira ela própria "um 'inimigo'" – vale dizer, mesmo uma liga dos povos "corre sempre o risco de transformar-se [...] em um instrumento hegemônico a serviço de uma potência ou de um grupo de potências".[147] No entanto, conclui Losurdo, se temos bem presente essa visão mais realista, tanto quanto aceitamos a validade atual das organizações internacionais como "instrumento mais ou menos eficaz de luta contra os perigos da guerra", "como demonstra a hodierna ONU", a posição de Hegel mostra-se completamente atual na medida em que, "na história contemporânea", e isso "a partir já da Sociedade das Nações", a própria "luta dos organismos internacionais pela paz passa em primeiro lugar pela luta por reconhecimento do princípio da independência de cada Estado e de cada povo".[148]

De fato, não surpreende que essa dialética entre o nacional e o internacional esteja no centro das preocupações dos países que hoje se lançam à construção socialista, com a China à frente, objeto de grande atenção de Losurdo.[149] Não surpreende que o "*pathos* hegeliano do Estado", jamais expressão de qualquer "exaltação nacionalista", mas sempre central no historicismo do filósofo de Stuttgart, tenha sido "assumido positivamente por Jean Jaurès, expoente do socialismo francês" do início do século XX – ele mesmo "assassinado por um fanático chauvinista" –, "como sinônimo de socialismo".[150]

---

146 *Ibidem*, p. 47.

147 *Ibidem*, p. 46 e 48.

148 *Ibidem*, p. 50.

149 LOSURDO, D. *Fuga da História? A revolução russa e a revolução chinesa vistas de hoje.* Rio de Janeiro: Revan, 2014.

150 *Idem*, *La catastrofe della Germania e l'immagine di Hegel. Op. cit.*, p. 91 (nota 156).

À guisa de conclusão

Como notou a introdução de Remo Bodei à clássica biografia de Hegel, escrita por Karl Rosenkranz, desde os primeiros decênios do século XX até os anos 1970, a filosofia hegeliana, "raiz comum de contrastantes tradições ideais", esteve associada a uma "vasta obra de mediação cultural" que, tendo como centro a "relação Hegel-Marx", abrigou "toda uma série de problemas" que iam desde aquele "mais complexo da elaboração teórica de um marxismo 'criativo'", capaz de "absorver elementos de outra proveniência", até aquele de um "ponto de engate entre a cultura dos países socialistas" e a "cultura de grupos intelectuais de países da Europa ocidental ou da América Latina", sem falar das relações "entre marxismo e correntes filosóficas idealistas" de várias origens, como na Itália.[151] Essa operação, embora às vezes resultasse em escritos de cunho "prático-instrumental" em torno da obra de Hegel, buscando aproximá-lo ou afastá-lo de Marx, foi capaz de produzir "obras de alto valor científico", bem como passos "decisivos em direção a um mais profundo conhecimento de Hegel" por parte de "grandes intérpretes".[152] O artigo que aqui apresentamos, pondo em evidência, por meio de um exame filológico rigoroso, um dos muitos trabalhos dc Losurdo sobre Hegel, mostra que o filósofo italiano é um importante integrante deste panteão, entre os quais Bodei – ele mesmo hegeliano de grande envergadura – inclui "Lukács, Kojève, Marcuse, Adorno, Hyppolite e poucos outros".[153]

O contexto em que Losurdo desenvolve sua pesquisa, já marcado por uma retomada da rejeição a Hegel erguida pela cultura pós-moderna, como notamos na introdução deste artigo, demonstra a fortaleza da sua formação hegeliana. E é esta fortaleza teórica que permite entender como a pesquisa de Losurdo, ao mesmo tempo que contribuiu para um rigoroso conhecimento de Hegel, não se

151 BODEI, R. Introduzione. *Op. cit.*, p. 28-29.

152 *Ibidem*, p. 29.

153 *Idem*.

furtou ao exercício de demonstrar as fortes aproximações do filósofo de Stuttgart com Marx e com o materialismo histórico. Pois a "lógica metafísica" de Hegel, insistiu Losurdo, distante da "ideologia diretamente empenhada na conservação do existente", é precisamente aquela que "fornece a gramática e a sintaxe do real" enquanto gramática e sintaxe de um "discurso político" capaz de "intervir sobre as 'leis', as 'instituições', as 'relações' políticas e sociais objetivas".[154] Trata-se da "dialética objetiva do real", que não se reduz "à existência empírica imediata", ao "positivo meramente existente", aparecendo antes como "'realidade' em sentido forte" (*Wirklichkeit*), *estratégico*, o disse Lenin, para demarcar sua diferença em relação ao simples empirismo, ao "mundo das aparências" (*Erscheinungswelt*), que em Hegel também não é um "nada", um simples "não-ser", encarnando antes uma dimensão *tática* igualmente real - mas de qualquer modo sem "o mesmo grau de realidade" da *Wirklichkeit*, a única capaz de apreender "a tendência de fundo do processo histórico".[155]

É possível notar como era muito claro para Losurdo que "o conflito social e de classe está bem presente em Hegel", ao qual se refere constantemente para falar seja da "queda na antiga Roma da monarquia, derrubada por uma aristocracia decidida a reforçar seu domínio sobre a plebe", seja da limitação por parte da "monarquia absoluta", do "poder" e dos "privilégios" da "aristocracia feudal" na idade moderna, "tenazmente agarrada à exploração imposta à massa dos camponeses".[156] Ou ainda, também para falar do "advento do Estado representativo moderno", do "conflito social" que subsiste através do "proletariado desempregado ou inabilitado ao trabalho", e do "pobre" que corre o risco da "morte por inanição", ambos "em uma condição símile àquela do escravo", por isso, com "pleno direito a rebelar-se".[157] É a partir dessa sólida formação hegeliana que Losurdo pensa a noção de luta de classe em

154 LOSURDO, D. *A hipocondria da antipolítica. Op. cit.*, p. 17-18.

155 *Idem, Hegel e la libertà dei moderni. Op. cit.*, p. 93-98.

156 *Idem, La lotta di classe. Una storia politica e filosofica*. Roma-Bari, 2013, p. 15 (citando Marx no aposto) e 56.

157 *Idem.*

um sentido muito mais amplo e complexo, que ultrapassa largamente a visão economicista que nela se fixou. Para Losurdo, essa categoria, uma vez que se apresenta com a "ambição de abraçar a totalidade do processo histórico", corresponde a uma "teoria geral do conflito social", "um *genus* que pode subsumir sob si *species* entre elas muito diversas".[158] É uma totalidade a incluir desde os "conflitos que contrapõem as classes exploradoras" (as burguesias e aristocracias de terras) até as "lutas de emancipação", entre as quais estão as lutas dos "povos em condições coloniais, semicoloniais ou de origem colonial", mas também a luta "conduzida pela classe operária na metrópole capitalista" – que para a "política externa" das "nações oprimidas" é também convidada a entregar "apoio" como parte da "'luta geral de emancipação da classe operária'"–, e ainda "a luta das mulheres contra a 'escravidão doméstica'".[159]

A dimensão geográfica da gramática e sintaxe de Hegel que chega ao materialismo histórico é uma conclusão óbvia. Na medida em que "põe em discussão a divisão do trabalho vigente no nível internacional, nacional e no âmbito da família", essa perspectiva abre a discussão das "relações de coerção" que, organizadas em diferentes níveis espaciais, "constituem o sistema capitalista no seu todo".[160]

Certamente não surpreende que ainda nos anos 1970 do século passado, fazendo-se expressão da mediação cultural de que falou Remo Bodei, uma epistemologia da geografia de inspiração hegeliana, consciente de que o "empirismo serve a um objetivo das classes dominantes", e que "toda verdadeira teoria é sinônimo de teoria revolucionária", tenha também se desenvolvido em um país de pesada herança colonial como o Brasil.[161] A mesma epistemologia que, preocupada em não "ocultar a evolução da história humana", parte

158 *Ibidem*, p. 53.

159 *Ibidem*, p. 53-54.

160 *Ibidem*, p. 54.

161 SANTOS, M. *Por uma geografia nova. Da crítica da geografia a uma geografia crítica.* São Paulo: Edusp, 2008, p. 106-107 e 195. É geralmente pouco notado que Hegel, comparecendo com quatro obras na bibliografia final, é um autor central na perspectiva teórica sustentada por este livro de referência da geografia brasileira. A respeito disso, ver: p. 51 e ss., 156 e ss., e 187-188.

da noção de totalidade "deixada a Marx por Hegel", para enfatizar a categoria de tempo como "uma dimensão essencial" dos estudos geográficos voltados a compreender o espaço (e assim o espaço-tempo) como "um sistema de relações ou como um campo de forças".[162] O espaço pensado "como uma natureza transformada ou socializada, uma *Natureza Segunda*", é uma totalidade a encarnar a dialética do "tempo espacial" e da "acumulação desigual de tempos" – tanto a partir das relações internas aos Estados nacionais, quanto das suas relações externas, estas já sob o acicate da forma imperialista.[163]

Trata-se de uma filosofia da geografia que, ocupada com a centralidade do "próprio homem", é uma forma particular de filosofia política, voltada não apenas ao "problema do conhecimento", mas ao "problema moral".[164] É uma proposta de pesquisa inteiramente posta no interior da filosofia clássica alemã e especialmente na dialética histórica de Hegel, sendo as duas o ponto alto da pesquisa filosófica e do marxismo de Domenico Losurdo,[165] que para uma geografia assim declinada tem muito a contribuir.

Referências

ALESSANDRONI, E. Hegel e il nucleo scientifico del materialismo storico. *In*: Azzarà, S. G. *La comune umanità: memoria di Hegel, critica del liberalismo e del materialismo storico in Domenico Losurdo*. Nápoles: La Scuola di Pitagora, 2019.

ARICÓ, J. *Marx e a América Latina*. Trad. M. C. Marcondes. Rio de Janeiro: Paz e Terra, 1982.

162 *Ibidem*, p. 121, 184 e 252.

163 *Ibidem*, p. 246-247, 177 e ss., 256 e ss., e p. 55 (itálicos no original).

164 *Ibidem*, p. 263 e 266.

165 Ver: LOSURDO, D. Marxismo e comunismo nos 200 anos do nascimento de Marx. *In*: Losurdo, D. *Colonialismo e luta anticolonial: desafios da revolução no século XXI*. Trad. F. Losurdo. Manoel, J. (org.). São Paulo: Boitempo, 2020, p. 136-137; e sobretudo o belíssimo capítulo "Filosofia della storia *contra* morale?" (*In*: Losurdo, D. *Marx e il bilancio storico del Novecento*. Nápoles: La Scuola di Pitagora, 2018, p. 309-347), onde se estabelece a diferença entre a moral kantiana e aquela hegeliana.

AZZARÀ, S. G. *Comunisti, fascisti e questione nazionale. Germania 1923: fronte rossobruno a guerra d'egemonia?* Milão/Udine: Mimesis, 2018.

______. Restauração e revolução passiva pós-moderna no ciclo neoliberal: um transformismo intelectual de massa. *Crítica Marxista*, n. 50.

BODEI, R. Introduzione. *In*: Rosenkranz, Karl. *Vita di Hegel*, Milão: Bompiani, 2012.

______. I servi-padroni di Haiti. *Il Sole 24 Ore*, 28 fev. 2010.

BUCK-MORSS, S. *Hegel, Haití y la historia universal*. Trad. J. M. Espinosa. México: FCE, 2013.

CHÂTELET, F. e PISSIER-KOUCHNER, É. *As concepções políticas do século XX*. Trad. C. N. Coutinho e L. Konder. Rio de Janeiro: Zahar, 1983.

CHÂTELET, F. Hegel e a geografia. Trad. R. M. F. do Amaral Pereira. *Geosul*, v. 4, n. 7, 1989.

CLAVAL, P. *Epistemologia da geografia*. Trad. M. de C. A. Pimenta e J. A. Pimenta. Florianópolis: Editora da UFSC, 2014.

COLLETTI, L. Quando a Revolução faz falta. *Isto é Senhor*, 19 ago. 1989.

FARINELLI, F. Friedrich Ratzel and the nature of (political) geography. *Political Geography*, n. 19, 2000.

FOUCAULT, M. Espacio, saber y poder. *El poder uma bestia magnifica*. Buenos Aires: Siglo Veitiuno, 2019.

______. Metodología para el conoscimiento del mundo: como deshacerse del marxismo. *In*: *El poder, una bestia magnifica*. Buenos Aires: Siglo Veitiuno, 2019.

______. Sobre a geografia. *In*: *Microfísica do Poder*. 28 ed. Rio de Janeiro: Paz e Terra, 2014.

GARCÍA-QUESADA, G. *Karl Marx, historian of social times and spaces*. Leiden/Boston: Brill, 2022.

GIACOMINI, R. *Lenin e il pacifismo contemporâneo*. Nápoles: La Città del Sole, 1997.

GRAMSCI, A. *Quaderni del carcere. Edizione critica dell'Istituto Gramsci. A cura di Valentino Gerratana*. Turim: Einaudi, 1975.

HEGEL, G. W. F. *Enciclopedia delle scienze filosofiche*. Trad. B. Croce. Roma-Bari: Laterza, 2009.

LA BLACHE, P. V. A geografia política: a propósito dos escritos do Sr. Friedrich Ratzel. *In*: *Vidal, vidais: textos de geografia humana, regional e política.* Haesbaert, R., Pereira, S. N. e Ribeiro, G. (org.). Rio de Janeiro: Bertrand Brasil, 2012.

LENIN, V. I. *Cadernos Filosóficos*. Trad. P. de A. Vaz. São Paulo: Boitempo, 2018.

LOSURDO, D. *A hipocondria da antipolítica. História e atualidade na análise de Hegel.* Trad. J. Clasen. Rio de Janeiro: Revan, 2014.

______. *Fuga da História? A revolução russa e a revolução chinesa vistas de hoje.* Rio de Janeiro: Revan, 2014.

______. *Hegel e la libertà dei moderni.* Nápoles: La Scuola di Pitagora, 2011.

______. *La catastrofe della Germania e l'immagine di Hegel.* Milão: Instituto Italiano per gli Studi Filosofici; Nápoles: Guerini e Associati, 1987.

______. *La lotta di classe. Una storia politica e filosofica*. Roma-Bari: Laterza, 2013.

______. *Marx e il bilancio storico del Novecento*. Nápoles: La Scuola di Pitagora, 2018.

______. Marxismo e comunismo nos 200 anos do nascimento de Marx. Trad. F. Losurdo. *In*: Losurdo, D. *Colonialismo e luta anticolonial: desafios da revolução no século XXI*. Trad. F. Losurdo. Manoel, J. (org.). São Paulo: Boitempo, 2020.

______. *Il marxismo occidentale. Come nacque, come morì, come può rinascere*. Roma-Bari: Laterza, 2017.

______. *Nietzsche, o rebelde aristocrata: biografia intelectual e balanço crítico.* Trad. J. A. Clasen. Rio de Janeiro: Revan, 2009.

LUKÁCS, G. *Sociologia*. Trad. J. P. Netto e C. N. Coutinho. Netto, J. P. (org.); Fernandes, F. (coord.). São Paulo: Ática, 1981.

MARX, K. *A burguesia e a contra-revolução*. Trad. J. Chasin, M. D. Prades, M. V. M. de Aguiar. São Paulo: Ensaio, 1987.

MAYER, G. *Friedrich Engels: uma biografia*. Trad. P. Davoglio. São Paulo: Boitempo, 2020.

MORAES, A. C. R. A antropogeografia de Ratzel: indicações. *In*: Ratzel, F. *Geografia*. Trad. F. Murad e D. Bottmann. Moraes, A. C. R. (org.); Fernandes, F. (coord.). São Paulo: Ática, 1990.

NIETZSCHE, F. *Escritos sobre a História*. Trad. N. C. de M. Sobrinho. Rio de Janeiro: PUC-Rio; São Paulo: Loyola, 2005.

PINKARD, T. *Hegel. Il filosofo della ragione dialettica e della storia*. Trad. S. Di Bella. Milão: Hoepli, 2018.

RATZEL, F. As leis do crescimento espacial dos Estados. *In*: *Ratzel – Geografia*. Trad. F. Murad e D. Bottmann. Moraes, A. C. R. (org.); Fernandes, F. (coord.). São Paulo: Ática, 1990.

SANTOS, M. *Por uma geografia nova. Da crítica da geografia a uma geografia crítica*. São Paulo: Edusp, 2008.

SEEMANN, J. Friedrich Ratzel entre tradições e traduções. Uma breve abordagem contextual. *In*: *Terra Brasilis* (Nova Série), n. 1, 2012.

SION, J. A segunda edição da Geografia Política de Friedrich Ratzel. Trad. M. D. de Souza. *Revista de Geopolítica*, v. 7, n. 2, jul./dez. 2016.

Heidegger e a modernidade: uma leitura a partir do pensamento de Domenico Losurdo

Giorgio Grimaldi[1]

I. Teoria, política, moral

O livro *La comunità, la morte, l'Occidente. Heidegger e l'ideologia della guerra* foi publicado por Domenico Losurdo em 1991, com o objetivo de intervir em um debate nunca esgotado e que adquiriu ao longo dos anos uma intensidade sempre maior, culminando, a partir de 2014, na publicação dos *Quaderni neri*.[2] O livro de Losurdo saiu apenas dois anos depois da publicação de uma obra heideggeriana capital, *Contribuições à Filosofia*, da qual é feito um amplo e preciso uso, introduzindo nos estudos italianos (e depois naqueles de âmbito internacional)[3] seus complexos conteúdos,[4] cuja articulação

---

1 Pesquisador da Universidade de Urbino (Itália). Coordenador do *"Gruppo di Ricerca Internazionale Domenico Losurdo"*. Tradução de Marcos Aurélio da Silva.

2 HEIDEGGER, M. GA 94, Überlegungen *ii-vi (Schwarze Hefte 1931-1938)*, Frankfurt: Vittorio Klostermann, 2014; GA 95, Überlegungen *vii-xi (Schwarze Hefte 1938/39)*, Frankfurt: Vittorio Klostermann, 2014; GA 96, Überlegungen *xii-xv (Schwarze Hefte 1939-1941)*, Frankfurt: Vittorio Klostermann, 2014; GA 97, *Anmerkungen I-V (Schwarze Hefte 1942-1948)*, Frankfurt: Vittorio Klostermann, 2015; GA 98, *Anmerkungen VI-IX (Schwarze Hefte 1948/49-1951)*, Frankfurt: Vittorio Klostermann, 2018.

3 A primeira edição do livro é, precisamente, de 1991 (reimpressa em 2001). Depois saíram a edição alemã (1995), francesa (1998), estadunidense (2001) e espanhola (2003).

4 O livro *Contributi alla filosofia (Dall'Evento)*, publicado pela Adelphi (Milão) em 2007, sairá em edição italiana dezesseis anos depois do trabalho de Losurdo. A edição alemã traz o título *Beiträge zur Philosophie – Vom Ereignis* (Frankfurt: Vittorio Klostermann, 1989 e 2014).

é intricada na medida em que constitui o laboratório filosófico da virada (*Kehre*) que se seguiu ao *Ser e Tempo*. O trabalho de Losurdo é, portanto, muito completo e na vanguarda das recepções, análises e compreensões do pensamento de Heidegger. Sua linha argumentativa estava tão na vanguarda que, com a publicação dos *Cadernos Negros*, enquanto o heideggerianismo entra em pânico, Losurdo pôde declarar que o seu conteúdo não choca de maneira radical, tanto que já era possível encontrá-lo nas obras precedentemente publicadas por Heidegger.[5] Assim, o livro de Losurdo não só cobre todo o percurso heideggeriano ao qual era possível ter acesso em 1991, mas contém um caminho crítico que não se desfaz absolutamente com as "revelações" dos *Cadernos Negros* – ao contrário, o confirma.

Podemos acrescentar que os *Cadernos negros* apresentam uma radicalidade de posições não imagináveis a partir dos textos editados até aquele momento; no entanto, não se trata de uma radicalidade que incomoda e atrapalha o que se poderia já encontrar nos escritos heideggerianos. Trata-se, ao contrário, de uma explicitação, certamente chocante pela intensidade, de conteúdos que haviam permanecido em forma alusiva, mas incerta, e que podiam dar a possibilidade, para os intérpretes mais simpáticos, de considerar (parcial)[6] a não manifestação de Heidegger sobre o Holocausto, como silêncio diante de um fato julgado como horror indizível. Não era assim, e a

---

5 LOSURDO, D. Heidegger's black notebooks aren't that surprising. *The Guardian online*, 19 mar. 2014. Disponível em: https://www.theguardian.com/commentisfree/2014/mar/19/heidegger-german-philosopher-black-books-not-surprising-nazi.

6 De fato, na conferência de Brémen de 1949, a justaposição de "indústria alimentar mecanizada, [...] fabricação [*die Fabrikation*] de cadáveres nas câmaras de gás e nos campos de extermínio, [...] bloqueio [...] e fome de inteiras nações, [...] fabricação [*die Fabrikation*] de bombas de hidrogênio" rompia aquele silêncio, na tentativa de erguer ao horror, como horror supremo, todos os elementos postos na análise: um erguer que, na realidade, respondia à estratégia de diminuir o horror do Holocausto, reduzido a um elemento entre outros sem que fosse reconhecida alguma diferença essencial. Ver: HEIDEGGER, M. Sguardo in cio che è. *In*: *Conferenze di Brema e di Friburgo*. Milão: Adelphi, 2002, p. 19-108; as passagens citadas estão nas páginas 49-50: ed. orig. "Einblick in das was ist". *In*: GA 79, *Bremer und Freiburger Vorträge*. Frankfurt: Vittorio Klostermann, 1949, p. 3-77; no original os termos reportados estão na página 27.

interpretação losurdiana encontra nos *Cadernos* de Heidegger uma confirmação – em termos extremos que dificilmente poderiam ser presumíveis –, assinalando a sua grande lucidez.

A análise de Losurdo consegue obter precisão e rigor de conteúdo porque é o resultado, em termos de conteúdo, de uma sólida estrutura de método. Heidegger não é inserido nem na figura do nacional-socialista, incapaz por isso mesmo de pensar, nem na do "puro" filósofo especulativo que se projeta, por qualquer qualidade insólita, além do próprio tempo fora da história. Tanto mais – e os *Cadernos negros* são a prova mais concreta – que Heidegger nas suas obras faz continuamente referência específica a situações histórico-políticas determinadas que lhe são contemporâneas: a democracia; o bolchevismo; a crítica *interna* à cultura de extrema direita que, de radicalização em radicalização, deu origem e forma ao nacional-socialismo. Subtrair o interesse de Heidegger no que diz respeito ao contexto histórico ou político a ele contemporâneo, e forçar uma interpretação "puramente" teórica das suas intervenções, voltadas a orientar esse quadro, significa negar-lhe a capacidade de entender e de querer, em nome – simultaneamente – de uma extraordinária capacidade de reflexão teórica. Negar esta última capacidade em nome de um pertencimento e de uma convicção em ideais políticos que, com razão, devem ser reprovados, significa querer identificar o quociente de inteligência a partir do estatuto moral das posições políticas. Em ambos os casos, em Heidegger haveria uma ausência que, revelada em nome da moral, seria levantada por uma interrogação radical de natureza precisamente moral. Por um lado, a moral é salva graças à "pureza" da teoria, mas a Heidegger faltaria a mínima consciência do contexto histórico-político que o circundava. Por outro, a moral é igualmente salva: Heidegger está *fora* dela e, contemporaneamente, pelo mesmo motivo, é totalmente estranho à teoria. A faltar, em ambas as posições, não é tanto o estatuto teorético ou moral de Heidegger, mas o estatuto de teoria e moral. Dessa forma, uma questão moral radical é excluída: se Heidegger é – como é – "um grande autor", como se concilia o fato de que, do ponto de vista político e moral, ele apresenta posições absolutamente deploráveis? E é excluída uma outra questão: ao estar na presença de "um grande autor"[7] que tem tais posições, o que pode ser de uma teoria pura?

Losurdo não foge dessas questões, aliás, trabalha no seu interior, o que lhe permite a possibilidade de alcançar uma interpelação. Tentemos seguir adiante, a partir do que Losurdo retoma de Eugenio Garin, que ele cita na crítica de quem

> partia do pressuposto 'que a cultura que havia acompanhado o fascismo não era fascista [...]. Por postulado, o fascismo restava como incultura; por postulado, a cultura era antifascismo, à parte o caso pessoal deste ou daquele pensador ou artista (mesmo se ele, depois, fascista como homem, mas não nas suas doutrinas, ou poesia, ou estátuas, ou quadros)'.[8]

Prossegue Losurdo, com referência específica a Heidegger:

> O pensador, o filósofo, o intelectual, é por definição estranho ao fascismo e ao nazismo. A sombra da suspeita é removida para Heidegger, limitando a sua relação com o nazismo a um episódio da sua vida privada. Singularmente, a sua vida privada, considerada completamente estranha em relação à elaboração teórica, é dilatada até o ponto de absorver plenamente a esfera político-social. Mas então é clara a tautologia sob a qual se funda a hermenêutica da inocência: dado que cultura e fascismo são termos contraditórios, um filósofo não pode nunca ser fascista.[9]

Contrariamente – e é este o ponto – Heidegger o é. Só olhando de frente esse fato, a interpelação moral é capaz de pôr questões radicais como aquela que vê de um lado "um grande autor", e de outro, contemporaneamente, um filiado (mesmo se por um breve período)

---

7 LOSURDO, D. *La comunità, la morte, l'Occidente. Heidegger e l'ideologia della guerra.* Turim: Bollati Boringhieri, 1991, p. 200.

8 *Idem.*

9 *Ibidem*, p. 200-201.

ao partido nacional-socialista e um apoiador (até o fim) da causa da Alemanha do Terceiro Reich. Tomar conjuntamente a alta teoria e a infâmia nacional-socialista, como a história factual nos exige fazer, é um desafio – terrível – ao pensamento, à moral. Losurdo aceita esse desafio e o mantém ao longo de todo o seu texto. Ao final, ficará claro que não é possível pensar nem em uma "pura" teoria nem em uma imoralidade (ou amoralidade) que limite, em sentido absoluto, o pensamento. É o caminho que será percorrido para um outro gigante obscuro do pensamento, Nietzsche, a quem Losurdo dedicará, onze anos mais tarde, um monumental trabalho em que, não por acaso, aplicará largamente uma categoria de análise apresentada no livro de 1991: "a excedência teórica".[10] Enfrentar a *questão Heidegger* com radicalidade e com equilíbrio (não fácil, dado que as posições políticas heideggerianas podem provocar, legitimamente, rejeição) é o que faz Losurdo através daquilo que alguns intérpretes que, partindo de Nietzsche e Heidegger, anunciam fazer, mas na tentativa de salvar a si mesmos, não cumprem: olhar para o abismo, reconhecê-lo como tal e – pelo negativo – invertê-lo criticamente.

II. Ultrapassagem da metafísica como ultrapassagem da modernidade

No longo caminho em direção à "excedência teórica" heideggeriana (que aqui Losurdo acena, desenvolvendo-a plenamente para Nietzsche no livro de 2002), o percurso não inicia pela interrogação em si sobre o *Dasein* de *Ser e tempo*, ou sobre o ser pensado como ser e não como ente. A reflexão sobre a diferença entre ser e ente pode ser alcançada, ao contrário, na sua adequada posição teorética, só no *fim* do percurso. Ou seja, só após ter reconhecido, cada qual a partir das próprias opinião pessoais, mais ou menos amargamente, que o

10 *Ibidem*, p. 200. A obra sobre Nietzsche, publicada originalmente em 2002, está agora editada em dois volumes. É no segundo volume que se conduz a "excedência teórica" a uma categoria central de análise.

pensamento do ser, pensamento futuro além da metafísica (segundo quem escreve, in-superável),[11] não se configura em Heidegger a partir do presente (em continuidade com o passado) em direção ao futuro, mas sim como futuro que nega o presente que está em continuidade com o passado, e como futuro *outro* do presente e passado, que olha, porém, como referência (impossível de não ter – mesmo que só como figura ideal), para um passado como traço alternativo ao presente e transfigurado idealmente pela nostalgia, pela recordação.

Por que podemos afirmar que Heidegger apresenta hostilidade e suspeição em relação ao presente que está em continuidade com o passado e com o passado cujo presente é a sua própria continuidade? Por que, em outros termos, podemos afirmar que Heidegger é crítico do presente/passado, um e outro em linha de um *continuum* histórico? Porque Heidegger, como mostra/demonstra Losurdo, é crítico da modernidade,[12] nunca a aceitou plenamente. Podemos acrescentar: a *tolera*, apenas enquanto é uma fase que desaparecerá com a ultrapassagem da metafísica, vale dizer, com a ultrapassagem (herança, esta, nietzscheana) da história do ser que vai de Sócrates/Platão a Nietzsche. Essa é a fase da história do ser em que ele se faz pensar a partir do ente e não com base no ser, mas é uma fase que, na determinação das fases históricas (se quiser, do ser), coincide em Heidegger com a preparação, o início, o desenvolvimento e (assim ele deseja) o fim do Moderno.

---

11 Superável, vale dizer, como metafísica do domínio, mas não como metafísica enquanto tal, sempre insuperável. Ver: GRIMALDI, G. *Oltre le tempeste d'acciaio. Tecnica e modernità in Heidegger, Jünger, Schmitt*. Roma: Carocci, 2015, p. 223-227.

12 Losurdo, com clareza teórica e interpretativa, retém de absoluta importância sublinhar a diferença entre *"duas* [...] *críticas da modernidade"* que, faz questão de especificar, são "contrapostas" (LOSURDO, D. *La comunità, la morte, l'Occidente. Op. cit.*, p. 178). Em particular, Losurdo fixa-se em uma impostação crítica de Adorno e Horkheimer, que operam (para além de uma aceitação ou não das suas posições e propostas teóricas) (ver p. 181-186) uma crítica da modernidade ainda no interior das promessas de liberdade e igualdade. Para Heidegger, ao contrário, é precisamente a declinação moderna destas promessas que deve ser ultrapassada sem resíduos. Da modernidade, como de toda a fase metafísica da história do ser, não deve restar traços após sua ultrapassagem completa.

Reconstruindo a "evolução"[13] de Heidegger, Losurdo revela nele uma constante decisiva: a aversão ao Moderno. É "o seu juvenil catolicismo" a estar "sob a bandeira de um antimoderníssimo empenho em pôr sob acusação o 'nosso tempo', a 'concepção moderna da vida', caracterizada pela superficialidade, ânsia de novidade, apego ao efêmero e consequentes ameaças à 'saúde do povo na alma e no corpo'".[14] Assim, Losurdo parafraseia uma expressão heideggeriana exaltando uma das fórmulas-guia do seu pensamento: "É necessário olhar adiante, sem perder de vista o olhar em direção ao passado (*rückwärtsblickend Vorvärtsschauen*)".[15] Pode-se concluir que, "desde as suas primeiras fases, o antimodernismo de Heidegger tem uma ambição voltada ao futuro e, portanto, uma tensão política que pode bem explicar a constante tentativa de dar uma contribuição à completa transformação da Alemanha e da Europa".[16] Pode-se, então, traçar toda a trajetória da reflexão heideggeriana:

> A sucessiva evolução de Heidegger comporta a subsunção, sob a categoria da modernidade, do próprio cristianismo, posto agora sob a acusação de ser a origem primeira daqueles movimentos (liberalismo, democracia, socialismo) contra os quais o filósofo continua a apontar o dedo. A última etapa da evolução de Heidegger consiste na subsunção sob a modernidade do próprio Nietzsche e, enfim, após a queda do Terceiro Reich, também do nazismo no seu todo.[17]

Cabe apontar então por ordem, tendo presente algumas fórmulas-guia ou passagens de fase como crítica de uma modernidade de tempos em tempos alargada na sua duração (cristianismo, Nietzsche, Terceiro Reich), o olhar em direção ao futuro e ao passado, a nostalgia (Heidegger não é assim ingênuo a ponto de olhar simplesmente ao

13 *Ibidem*, p. 196.

14 *Idem*.

15 *Idem*.

16 *Idem*.

17 *Ibidem*, p. 197.

passado para pensar o futuro, e todavia o seu passado, aquele ao qual olha como modelo prefigurando o futuro, é inexoravelmente *passado*).

Iniciamos pela superação do cristianismo. De matriz nietzscheana, ele se conforma, como nota Losurdo, como crítica da modernidade entendida como subversão. Aquele deus da igualdade deve ser superado, ou melhor, ultrapassado (na expressão "superação" há traços de uma *Aufhebung*, em que alguma coisa se conserva: em Heidegger, da metafísica não se conserva nada, se ultrapassa tudo completamente).[18] De ultrapassagem do cristianismo, então, se deve tratar.

Contudo, em que consiste essa ultrapassagem, ou melhor, em que direção se orienta? Certo, não se está no sulco iluminista da racionalização (cujos resultados podem ser mais ou menos de marca deísta ou ateísta) do divino e do sagrado. Heidegger é muito claro acerca disso. Ao desenvolver e interpretar o sentido do dito nietzscheano "Deus está morto", Heidegger retém que não se trata nem de negar Deus na sua existência (mesmo porque isso remete a uma complexa articulação de significados – por exemplo, as 'ideias' e os 'ideais' –[19] que não se resolvem no ser crente ou não em sentido estritamente religioso),[20] nem de pensá-lo *via ratio*: o ensaio *La parola di Nietsche 'Dio è morto'* se conclui com uma afirmação de extrema radicalidade, que chama explicitamente a abolir a razão e o pensamento que se identifica com ela quando, ao contrário, deveria distinguir-se dela em sentido absoluto.

Heidegger declara: "O pensamento [*das Denken*] [o pensamento capaz de pensar Deus e o ser além do niilismo, que é o destino essencial da metafísica] iniciará só quando tivermos experienciado que a razão [*Vernunft*], glorificada por séculos, é a mais implacável adversária

---

18 Acerca de toda essa questão, e sobre a referência muito pouco clara de Heidegger ao seu pensamento como *Aufhebung*, ver: GRIMALDI, G. *Oltre le tempeste d'acciaio. Op. cit.*, p. 16 e 170-180.

19 HEIDEGGER, M. La parola di Nietzsche "Dio è morto". *In*: *Holzwege. Sentieri erranti nella selva.* Milão: Bompiani, 1950, p. 484-623; a passagem citada está na p. 501.

20 É na verdade posto em causa o fenômeno do niilismo, em toda a sua amplitude e alcance.

do pensamento [*die hartnäckigste Widersacherin des Denkensist*]".[21] É uma afirmação que, se adequadamente pensada e aprofundada, resulta decisiva para compreender de modo apropriado o pensamento heideggeriano na sua radicalidade, que é a radical antimodernidade. A crítica à *Vernunft* se estende a todo o processo de pensamento que se articulou a partir de Sócrates/Platão, ou seja, a crítica à racionalização como modalidade de compreensão e da consequente práxis em relação ao mundo. O "pensamento", ao qual acena Heidegger como pensamento de ultrapassagem da metafísica, é um pensar/poetar que não só chama para si a tradição pré-socrática em que poesia e prosa não são ainda distinguidas no pensamento, mas se pronuncia por um pensamento que se "libere" dos "obstáculos" da lógica, da racionalidade, para endereçar-se a um pensamento *outro* que, certamente sugestivo, pode transgredir com facilidade no arbítrio.

A ultrapassagem da *Vernunft* é, por isso, ao mesmo tempo, ultrapassagem do cristianismo, do niilismo, da modernidade (e dos seus conteúdos no seu desenvolvimento), e da metafísica, que os contém todos porque é a fase do pensamento do ser da qual eles são a sua manifestação. Heidegger escreve no que diz respeito à "justiça" em Nietzsche, ou seja, dentro da vontade de potência enquanto extremo da metafísica, e consequentemente do moderno, como o seu clímax final, que se move primeiro em direção a sua transformação (até ali com Nietzsche, que está dentro da metafísica) e depois em direção a sua ultrapassagem (Heidegger): "Para preparar uma compreensão da justiça que Nietzsche tem diante dos olhos, é necessário limpar o campo de todas as representações da justiça que descendem da moral cristã, humanista, iluminista, burguesa e socialista".[22] Eis alguns momentos decisivos internos à metafísica e preparatórios ou plenamente caracterizantes do Moderno. Cristianismo, humanismo, Iluminismo, e sociedade burguesa e socialista são todos elementos da metafísica, do

21 *Ibidem*, p. 622-3. Para o niilismo como destino essencial da metafísica, ver p. 615.

22 *Ibidem*, p. 573.

niilismo, que é o seu destino essencial, do Moderno: todos esses elementos devem ser ultrapassados em sentido absoluto, sem resíduos. O "Deus" que "está morto" é também o sinal do fim da metafísica. O Deus que vem é aquele que não se pensa o ser a partir do ente, mas a partir do ser, é o Deus da ultrapassagem da *Vernunft*. Por isso, no início da seção VII das *Contributi alla filosofia*, a título de epígrafe, Heidegger escreve, logo após o título *L'ultimo Dio*: "'Aquele muito diferente [*Der ganz Andere*] / em relação aos quais já existiram, / especialmente em relação ao Deus cristão [*zumal gegen / den Christlichen*]'".[23]

O Deus "muito diferente" é totalmente diverso, absolutamente impensado; mesmo assim – e aqui se colhe a impostação da estrutura heideggeriana – é pensado (não através da *ratio*, já o sabemos) a partir de um modelo tomado do passado. Aquele "olhar adiante, sem perder de vista o olhar em direção ao passado" identificado por Losurdo é o paradigma de uma ultrapassagem que, no seu intento radical de não-pensar como até agora foi pensado, se inverte em um retorno a um passado miticamente transfigurado. O totalmente outro do pensamento do ser se inverte, passando do já ocorrido ao modelo do não-ainda. O não-ainda é um absolutamente outro, um "de todo diverso" que, na sua obstinação antimoderna (uma modernidade que funda suas raízes em Sócrates/Platão), se volta como referência (por ausência de referência a um *continuum* que esteja em relação ao moderno) ao mundo pré-socrático de um lado e ao mundo pré-industrial de outro. O totalmente outro da ultrapassagem da metafísica é um não-ainda não pensado a partir de um *continuum* com o Moderno, e, na impossibilidade de não pensá-lo a fundo, é pensado a partir de um não-ainda que, devendo romper com o *continuum* histórico, retorna como modelo prefigurando o passado.

Reconhecer essa estrutura conceitual permite compreender porque o Deus da ultrapassagem da metafísica, "aquele totalmente diverso", tem conotações neopagãs, como testemunham muitos

---

23 HEIDEGGER, M. *Contributi alla filosofia (Dall'Evento). Op. cit.*, p. 395 = GA 65, p. 403.

textos heideggerianos, entre os quais se destacam pela intensidade *L'origine dell'opera d'arte*, as *Contributi alla filosofia* e a Conferência de Brémen de 1949, *Sguardo in ciò che è*.

Losurdo investiga as origens e o contexto histórico-político dessa atração de Heidegger pelas sugestões neopagãs, uma origem e um contexto que são essenciais para compreender adequadamente o seu alcance teorético: "Hostil ao cristianismo [...], e permeada pela espera de uma nova religião que retome e 'repita' a grecidade originária, a posição de Heidegger apresenta pontos de contato com os temas e os impulsos do neopaganismo em circulação na cultura do Terceiro Reich".[24] É isso que o torna "um grande autor": Heidegger não resolve a questão com um grosseiro retorno a religiões do passado (e eis porque Losurdo põe o verbo *repetir* entre aspas); ao contrário, critica um tal comportamento, como se pode ler no seu ensaio sobre Rilke, que nasce de uma conferência de 1926: aqui, a "fuga em direção aos deuses gregos" é caracterizada como "autoilusão [*Selbsttäuschung(en)*]".[25] O mero retorno àqueles deuses é "autoilusão", mas o Deus e os deuses além da metafísica são prefigurados como diferentes daqueles, porém a partir da sua figura.

Esse comportamento de ruptura total com o Moderno e de prefiguração de um futuro que tem como figuração o passado é uma constante do pensamento de Heidegger. Nós o encontramos em sua crítica da técnica, da qual agora nos aproximamos.

III. Pensar o ser

Para Heidegger, a metafísica é aquela fase da história do ser na qual o ser mesmo se volta ao pensamento a partir do ente e não a partir do ser. O resultado é uma objetualização progressiva do ente no seu todo (como conjunto e totalidade de entes), possível porque o

---

24 LOSURDO, D. *La comunità, la morte, l'Occidente. Op. cit.*, p. 122.

25 HEIDEGGER, M. A che poeti? *In*: *Holzwege. Sentieri errant nella selva.* Milão: Bompiani, 1950, p. 624-747; a passagem citada está nas páginas 684-685.

ente é o objeto que está diante do sujeito (objeto e sujeito são metafisicamente correlatos), o qual representa o objeto e o põe enquanto representação de qualquer coisa que "está diante de", mas que, por sua vez, como sujeito – na objetualização progressiva – tornar-se-á objeto. O ser como ente é um ente que aos poucos é totalmente padronizado pelo sujeito na manipulabilidade. Essa padronização dos entes como potencialmente e totalmente manipulados é a técnica que, mais do que o destino essencial da metafísica, é a sua realização. Ultrapassar a metafísica também é ultrapassar a técnica, que é representada de modo eminente pela industrialização que vai do século XVIII ao XX (para Heidegger), mas que tem a sua distante proveniência no início (*Anfang*) da fase metafísica da história do ser, a qual começa com Platão/Sócrates. O novo início, a nova fase da história do ser (que Heidegger sente poder anunciar) é aquela fase que, alcançado o clímax da metafísica/da técnica/da modernidade, pensando o ser a partir do ser, inaugura uma inédita relação entre mundo e ser humano, cuja própria definição deve ser repensada a partir do instaurar-se de uma nova modalidade de relação. A ultrapassagem da técnica comporta o fim do ente como sujeito e o início do ente como coisa. Se o ente-objeto (*Gegenstand* –[26] que está contra, está diante de: objeto diante do sujeito que se põe como diante de, que põe diante de si) está na modalidade da metafísica, o ente-coisa (*Ding*)[27] está na modalidade da fase do novo início para além da metafísica.

No apêndice ao texto da conferência de Brémen de 1949, *Sguardo in ciò che è*, Heidegger assinala:

> As coisas desapareceram [*vergangen*], elas se foram [*weggegangen – wohin*]? Que coisa está posta (*gestellt*) no seu lugar (*Stelle*)? As coisas estão há muito tempo desaparecidas, mas até agora não foram nunca postas *enquanto coisas* [*und gleichwohl sind sie noch nie als Dinge gewesen*]. *Enquanto coisas* [*Als Dinge*] – a sua essência de coisas

26 HEIDEGGER, M. GA 79, *Bremer und Freiburger Vorträge. Op. cit.*, p. 16.
27 *Idem.*

(*Dingwesen*) até agora nunca veio expressamente à luz e nunca foi expressamente defendida.[28]

O acréscimo é decisivo, ao menos por duas ordens de motivos. De um lado resulta claro que o que deve vir na/com a ultrapassagem da metafísica não é absolutamente um retorno a qualquer coisa que foi um passado: "as coisas", de fato, "não existiram nunca *enquanto coisas*", mas existirão quando além da metafísica. O passado não é uma realização à qual, após o esquecimento do ser, se volta: no passado (a grecidade pré-socrática) houve um lampejar do ser pensado a partir do ser que, porém, não chegou a nenhum pensamento completo do ser, porque o ser mesmo foi coberto pelo ente. O pensamento do ser é qualquer coisa de ainda não experienciado: exatamente por isso a coisa (que é o ente "à luz" do ser) não foi tal.

Por outro lado, há uma nostalgia ("as coisas se perderam, se foram – onde?"), a tensão em direção ao mundo perdido, à qual Heidegger resiste/responde com o pensamento de um nunca alcançado (no passado) pensamento do ser. Mas a nostalgia resta, porque estão no passado os traços do pensamento do ser que começa a manifestar-se na ultrapassagem da metafísica.

Reaparece, então, o mecanismo que comandava a ultrapassagem do Deus cristão: como o Deus que vem depois da metafísica tem o seu traço prefigural no mundo pagão, a coisa enquanto coisa o tem no mundo pré-industrial.

Na sua crítica da técnica que considera a totalidade dos entes enquanto entes manipulados a partir da perspectiva da utilização pelo aparato técnico-industrial, Heidegger não liquida os entes em nome do ser, mas critica a sua objetualização. Em contraste com a objetualização levada a efeito pela metafísica e pela técnica como sua conclusão, Heidegger pensa no ente-coisa, que será e nunca foi ("As coisas [...] nunca existiram *enquanto coisas*").

---

28 HEIDEGGER, M. Sguardo in cio che è. *Op. cit.*, p. 42 = GA 79, *Bremer und Freiburger Vorträge. Op. cit.*, p. 23.

Qual é o traço prefigural da coisa? Um exemplo eminente é o vaso, na célebre reflexão de *Sguardo in ciò che è*. Aqui é dito que "o vaso é uma coisa [*Ding*] não enquanto objeto [*nicht als Gegenstand*]":[29] se de fato ela se põe e se mantém na confluência do *Geviert* (do "conjunto dos Quatro",[30] "a terra e o céu, os divinos e os mortais"),[31] então não é mais objeto *contra* um sujeito, não é mais representação do sujeito que põe diante de si um objeto, mas torna-se coisa, não mais objeto manipulável por um sujeito, mas coisa que é e se manifesta como coisa na "reunião [*Versammlung*]"[32] dos Quatro. Estamos na presença de uma concepção contemplativa em sentido estético-sacral (em um rito, como testemunha a importância da "consagração [*Weihe*]":[33] "No ato de versar a bebida consagrada, o vaso que versa é essencialmente dádiva que doa").[34] Na coisa e no *Gerviert* confluem os dois traços da ultrapassagem da metafísica: a sugestão neopagã e o mundo pré-industrial, sublimados da nostalgia para o futuro.

Os entes que Heidegger "salva" são o traço em direção à ultrapassagem da metafísica, mas pertencem todos ao mundo natural imediato ou ao mundo camponês, agrário, pré-industrial, a toda prova des-historicizado. O nacional-socialismo deveria ser um movimento capaz de realizar o desejado por Heidegger: nas palavras de Losurdo, "acabar realmente com o moderno".[35] Mas Heidegger "teve que experimentar a impossibilidade" de tal ultrapassagem (pelo menos no imediato: daí o deslocamento sempre mais além da ultrapassagem da metafísica), "teve que se dar conta da influência que a modernidade continuou a ter, apesar de tudo, também sobre a Alemanha nazista".[36]

---

29 HEIDEGGER, M. "*Sguardo in cio che è*". *Op. cit.*, p. 34 = GA 79. *Op. cit.*, p. 16.

30 *Ibidem*, p. 38.

31 *Ibidem*, p. 35.

32 *Ibidem*, p. 30 = GA 79. *Op. cit.*, p. 13.

33 *Ibidem*, p. 29 = GA 79. *Op. cit.*, p. 11.

34 *Idem*.

35 LOSURDO, D. *La comunità, la morte, l'Occidente*. *Op. cit.*, p. 199.

36 *Idem*.

Como se vê, é a partir do quadro histórico-político delineado por Losurdo, e da reflexão filosófica daí decorrente, que é possível pensar adequadamente o conteúdo teorético, "a excedência teórica", do pensamento heideggeriano. A interpretação de Losurdo torna-se procedimento metodológico necessário para pensar em direção a um conteúdo teorético, que resta essencial, como a diferença entre ser e ente.

O ponto extremo do pensamento de Heidegger era a nostalgia por um passado que, fora do *continuum* histórico, não pode ser traço do futuro. Essa nostalgia pensa ainda o ser a partir de um ente que é historicamente determinado seletivamente (o mundo pré-industrial). Apenas na longa proveniência do *continuum* histórico, no interior do *continuum* histórico (o único que pode remeter conceitualmente além dele), aparece a história dos entes como indicação de um processo de compreensão daquele nada (*ni-ente*, não-ente) que é o ser.

Referências

GRIMALDI, G. *Oltre le tempeste d'acciaio. Tecnica e modernità in Heidegger, Jünger, Schmitt*. Roma: Carocci, 2015.

HEIDEGGER, M. La parola di Nietzsche "Dio è morto". *In*: *Holzwege. Sentieri erranti nella selva*. Milão: Bompiani, 1950, p. 484-623.

______. Sguardo in cio che è. *In*: *Conferenze di Brema e di Friburgo*. Milão: Adelphi, 2002, p. 19-108 (ed. orig. "Einblick in das was ist". *In*: GA 79, *Bremer und Freiburger Vorträge*. Frankfurt: Vittorio Klostermann, 1949).

______. A che poeti? In: *Holzwege. Sentieri erranti nella selva*. Milão: Bompiani, 1950, p. 624-747.

______. *Contributi alla filosofia (Dall'Evento)*. Milão: Adelphi, 2007.

LOSURDO, D. *La comunità, la morte, l'Occidente. Heidegger e l'ideologia della guerra*. Turim: Bollati Boringhieri, 1991.

______. Heidegger's black notebooks aren't that surprising. *The Guardian online*, 19 mar. 2014. Disponível em: <https://www.theguardian.com/commentisfree/2014/mar/19/heidegger-german-philosopher-black-books-not-surprising-nazi>.

PARTE II

Losurdo, história e política

Liberalismo, escravidão, abolição. Contradições do "humano" e do "desumano"

João Quartim de Moraes[1]

Combinando rigor teórico, maestria dialética, e pleno domínio dos temas e da bibliografia que discutia, Losurdo elaborou uma indispensável história crítica das ideias dominantes no campo liberal-imperialista, vinculando-a à defesa e ilustração da construção histórica da ideia de uma humanidade efetivamente universal.

Em *Contra-História do Liberalismo*[2] estão reunidos alguns dos mais notáveis estudos que integram esse projeto de grande envergadura. Losurdo enfatiza nele, liminarmente, que, como toda outra corrente de ideias de grande alcance, também a liberal deve ser considerada em sua formulação conceitual, mas principalmente nas relações políticas e sociais nas quais ela se concretiza. É trivial a constatação de que a ideologia oferece uma imagem depurada e embelezada dos interesses envolvidos nas situações reais. Mas esse aspecto cosmético do discurso ideológico é o menos importante. Só convence os já convencidos. Mesmo porque as ideologias mais agressivas empenham-se, sobretudo, em encontrar ou forjar pretextos para justificar o ódio que professam contra os que elas designam como seus inimigos. Um exemplo recorrente é o da ideologia da "white supremacy", que impôs

---

1 Professor aposentado do Departamento de Filosofia da Unicamp e pesquisador do CNPq.

2 Utilizamos, com ligeiras modificações, a versão brasileira: LOSURDO, D. *Contra-História do Liberalismo*. Trad. Giovanni Semeraro. Aparecida: Ideias & Letras, 2006, p. 11-12. O original italiano, *Controstoria del liberalismo*, é de 2005.

a segregação racial até datas muito recentes nos Estados Unidos. Dizer que se trata de uma ideologia não liberal implica sustentar que o supremacismo é incompatível com o liberalismo. Não é isso, entretanto, o que mostra a história dessa ideologia. Como veremos adiante, alguns dos mais importantes pensadores liberais defenderam a escravidão, a mais hedionda instituição supremacista.

Considerado "em sua formulação conceitual", enquanto "tradição de pensamento", o liberalismo se caracteriza (1) pela prioridade conferida à liberdade do indivíduo, contra qualquer imposição do poder de Estado; (2) pela defesa das minorias; (3) pela rejeição à concentração de poder, ao absolutismo, ao fanatismo. Apoiando-se em ampla gama de exemplos tirados da leitura atenta dos numerosos autores que trataram do tema, não somente os maiores expoentes, mas também os menos conhecidos, Losurdo mostra como esses solenes princípios foram historicamente relativizados e acomodados em conformidade com os interesses dominantes. O fio condutor da exposição consiste, com efeito, na identificação das contradições entre o universalismo dos princípios da ideologia liberal e as discriminações étnicas e raciais intrínsecas ao escravismo e ao colonialismo, que muitos de seus ideólogos esforçaram-se por justificar, aberta ou envergonhadamente.[3]

Apoiada no estudo atento e acurado dos textos do "corpus" liberal, a argumentação expõe as falácias a que recorrem seus ideólogos, para compatibilizar a pretendida universalidade dos valores que eles apregoam com as diversas modalidades de opressão que a desmentem. A crítica objetiva dessas contradições supõe uma visão de conjunto do pensamento liberal desde John Locke até seus continuadores contemporâneos. Losurdo mobilizou sua vasta erudição e a força de sua dialética para pôr em evidência a unidade básica desse campo ideológico e as diferenças relevantes entre os autores nele situados. É exatamente

3 Muitos dos estudos em que ele desenvolveu essas críticas receberam traduções brasileiras. Além de *Contra-História do Liberalismo,* estão: *Democracia ou bonapartismo*, *A linguagem do império: léxico da ideologia estadunidense*, *Hegel e a liberdade dos modernos*, *Liberalismo: entre civilização e barbárie*, e *O pecado original do século XX*.

na exposição sistemática das posições divergentes desses autores sobre os grandes temas controversos que se manifesta a objetividade de sua crítica: longe de simplificações panfletárias e de panoramas superficiais, ele reconstitui as diferentes formulações dos pensadores liberais perante as questões concretas de cada situação histórica.

Subjacente às diferenças intra-ideológicas está a contradição fundamental entre os princípios universais da doutrina e suas negações nas relações sociais concretas: discriminações de renda, de condição social, de raça, de sexo, de nacionalidade. Mesmo o tráfico de africanos e o trabalho escravo foram defendidos ou pelo menos discretamente tolerados por importante contingente de autores e políticos liberais. A começar por John Locke, principal fundador do liberalismo. Em 1669, ele contribuiu para a elaboração da constituição da colônia da Carolina,[4] que garantiu a "todo homem livre" lá estabelecido "absoluto poder e autoridade sobre seus escravos negros".[5] De seu ponto de vista, não havia incoerência. No mais importante de seus tratados políticos, *Concerning civil governement second treatise,* ele explica que o objetivo essencial da *commonwealth* não é garantir a liberdade: os homens já são livres no estado de natureza, mas tal liberdade lhes é de pouca valia sem a *garantia da propriedade,* que só o poder político lhes assegura.[6] Tal é, pois, a suprema finalidade da comunidade cívica: garantir a *propriedade.* Entre as modalidades de propriedade a serem garantidas, estava, segundo ele, a dos senhores sobre seus escravos.

O fundador do liberalismo era, com efeito, um adversário convicto do poder absoluto dos reis e um defensor convicto do poder

4 Essa "constituição" foi outorgada em 1 de março de 1669 pelos oito grandes proprietários da Carolina, que se estendia entre as atuais Virgínia e Flórida.

5 Ver LOSURDO, D. *Contra-História do Liberalismo. Op. cit.*, p. 15.

6 Cf. o capítulo IX, "Of the Ends of Political Society and Government", em especial os § 123 e 124 de *Concerning civil government.* No § 124, Locke é categórico: "The great and chief end [...] of men uniting into commonwealths, and putting themselves under government, is the preservation of their property; to which in the state of Nature there are many things wanting".

absoluto dos senhores de escravos. É verdade que em sua época a ideia de igualdade humana ainda não se tinha inscrito na moralidade objetiva. Nas sociedades europeias do século XVII, o trabalho escravo era residual, mas não em suas colônias, onde constituía o modo amplamente dominante da produção, proporcionando imensos ganhos aos traficantes, aos donos das plantações e principalmente aos financistas e comerciantes europeus. Compreende-se quão poderosos eram os interesses ligados à escravidão colonial. Dela provinha a parte mais substancial da riqueza monetária, que acelerava nas metrópoles a acumulação do capital mercantil. Ela continuou, pois, a ser aceita pela mentalidade dominante até o fim do século XVIII, embora os pensadores da Ilustração e as forças políticas mais avançadas a contestassem frontalmente em nome do princípio da igualdade humana. Cruel ironia, ao longo da segunda metade do século XVIII, quando a filosofia das Luzes ampliava sua influência, o tráfico negreiro nas colônias francesas atingiu seu apogeu:

> As Antilhas francesas contavam com 27.000 escravos em 1678 e 700.000 em 1789! Paralelamente, os textos que regulamentam a escravidão endureceram no decorrer da primeira metade do século XVIII. Os dispositivos do tristemente célebre Código Negro (1685) [...] foram agravados sob Luís XV. Em 1724, a alforria se tornou mais difícil; em 1738, um decreto real, revendo um velho edito da Idade Média (1315), que tinha abolido a escravidão no território do reino, abriu exceções para os senhores que permaneciam na metrópole com seus escravos.[7]

Seria, sem dúvida, um anacronismo pretender impor retrospectivamente nossos próprios valores e critérios morais a épocas e sociedades pretéritas. Daí não se infere, entretanto, que seja aceitável a neutralidade moral preconizada pelas variantes mais apáticas do

---

7 ALBERTAN, C. "Jean Ehrard, *Lumières et esclavage. L'Esclavage colonial et l'opinion publique en France au xviiie siècle*". *Annales historiques de la Révolution française*, n. 359, 2010, p. 203-205.

relativismo cultural. A constatação de que a tortura, a escravidão e tantas outras crueldades foram institucionalizadas ao longo da história pelas sociedades civilizadas leva a uma dupla e contraditória conclusão: elas estavam inscritas nos usos e costumes; elas não deixam de ser abomináveis. Essa contradição sem síntese se expressa com unilateral ingenuidade em belas frases do senso comum, como "a tortura é desumana". Sim, mas ela é também especificamente humana, já que o ser humano é a única espécie viva que tortura.

O contraditório entrelaçamento do "humano" e do "desumano" assumiu inédita importância na Revolução Francesa de 1789-1793, que aboliu a tortura, proclamou os direitos do homem e do cidadão, mas inventou a guilhotina. Ironia macabra? As belas almas empenhadas em "desconstruir" a ideia de revolução dirão que ela substituiu a encenação da crueldade (esquartejamento, roda, fogueira) pela eficiência da morte instantânea. É verdade. Mas tanto o médico Guillotin, que propôs o novo método de execução, quanto seu colega Antoine Louis, que construiu a máquina de decapitar, eram humanistas impregnados do espírito das Luzes e dos ideais da Revolução. Eles pretendiam instituir igualdade na execução das penas de morte, suprimindo os sofrimentos inúteis e as diferenças vinculadas à condição social do condenado e ao tipo de crime imputado. Com efeito, no *Ancien Régime* os aristocratas eram decapitados a fio de espada, os plebeus com o machado, os regicidas eram esquartejados, os hereges queimados, os ladrões tinham os ossos triturados na roda ou eram enforcados e os falsários eram fervidos vivos num caldeirão. A pena de morte igualitária e sem acréscimos de crueldade foi adotada pela lei de 6 de outubro de 1791 e implacavelmente aplicada nos anos seguintes, primeiro para eliminar os contrarrevolucionários, depois as facções derrotadas na disputa do poder decisório durante os anos 1793-1794.

Um século e meio depois, reunidos a partir de 25 de abril de 1945, em São Francisco, Estados Unidos, os representantes de 50 Estados do campo vitorioso na Segunda Guerra Mundial (que ainda não terminara porque o Japão continuava a resistir à avassaladora ofensiva estadunidense) puseram-se de acordo para fundar a Organização das Nações Unidas (ONU). Em 26 de junho de 1945, no encerramento de dois meses de conferências, foi divulgada a Carta proclamando os elevados ideais e os grandiosos objetivos que os signatários se propunham a defender e implementar: fé nos direitos humanos, na dignidade e valor da pessoa humana, na igualdade de direitos entre homens e mulheres e nações grandes e pequenas, no respeito aos tratados e leis internacionais, no progresso social e em melhores padrões de vida com mais amplas liberdades. Para atingir tais fins, cumpria em primeiro lugar praticar a tolerância e viver em paz como bons vizinhos.

Esses propósitos edificantes foram cruelmente desmentidos dez dias depois, 6 de agosto, quando o governo estadunidense lançou sobre Hiroshima uma bomba atômica, seguida três dias depois por outra lançada sobre Nagasaki. Medida pelo critério rigorosamente objetivo da quantidade de vítimas por unidade de tempo, a pulverização, em alguns minutos, de cerca de 200.000 civis japoneses constituiu o maior extermínio de toda a trajetória do *homo sapiens.*[8]

A constatação de que desde os tempos primordiais a violência dividiu a espécie humana em opressores e oprimidos, entrelaçando o "humano" e o "desumano", inspirou ampla gama de interpretações antropológicas, remetendo no mais das vezes a opiniões filosóficas sobre a essência do homem. Maquiavel absteve-se dessas especulações essencialistas ao fundar a moderna filosofia política. Ele não sustenta que os seres humanos são maus, nem que são bons. Sustenta que a aquisição e o exercício do poder político dependem de regras próprias, determinadas pela dinâmica dos interesses em disputa. A lógica efetiva do poder não abole a moralidade, tampouco

8 Há um detalhe minúsculo ao lado da pavorosa tragédia, mas revelador de como as autoridades estadunidenses entendem suas relações com os demais países. Enquanto durou a longa conferência, todos os diplomatas estrangeiros presentes foram sistematicamente espionados por seus anfitriões. "Recolhidos pelas companhias telegráficas, seus telegramas foram decodificados por funcionários operando vinte quatro horas por dia, depois transmitidos aos negociadores estadunidenses. O sucesso foi total" (HAGER, N. "Au cœur du renseignement américain". *Le Monde diplomatique*, nov. 2001).

se subordina a ela. Longe, entretanto, de inclinar-se diante do curso objetivo dos fatos, ele considerava o exame positivo dos fatos históricos o fundamento de seu programa político: libertar seu país das ingerências estrangeiras e unificá-lo.

Exatamente porque atravessa os tempos, a interpenetração do "bem" e do "mal", do "humano" e do "desumano", deve ser compreendida como uma contradição em movimento entre dois polos éticos historicamente determinados. A escravidão nos repugna, mas foi generalizadamente aceita até um passado recente. Enquanto ela durou, alguns ousaram condená-la, outros tentaram limitá-la; a maioria aceitou-a para os outros povos (considerados bárbaros), mas não para o seu próprio. Consideravam bárbaro não quem escravizava, mas quem era escravizado.

Trata-se da constatação de que a ideologia idealiza a realidade superficial se não levamos em conta a contradição entre os valores ideológicos e as relações sociais efetivas em que eles se inscrevem em cada situação histórica concreta. Aristóteles procurou justificar a escravidão dividindo os humanos em duas classes: a daqueles em quem predomina a inteligência e a dos que são apenas capazes do exercício das forças corporais. Nas sociedades burguesas de nossa época, cuja ideologia dominante é liberal, a justificação aristotélica não é retomada com a mesma crueza. Como bem mostrou Losurdo, essa ideologia é atravessada pela contradição entre os valores universalistas que o liberalismo proclamou e as exceções que constantemente a relativizam para justificar a escravidão, seus resíduos nas metrópoles, o colonialismo e o racismo. Partiremos da análise da escravidão, essa mais afrontosa negação da identidade humana.

I. Escravidão e autogoverno

Na origem do tráfico de cativos africanos escravizados, encontramos o dedo dos papas. Pelas bulas "Dum Diversas" de 18 de junho de 1452 e "Romanus Pontifex" de 8 de janeiro de 1455, o papa Nicolau

V autorizou o rei de Portugal e seus mandatários a reduzir à servidão perpétua todos os sarracenos e outros infiéis capturados em suas expedições na costa africana, a apoderar-se de suas terras e de seus bens, podendo ademais legar a seus herdeiros os cativos e as propriedades que adquirissem. Sendo assim abençoado, o império português em formação lançou, em concorrência com o espanhol, as bases da escravidão colonial moderna. Ela permaneceu largamente aceita no horizonte ideológico europeu durante os quatro séculos seguintes.

Nas duas regiões mais propícias à cultura da cana-de-açúcar, as terras litorâneas do Brasil e as ilhas do Caribe, a baixa densidade demográfica (agravada pelos efeitos combinados das pestes trazidas pelos colonizadores e de massacres recorrentes) limitava a possibilidade de exploração da mão de obra indígena. Estimulados pela crescente demanda de açúcar na Europa, os portugueses não tardaram a transpor para o Novo Mundo o cultivo da cana, que tinham desenvolvido desde o primeiro quarto do século XV nas Canárias, bem como na ilha da Madeira, assegurando grandes lucros aos donos das plantações, aos comerciantes e aos traficantes.

Já nos referimos à contribuição de John Locke para inscrever na constituição da Carolina a garantia da propriedade absoluta dos colonos sobre seus escravos. Durante os séculos XVII-XVIII, ocupando os espaços perdidos pelos dois decadentes impérios coloniais ibéricos, o império britânico em constante expansão auferiu imensos lucros no tráfico de africanos e nas plantações coloniais. Como bem salientou Alfredo Bosi na excelente resenha que consagrou a *Contra-História do Liberalismo*, longe de condenar o tráfico de africanos, como faria no século XIX, a Inglaterra liberal, no século XVIII, através da Royal African Company, "arrancou da decadente Espanha o monopólio do comércio de carne humana".[9] Essa real companhia tornou-se o maior dos empreendimentos internacionais de compra, transporte marítimo e venda de escravos,

9 BOSI, A. "Liberalismo versus Democracia Social". *In*: *Estudos Avançados,* 21 (59): 359-363, abr. 2007.

proporcionando imensos lucros a seus acionistas. Entre eles estava John Locke, que nela investiu 600 libras, ou seja, cerca de 42.000 libras em valores atuais. O grande fundador da doutrina liberal unia muito proveitosamente teoria e prática.

Foi só nas últimas décadas do século XVIII que se afirmou na Inglaterra (com eco nos Estados Unidos) um movimento de opinião condenando a escravidão. Organizado na Anti-Slavery Society, ele desenvolveu persistente propaganda, conseguindo fazer o Parlamento proibir o tráfico de africanos em 1807. No mesmo ano, o congresso dos Estados Unidos proibiu que eles fossem importados. Essas duas decisões convergentes foram tomadas exatamente quando o colossal avanço técnico da indústria têxtil inglesa, aumentando exponencialmente a capacidade produtiva da fiação e da tecelagem, ampliou em proporções equivalentes o consumo de suas matérias-primas, algodão e lã. As plantações coloniais de algodão, produto cuja demanda era crescente nos mercados europeus, estavam se expandindo no Novo Mundo, principalmente na ilha de São Domingos, então colônia francesa. Colonos e capitalistas estadunidenses não tardaram a entrar no negócio. Para contornar a proibição do tráfico de africanos por via oceânica, eles forçaram grandes contingentes de escravos da Virgínia, Maryland e Carolinas a se deslocar na direção das grandes plantações de algodão mais ao sul (estados de Kentucky, Tennessee, mais tarde Geórgia, Alabama, Mississippi, Luisiana e Texas). Essa deportação maciça, que se arrastou por mais de meio século, configurou um dos mais atrozes processos de opressão racial dos anais do Novo Mundo. Entre 1790 e 1860, estima-se que cerca de um milhão de escravos foram assim deportados.

A formação de uma consciência antiescravista foi contemporânea do auge do escravismo nos Estados Unidos. Ideologia dominante do país, praticamente oficial, o liberalismo abrigou tendências contraditórias sobre a questão. Losurdo nos apresenta um bem circunstanciado mapa ideológico dessas tendências, no qual se discernem duas justificações padronizadas do escravismo liberal: a envergonhada e a despudorada. Os envergonhados admitiam-na como um mal necessário, que poderia ser atenuado e mesmo eliminado a médio prazo. Entre os despudorados destacou-se John C. Calhoun, vice-presidente dos Estados Unidos de 1829 a 1832.[10] Era um liberal convicto em tudo que dizia respeito à garantia dos direitos individuais dos brancos e às liberdades políticas dos proprietários. Considerava a escravidão um "bem positivo" ao qual a "civilização" não podia renunciar. Em sua já referida resenha de *Contra-História do Liberalismo*, Alfredo Bosi assinalou que "os abolicionistas, os 'philanthropists' religiosos, eram, para Calhoun, 'cegos fanáticos' que se propunham a destruir 'a escravidão, uma forma de propriedade garantida pela Constituição'".[11]

Calhoun não era um extremista isolado. Lord Acton, festejado ideólogo liberal da Inglaterra vitoriana, ligado à cúpula do poder imperial (era grande amigo de Gladstone, que foi várias vezes primeiro-ministro entre 1868 e 1894), nutria grande admiração por ele, considerando-o um proeminente defensor dos direitos individuais contra todas as modalidades de absolutismo. Para o eminente lorde liberal, era irrelevante a absoluta anulação dos "direitos individuais" de milhões de escravos. Compreensivelmente, a modalidade de absolutismo que ele e seus congêneres mais detestavam era o de origem democrática, entendamos, a ditadura popular que durante a Revolução Francesa fez pairar sobre a aristocracia o espectro da guilhotina.

Talvez não fossem os escravistas despudorados como Calhoun, mas os envergonhados, que representavam a opinião majoritária da mentalidade liberal. Assim, seu contemporâneo Francis Lieber, intelectual prestigioso, era favorável a uma "transformação gradual", conduzindo a modalidades mitigadas de escravidão, mas condicionava essa hipotética evolução "à iniciativa autônoma dos Estados escravistas, cujo direito ao autogoverno não pode ser posto em discussão".[12]

---

10 Ver: LOSURDO, D. *Op. cit.*, p. 13 e seguintes.

11 BOSI, A. *Op. cit.*

12 LOSURDO, D. *Op. cit.*, p. 16.

Um século antes de Lieber condicionar a emancipação dos escravos ao respeito pelo autogoverno dos donos de escravos, Adam Smith apontara o círculo vicioso desse argumento de liberal envergonhado: é mais fácil suprimir a escravidão num governo "despótico" do que num governo "livre" cujos órgãos representativos estejam controlados por proprietários brancos. Sob tal governo, "é desesperadora a condição dos escravos negros": como esperar que seus donos, que monopolizam o poder de legislar, legislarão contra seus próprios interesses? Mencionando essa contradição (liberais contra a liberdade alheia), Losurdo propõe um paradoxo: quem é mais liberal, "Smith ou Locke e Calhoun, que juntamente à escravidão defendem organismos representativos condenados pelo primeiro por sustentarem, no contexto de uma sociedade escravista, uma instituição infame e contrária a todo sentido de humanidade?".[13]

No plano histórico, entretanto, Lieber não cometeu nenhum disparate. Na Atenas do século V, a escravidão, que constituía um dos pilares de sua base econômica, coexistiu com o autogoverno do "dêmos", que resultou em longas lutas populares contra a oligarquia de proprietários da terra. Essas lutas remontam à legislação de Dracon (621 a. C.), cuja grande inovação foi consignar as leis por escrito, deixando-as expostas em locais públicos. A extrema severidade de suas leis, expressa no adjetivo "draconiano", previa a pena de morte para a maioria dos delitos, como o roubo. Os devedores inadimplentes eram condenados à escravidão. Endividados pelas hipotecas incidindo sobre seus lotes agrícolas, os camponeses rebelaram-se. As reformas de Solon (594 a. C.) aboliram as dívidas, aliviando a situação dos pequenos agricultores, propiciando o desenvolvimento do artesanato e do comércio e elevando a riqueza e a civilização ateniense. Ao longo das décadas seguintes, o "dêmos" (coletivo dos atenienses livres) conquistou o poder político, instaurando a primeira versão histórica da democracia. Entretanto, o acúmulo de riquezas em poucas mãos

13 *Ibidem*, p. 18.

por um lado empobreceu a massa dos cidadãos, por outro expandiu a escravidão, força motriz da produção. Segundo dados referidos por Engels, no auge da prosperidade econômica, a população ateniense compreendia cerca de 90.000 cidadãos livres (mulheres e crianças incluídas), 365.000 escravos dos dois sexos e 45.000 metecos ou libertos. Os homens livres e pobres, postos perante o dilema de competir com o trabalho escravo ou serem reduzidos à condição de mendigos, acomodaram-se com este mal menor. A consequência, notou Engels, foi que, como os cidadãos empurrados para a miséria constituíam a maioria da população livre, o Estado ateniense acabou sendo levado à ruína: "Não foi a democracia que arruinou Atenas, como afirmam, no professorado europeu, os lacaios pedantes dos monarcas, e sim a escravidão, que proscrevia o trabalho do cidadão livre".[14]

Em síntese, a supressão das hipotecas emancipou economicamente os pequenos camponeses e abriu caminho para a democracia. Mas esta foi corroída pelos efeitos sociais da concentração da renda mercantil, que levou a massa dos cidadãos a viver das migalhas da riqueza social e fez o trabalho produtivo recair cada vez mais sobre os escravos. Foi esse o efeito peculiar da escravidão na democracia ateniense: tornando degradante o trabalho manual, ela degradou a cidadania popular.

Seria anacrônico esperar que o autogoverno do "dêmos", em cujo horizonte cultural os homens se dividiam em helenos e bárbaros, tivesse uma visão universalista da igualdade de direitos ("isonomia"). Mas também o cristianismo, a despeito de sua retórica ecumênica, aceitou conviver com a escravidão. Tanto que, até o final do primeiro milênio de nossa era, a condição que hoje designamos por "escravo" expressava-se pela palavra latina *servus* e pela grega *doulos*. O termo "escravo" remonta à época da fundação do Sacro Império Romano-Germânico por Otto I, coroado imperador romano em 962; em suas campanhas bélicas na região balcânica, ele capturou e vendeu milhares de prisioneiros, majoritariamente eslavos, povo

---

14 ENGELS, F. The Rise of the Athenian State. *In*: *Origins of the Family, Private Property, and the State*. Marx Engels Archive.

cujo nome na língua geral da latinidade medieval era "sclavus". Por uma perversa metonímia, *sclavus* passou a designar os infelizes reduzidos pelos traficantes à condição de gado humano. O termo foi adotado no grego bizantino (*sklábos*),[15] mostrando que o sistema escravista também prosperou no velho império cristão do Oriente; as demais línguas da cristandade incorporaram o neologismo, que em francês ficou "esclave", em inglês "slave", em alemão "sklave" etc.

II. Servidão

A concorrência entre *servus* e *sclavus* levou a uma divisão no léxico da servidão humana: o velho termo romano passou a designar principalmente o servo da gleba feudal, enquanto "sclavus" era usado para os cativos tratados como "instrumentos vivos". O estatuto dos servos da gleba feudal não se confundia com o dos escravos; estes eram coisa do dono, aqueles estavam sob estrita dependência pessoal dos senhores da terra em que trabalhavam, mas dispunham de um mínimo de direitos consuetudinários, variáveis conforme a relação de forças em cada situação. Na Idade Média europeia, a aldeia camponesa constituía a base da economia, respondendo pela produção dos bens de consumo essenciais. Regra no feudalismo, a multiplicidade de estatutos jurídicos dos indivíduos e famílias nem sempre deixava os contornos das diferenças sociais nítidos. Só era clara no campesinato (que correspondia a cerca de 90% da população) a diferença entre servos e vilões. Estes eram livres, embora pagassem tributos ao senhor; aqueles estavam presos à gleba. Mas os limites da condição servil eram tênues. Ela confinava, onde era menos pesada, a condição do vilão; onde era mais sufocante, a do escravo. O vocabulário jurídico contemporâneo fala em "condição análoga à escravidão" para caracterizar essas situações, tais como ocorrem em nosso tempo. Ela é considerada crime hediondo, assim como a tortura, mas bem sabemos que nos grotões da ordem burguesa ela está longe de ser erradicada.

---

15 No grego clássico, o termo que designava escravo era "doulos".

A colonização ibérica do Novo Mundo, que deu origem a um novo tipo de império, geopoliticamente caracterizado pela dominação exercida por metrópoles europeias sobre terras e povos distantes, reativou em grande escala dois dos maiores e mais mortíferos sistemas de exploração do trabalho forçado em toda a história: a corveia das minas e as plantações coloniais. A diferença básica entre os dois sistemas está no modo de exploração do trabalho. As populações indígenas que escaparam dos extermínios dos primeiros contatos com os conquistadores[16] foram submetidas, principalmente nos antigos Estados Asteca e Inca, ao trabalho servil nas "encomiendas", "repartimientos", "mitas".[17] Cerca de oito milhões de "mitayos"[18] morreram, ao longo de quatro séculos, na corveia das minas de prata de Potosí, encravadas nos Andes a mais de 4.000 metros de altura.[19] Iniciada em 1545, a exploração daquelas minas avançou tão rapidamente que, no final do século XVI, delas era extraída a maior produção mundial de prata. Reconhecidos, os conquistadores conferiram a Potosí o estatuto de "Villa Imperial".

Em *As veias abertas da América Latina*, Eduardo Galeano descreveu com cores vivas o contraste entre o imenso acúmulo de riqueza na grande cidade, que se formou rapidamente em torno da

16 Nas ilhas de São Domingos e de Cuba bastaram aos conquistadores (aliás, "descobridores") duas décadas para provocar uma catástrofe demográfica.

17 A "encomienda" origina-se de antigas práticas feudais largamente utilizadas em relação aos muçulmanos submetidos durante a chamada Reconquista. O termo designa um contrato entre a Coroa espanhola, detentora da autoridade suprema sobre as populações e as *terras* conquistadas, e o "encomendero", colonizador incumbido de "proteger" uma comunidade de indígenas agrupados em "reducciones", aos quais ele ensinava castelhano e catecismo e dos quais exigia prestação de trabalho não pago, como nas corveias do feudalismo europeu, além de ouro e outros tributos *in natura*. Este contrato leonino só foi bem cumprido, obviamente, no que concernia à extorsão de trabalho indígena.

18 Esse termo quéchua designa os indígenas submetidos à *mita*, prestação obrigatória de serviços de interesse coletivo instituída pelo Estado Inca. Ela foi perversamente adaptada pelos colonizadores espanhóis.

19 Embora aproximativos, esses são os números geralmente aceitos. Não excluímos a hipótese de que novos exames acurados das fontes documentais possam oferecer números mais precisos, mas achamos improvável que alterem significativamente a ordem de grandeza da imensa tragédia.

extração da prata, e a miséria dos que a extraíam, submetidos a métodos implacáveis de trabalho forçado: filas intermináveis de "mitayos", arrebanhados de suas comunidades (cada vez mais distantes, já que as minas eram um insaciável sorvedouro de vidas), caminhando para Potosí; sete em cada dez dos indígenas submetidos à extração forçada da prata nunca retornaram às suas aldeias.[20]

Na larga documentação em que apoia o exame da atitude dos ideólogos liberais perante velhas e novas modalidades da servidão humana que proliferavam em solo britânico, Losurdo apresenta, notadamente no terceiro capítulo de *Contra-História do Liberalismo*, múltiplos exemplos de redução dos trabalhadores brancos da Grã-Bretanha à condição servil. Ele lembra inicialmente que Benjamin Franklin comparou a situação dos mineiros da Escócia à dos negros das plantações do sul dos Estados Unidos. Em seguida, reproduz as observações de dois dos mais importantes pensadores liberais britânicos do século XVIII, Adam Smith e William Blackstone, sobre as "sobrevivências da escravidão" em seu país.[21]

"Sobrevivência" é um ilusório eufemismo: o pauperismo moderno não provinha do fundo das velhas relações feudais, mas da dissolução das aldeias camponesas, atropeladas pela produção mercantil. O vínculo histórico da miséria moderna com o passado feudal consistia em que boa parte da massa dos mendigos de Londres e de outros centros urbanos provinha de sucessivas gerações de camponeses expulsos da terra.

Diferentemente da corveia e de outros métodos feudais de extorsão do trabalho camponês, codificados no direito consuetudinário medieval, as modalidades mais modernas de servidão, estabelecidas por leis punitivas *ad hoc*, e aplicadas por um sistema judiciário-policial contemporâneo da consolidação da ordem liberal, incidiam sobre as massas proletárias dos grandes centros urbanos.

---

20 GALEANO, E. *Las venas abiertas de América Latina*. Mexico D.F./Buenos Aires: Siglo XXI Editores, 1971, p. 59-60

21 LOSURDO, D. *Op. cit.*, p. 79-81.

Retomando, com o perverso propósito de justificá-la, a comparação de seu compatriota Franklin entre a escravidão dos negros e as condições impostas na Inglaterra aos miseráveis concentrados nas "workhouses" e em asilos, Calhoun sustenta que estas eram bem piores. Tocqueville se refere em termos fortes às sinistras "workhouses". Elas oferecem o espetáculo "mais horrível e repugnante da miséria": enfermos e inválidos esperando a morte, mulheres e crianças amontoados "como porcos na lama de seus chiqueiros". Os que estavam em condições de trabalhar recebiam pagamento ínfimo.[22]

Ao longo do mesmo capítulo, Losurdo descreve múltiplas modalidades de extorsão de trabalho servil na sociedade britânica, por meio de diversos exemplos extraídos dos autores liberais, principalmente pelo enquadramento dos "vagabundos" e mendigos, além do recrutamento forçado de homens pobres arrebanhados nos bairros populares para preencher a tripulação da Marinha Imperial, estimada em 150.000 soldados tripulando mais de 700 navios. A brutalidade da disciplina nessa enorme frota foi sarcasticamente enfatizada numa tirada atribuída a Winston Churchill, quando chefe da Marinha britânica ("First Lord of the Admiralty"). Afrontado num debate em 1913 por um interlocutor que invocava com grandiloquência a tradição naval britânica, ele replicou: "Dont talk to me about naval tradition. It's nothing but rum, sodomy and the lash" [não me fale a respeito das tradições da Marinha (britânica): elas se resumem a rum, sodomia e a chibata].

III. A longa marcha da Abolição

Inscrita na cultura, portanto na moralidade objetiva das sociedades humanas e "desumanas" desde tempos imemoriais, a escravidão só foi fortemente contestada na Era das Luzes. A mais forte contestação ocorreu durante a Revolução Francesa, que encorajou a revolta dos escravos nas colônias francesas do Caribe. Os comissários

22 *Ibidem*, p. 81-83.

enviados de Paris em 1792 apoiaram a causa dos revoltosos, mas os colonos donos das plantações resistiram; em 1793, após a execução de Luís XVI, eles puderam contar com o apoio da Inglaterra e da Espanha, em guerra contra a República Francesa. A insurreição dos *"sans-culotte"*, em 2 de junho de 1793, permitiu à chamada Montanha (que agrupava os deputados jacobinos) tomar o controle da Convenção Nacional. Em 21 de junho de 1793, os comissários republicanos Polverel e Sonthonax ofereceram a liberdade a todos os que lutassem contra a coligação dos reis e dos plantadores escravistas. Os escravos se lançaram com paixão no combate libertador. Fiel ao compromisso de seus comissários, a Convenção Nacional decretou em 4 de fevereiro de 1794 a abolição da escravidão em todas as colônias francesas. Data memorável na luta pela construção histórica da ideia de humanidade. Mas logo em seguida, com a queda de Robespierre e o descenso da Revolução, o decreto emancipador foi ab-rogado por Napoleão em 20 de maio de 1802. A escravidão só não foi restabelecida no Haiti, onde Toussaint Louverture e depois Jean-Jacques Dessalines comandaram tenaz resistência até conquistarem a independência, proclamada em 1 de janeiro de 1804. Os haitianos foram o primeiro povo a derrotar, com armas nas mãos, os donos de escravos e enxotá-los.

No Império Britânico, mais de um quarto de século transcorreu entre a proibição do tráfico e a emancipação dos escravos: o *Slavery Abolition Act* foi promulgado em 1833. Durante os cinco anos seguintes, a medida foi aplicada nas colônias. Mas na mais importante de suas ex-colônias, principalmente no sul dos Estados Unidos, os interesses ligados à escravidão eram muito poderosos, com numerosos e tenazes defensores, cujos solertes argumentos já foram comentados.

Na França, quarenta e seis anos transcorreram entre o restabelecimento da escravidão por Napoleão e a sua abolição definitiva pelo governo provisório da efêmera Segunda República, em 27 de abril de 1848. Decisiva para esse resultado foi a militância abolicionista de Victor Schoelcher (pelo qual Losurdo tinha grande admiração).

Nos Estados Unidos, imposta pela força das armas aos Estados escravistas derrotados após quatro anos da guerra dita de Secessão, a abolição foi uma etapa decisiva da luta dos negros pelo reconhecimento. Mas não foi conclusiva. Losurdo chamou pertinentemente a atenção, como vimos, para o paradoxo do liberalismo apontado por Adam Smith: é mais fácil suprimir a escravidão num governo "despótico" do que num governo "livre" controlado por proprietários de escravos. Os fatos, sempre mais complexos do que os esquemas teóricos, confirmaram o paradoxo, desdobrando-o, entretanto, em dois momentos. Primeiro: a União, vitoriosa na guerra, ocupou os Estados do sul derrotados, emancipando *manu militari* os escravos. Segundo: terminada a ocupação militar, os brancos retomaram o autogoverno local, partindo imediatamente para a revanche: a Ku Klux Klan foi fundada na véspera do Natal de 1865. Essa associação celerada atravessou o século XX, desfrutando de ampla complacência do poder local para aterrorizar os afro-americanos, assassinando, torturando, sequestrando, linchando, incendiando suas escolas e igrejas. Ela retardou por um século e meio a aplicação, nos Estados mais racistas, da 13ª (1865), 14ª (1868) e 15ª (1870) emendas à Constituição dos Estados Unidos.[23]

Cuba e Brasil, de cujas plantações coloniais saíam dois dos mais importantes produtos agrícolas do mercado mundial, açúcar e café, foram também dois dos últimos países a abolir a escravidão, em 1886 e em 1888, respectivamente. Em Cuba, então colônia da Espanha, a luta abolicionista desenvolveu-se em combinação com a luta de libertação nacional. Em outubro de 1868, Carlos Manuel de Céspedes, grande proprietário agrário, libertou os próprios escravos, estimulando-os a combater pela independência. Inicialmente exitoso, graças, em boa medida, à ampla participação dos escravos, o combate libertador levou à Proclamação da República (1869), com Céspedes na presidência. Mas as dissensões nas instâncias dirigentes do governo

23 A 13ª aboliu a escravidão; a 14ª atribuiu cidadania a todos que nasceram nos Estados Unidos; e a 15ª garantiu o direito de voto a todos os cidadãos.

acentuavam-se à medida que a situação militar ia se tornando mais incerta; apoiado pelos grandes latifundiários do açúcar, o governo espanhol intensificou o envio de tropas coloniais. Em 1873, sob pressão de adversários, Céspedes renunciou ao cargo, assumindo o comando de um batalhão, à frente do qual morreu em combate contra os espanhóis em fevereiro de 1874. A guerra durou dez anos, deixando cerca de 200.000 mortos, boa parte deles camponeses das zonas rebeldes, sumariamente executados pelas tropas coloniais. O Pacto de Zanjón, de 10 de fevereiro de 1878, pôs fim a essa primeira guerra pela independência. Cuba continuou colônia espanhola, mas adquiriu alguma autonomia. Em 1880, o governo da Espanha determinou a abolição gradual da escravidão, mas a decisão só foi aplicada em 1886.

No Brasil, algumas décadas depois da chegada das primeiras levas de cativos africanos, começaram a se formar comunidades de fugitivos chamadas quilombos, dos quais o mais célebre, o Quilombo dos Palmares, remonta a 1580. Ele durou mais de um século, até ser esmagado em 1694 por uma forte expedição de caçadores de escravos, equipada com peças de artilharia. Novos quilombos continuaram a surgir, entretanto. Quando, na segunda metade do século XIX, o abolicionismo tornou-se ideia com força em escala internacional, as fugas de escravos ampliaram-se, acirrando o conflito, nos meios políticos e intelectuais, entre abolicionistas e donos de escravos.

Em 1881, o governo imperial promulgou uma reforma eleitoral conhecida como Lei Saraiva, nome do presidente do Conselho de Ministros que a promoveu. Suprimiu-se a distinção entre eleitores de paróquia e eleitores de província, mas os analfabetos, que até então podiam participar das eleições no nível da paróquia, foram excluídos do corpo eleitoral. Avanço mínimo e grande recuo, na medida em que não somente as mulheres (além dos escravos, obviamente) permaneceram excluídas do sufrágio. Sempre é bom lembrar que, no momento da Independência (1822), mais de 90% dos brasileiros não eram capazes de ler ou escrever. Vedar-lhes o voto afetaria parte considerável das classes possuidoras, composta em larga medida por analfabetos. Por isso, o critério adotado foi a riqueza: os indivíduos do sexo masculino que dispusessem de uma renda de pelo menos 100.000 réis por ano eram bem-vindos ao corpo eleitoral.

Sessenta anos depois, a taxa de analfabetos continuava muito alta, abrangendo cerca de 80% da população maior de dez anos; em termos absolutos, porém, os alfabetizados haviam aumentado. Na eleição de 31 de outubro de 1881, já sob as regras da nova lei, havia 145.296 eleitores, dos quais 96.411 foram votar. Eles elegeram uma Câmara majoritariamente composta de latifundiários escravistas e de seus prepostos. Os candidatos e clubes abolicionistas foram derrotados. Martinho Campos, chefe liberal, assumiu a presidência da nova Câmara. Designado em seguida presidente do Conselho, ele resumiu em seu programa a questão da abolição em termos que talvez Calhoun e outros escravistas despudorados dos Estados Unidos considerassem excessivos: "Os abolicionistas são salteadores; mas, para estes, tenho meu revólver. A escravidão deve ser mantida, por amor dos próprios escravos".[24]

Estes, porém, teimando em não compreender as motivações "filantrópicas" de seus proprietários, fugiam em grande número das senzalas e das plantações. A caça aos fugitivos intensificava-se. Mas, embora numerosos, os esbirros empregados nesse sórdido trabalho de busca e captura mostravam-se incapazes de deter a onda de evasões. Em vários centros urbanos formavam-se quilombos, entre eles Santos, contra o qual se encarniçavam especialmente os escravistas, porque ali se concentravam os fugitivos das plantações de café da região de Campinas.

Entrementes, a partir de 1884, o movimento abolicionista retomara a iniciativa no Rio de Janeiro, influenciando camadas mais amplas da opinião popular, dividindo politicamente a oligarquia agrária e estimulando, no Exército, os oficiais abolicionistas que seguiam as ideias de Benjamin Constant Botelho de Magalhães, o intelectual

24 Citado em: MORAES, J. Q. A *esquerda militar no Brasil: da conspiração republicana à república dos tenentes*. São Paulo: Siciliano, 1991, p. 44.

militar que se pôs na linha de frente da luta contra a escravidão e pela república. Um episódio decisivo fez pender a relação de forças para a causa da abolição. Não conseguindo deter com suas milícias privadas a vaga crescente de fugas de escravos, os fazendeiros, inconformados em perder seu plantel humano, reivindicaram do governo o envio do Exército para desmantelar os quilombos e capturar os foragidos. Circulavam notícias de que o pedido seria atendido. Foi então que, reunidos em 25 de outubro de 1887 no recém-fundado Clube Militar, os oficiais endereçaram um "requerimento" à regente Isabel,[25] apresentando "um pedido que é antes uma súplica": que "o Governo Imperial não consinta que nos destacamentos do Exército que seguem para o interior [...] os soldados sejam encarregados da captura dos pobres negros que fogem da escravidão [...]". Essa histórica resolução está redigida num tom de respeito e de dignidade que torna ainda mais eloquente a inspiração moral que o anima:

> O Exército havia de manter a ordem. Mas, diante de homens que fogem calmos, sem ruído, tranquilamente, evitando tanto a escravidão como a luta e dando, ao atravessar cidades, enormes exemplos de moralidade, cujo esquecimento tem feito muitas vezes a desonra do Exército mais civilizado, o Exército brasileiro espera que o Governo Imperial conceder-lhe-á o que respeitosamente pede em nome da humanidade e da honra da própria bandeira que defende.[26]

Na simpatia dos oficiais pela causa abolicionista, além da motivação ética inspirada no pensamento positivista e no ideário republicano, estava presente um fator histórico concreto, apontado por Nelson Werneck Sodré numa de suas primeiras obras, *Panorama do Segundo Império*: a participação decisiva dos soldados negros na

---

25 O imperador Pedro II vinha mantendo uma política hesitante e gradualista; sabia que seria muito difícil manter por muito tempo no Brasil uma instituição cada vez mais largamente condenada na Europa e no Novo Mundo, mas evitava entrar em choque com os latifundiários escravistas. Isabel assumiu a regência do Império enquanto seu pai viajava pela Europa.

26 Cf. MORAES, J. Q. *Op. cit.*, p. 44-45.

Guerra do Paraguai. A bravura demonstrada e o sangue derramado valeram-lhes, por parte dos que lutaram ao lado deles, o reconhecimento de seus direitos humanos, que a condição de escravos lhes havia por séculos cruelmente recusado.[27]

Quando a regente Isabel decidiu assinar, em 13 de maio de 1888, a Lei Áurea, suprimindo a escravidão no Brasil, ela já era abolida em todo o Novo Mundo.

Referências

ALBERTAN, C. "Jean Ehrard, *Lumières et esclavage. L'Esclavage colonial et l'opinion publique en France au xviii*e siècle". *Annales historiques de la Révolution française*, n. 359, 2010.

BOSI, A. "Liberalismo versus Democracia Social". *In*: *Estudos Avançados*, 21 (59): 359-363, abr. 2007.

ENGELS, F. The Rise of the Athenian State. *In*: *Origins of the Family, Private Property, and the State*. Marx Engels Archive

GALEANO, E. *Las venas abiertas de América Latina*. Mexico D.F./Buenos Aires: Siglo XXI Editores, 1971.

HAGER, N. "Au cœur du renseignement américain". *Le Monde diplomatique*, nov. 2001.

LOSURDO, D. *Contra-História do Liberalismo*. Trad. Giovanni Semeraro. Aparecida: Ideias & Letras, 2006.

MORAES, J. Q. *A esquerda militar no Brasil: da conspiração republicana à república dos tenentes*. São Paulo: Siciliano, 1991.

---

27 Foi Nelson Werneck Sodré (*Panorama do Segundo Império*. São Paulo: Companhia Editora Nacional, 1939, p. 72-5) quem chamou a atenção para a fraternidade de armas na Guerra do Paraguai como fator originário do sentimento abolicionista no Exército.

Imperialismo e opressão racial na metrópole. Ensaio de interpretação sociológica

Rita Matos Coitinho[1]

Introdução

Este ano, uma série de televisão relembrou o sangrento massacre ocorrido há cem anos em Tulsa, cidade localizada no Estado de Oklahoma. Em 31 de maio de 1921, uma multidão de pessoas brancas invadiu e destruiu o distrito de Greenwood, que na época era uma das comunidades negras mais prósperas do país, apelidada de "Wall Street Negra".[2] Neste episódio, que poderia facilmente ser equiparado aos *pogroms* ocorridos contra os judeus no império russo e na Polônia, mais de mil casas e estabelecimentos comerciais foram saqueados e incendiados, deixando cerca de trezentos mortos e dez mil desabrigados. Conforme Ellsworth,[3] nesse episódio "*Tulsa had erupted into one of America's worst racial nightmares, leaving scores dead and hundreds of homes and businesses destroyed*". O episódio "ocorreu durante uma era de profundas tensões raciais, caracterizada pelo nascimento e rápido crescimento da chamada segunda Ku Klux Klan e pelos esforços determinados de afro-americanos para

---

1 Doutora em Geografia pela Universidade Federal de Santa Catarina (UFSC). Especializada na área de Desenvolvimento Regional e Urbano.

2 Ver: https://www.bbc.com/portuguese/internacional-50188869.

3 ELLSWORTH, S. *Death in a Promised Land: The Tulsa Race Riot of 1921*. LSU Press, 1992. Livro Digital (e-book Kindle), 2020.

resistir aos ataques contra suas comunidades, particularmente na questão de linchamentos".[4]

O que aconteceu em Tulsa foi esquecido propositalmente pela história oficial estadunidense. A violência racial, contudo, não foi superada, pois apesar das conquistas do movimento negro nas décadas posteriores, que lograram encerrar as leis discriminatórias vigentes, extinguindo na letra da lei o regime supremacista estadunidense, o racismo manteve-se como fator constitutivo da estrutura social dos EUA, sociedade na qual a formação das classes e da ordem social capitalista articulou-se a um brutal regime de eliminação étnica (dos indígenas) e opressão racial. No plano externo, as mesmas justificativas ideológicas serviram à dominação imperialista de outros povos e nações.

Movimentos como o que se organizou recentemente sob a bandeira *Black lives matter*, iniciado em 2013, após a absolvição de George Zimmerman pela morte do cidadão afro-americano Trayvon Martin, são frequentes no cenário estadunidense. Foi o que ocorreu após a morte de George Floyd, um homem negro asfixiado por um policial de Minneapolis em 25 de maio de 2020. Sob o mesmo lema nascido em 2013, conforme informa a imprensa internacional, ocorreram ao menos 7.750 manifestações em duas mil localidades dos cinquenta Estados e no distrito de Columbia, segundo uma contagem da Universidade de Princeton e do Armed Conflict Location and Event Data Project (Acled). De acordo com o *survey*, quase um em cada dez cidadãos adultos dos EUA disse ter participado de alguma dessas manifestações. Outro estudo, publicado em junho pela empresa Civis Analytics, afirma que metade dos que disseram ter participado dos protestos informaram que era a primeira vez que se manifestavam.[5] Este, que talvez tenha sido o mais massivo dos protestos motivados por questões raciais, guarda

---

4 Ellsworth, *apud* https://www.bbc.com/portuguese/internacional-50188869. Tradução da BBC.

5 Disponível em: https://brasil.elpais.com/internacional/2020-09-07/black-lives-matter-o-rumo-incerto-do-grande-movimento-antirracista.html.

fortes semelhanças com os ocorridos em 1992, em Los Angeles. Na ocasião, o estopim foi a absolvição de quatro policiais da acusação de terem espancado violentamente o cidadão negro Rodney King, que já estava rendido. O veredicto incendiou a cidade e contagiou outros locais do país. Em 1965, também na Califórnia, um jovem negro chamado Marquette Frye foi parado por policiais, que usaram de grande violência para dominá-lo. Vendo a cena, dezenas de vizinhos se envolveram, o que resultou num confronto que foi seguido por seis dias de violência nos subúrbios da cidade, com saques, incêndios, muitas prisões e a mobilização de mais de dois mil soldados para combater os manifestantes.

A primeira democracia moderna, erguida sob as hostes do liberalismo e do constitucionalismo, coadunou as odes à liberdade e à livre iniciativa com a opressão racial. Como apontou Domenico Losurdo, a acomodação entre liberalismo e escravidão, presente na constituição de 1796, resultou de um "parto gêmeo", do qual emergiu "um país caracterizado 'pelo vínculo estável e direto entre propriedade escrava e poder político',[6] como revelam de maneira clamorosa tanto a Constituição quanto o número de proprietários de escravos que ascendem à mais alta carga institucional".[7] Mesmo nos Estados da federação em que não havia o instituto da escravidão, predominando o trabalhado assalariado livre, a norma constitucional sancionava indiretamente o instituto, dado que obrigava a "devolução" do escravo fugido ao seu senhor sulista.

Losurdo reconstitui, tanto em *Contra-História do Liberalismo* quanto em *A luta de classes: uma histórica política e filosófica*, a maneira pela qual, após a Guerra de Secessão e o desmantelamento do instituto servil, passados alguns anos de concessão de igualdade jurídica aos negros, institui-se nos EUA um regime de discriminação baseado na

---

6 DAVIS, D. B. *The slave power conspiracy and the paranoid style.* Baton Rouge: Louisiana University Press, p. 33, a*pud* Losurdo, D. *Contra-História do Liberalismo*. Trad. Giovanni Semeraro. Aparecida: Ideias & Letras, 2006, p. 72.

7 LOSURDO, D. *Contra-História do Liberalismo*. Trad. Giovanni Semeraro. Aparecida: Ideias & Letras, 2006, p. 72.

cor da pele, voltado a manter o negro e as demais "raças de cor" na periferia do sistema vigente. As leis discriminatórias, voltadas aos negros, carregavam a mesma base ideológica das campanhas de expansão territorial, baseadas no genocídio indígena ou na sua deportação. Da mesma maneira, na expansão para o Sul sobre terras mexicanas, a ideologia do *Destino Manifesto* combinou-se ao racialismo, que deu bases morais e ideológicas à invasão e à usurpação do território mexicano, para o qual, aliás, foram enviados escravos negros.

É bastante significativo que Losurdo reconstitua a história da desespecificação racial nos EUA em conexão com o florescimento das ideias liberais. É uma operação teórica que ilumina o mesmo debate travado no Brasil. Aqui, uma vez que a independência foi marcada pela constituição de uma monarquia absolutista, frequentemente afirma-se que as ideias liberais não tiveram penetração. Na verdade, aconteceu uma acomodação entre os princípios liberais e a escravidão, entre as pautas liberais e o antigo regime.

Como já demonstramos alhures,[8] as ideias liberais chegaram ao Brasil por meio dos filhos da elite que iam estudar na Europa. Esses ideais, entendidos por Roberto Schwarz como "ideias fora de lugar", foram acomodados a uma realidade aparentemente contrastante com seus princípios mais elementares. O fato é que aqui a classe dominante reteve do liberalismo aqueles princípios condizentes com uma mudança dentro da ordem, talvez por isso as ideias não estivessem "fora de lugar", mas "traduzidas", como na ideia de "tradutibilidade" gramsciana. Além de Losurdo, Susan Buck-Morss também apresenta argumentos que põem em xeque a tese de Schwarz. Extrapolando sua análise – que aborda o Haiti, mas também, tangencialmente, os EUA recém-independente – para dar conta do mesmo problema no Brasil, poderíamos afirmar que o liberalismo europeu convivia bem com a manutenção da ordem escravocrata nas colônias, que garantia os lucros extraordinários, de modo que a

---

8 COITINHO, R. *Entre duas Américas – EUA ou América Latina?* Florianópolis: Insular, 2018.

estranheza aparente do binômio escravidão-liberalismo perde força. Analisando o problema da escravidão no Haiti e as conexões da rebelião de escravos naquela ilha – que culminou com sua independência – com os acontecimentos da Revolução Francesa, Morss demonstra que a escravidão:

> [...] não era um sistema da antiguidade europeia, um sistema pré-capitalista [...]. Não. A escravidão chegou ao seu auge justamente com o desenvolvimento do capitalismo [...]. A escravidão, a coisificação do trabalhador humano, foi uma prática fundamental nos alvores da modernidade do mundo: fundamental para o desenvolvimento da Europa e para o desenvolvimento da economia global.[9]

A tese demonstra sua força quando Buck-Morss descreve as condições em que a França, sob Napoleão, busca revogar a liberdade dos ex-escravos das colônias caribenhas: fundamentalmente a crise econômica que assolava a França tinha dentre suas principais razões o declínio dos lucros – antes extraordinários – extraídos das colônias pela exploração do trabalho escravo. A lógica aplicada pelos partidários da manutenção da escravidão concebia a liberdade como direito fundamental para os povos continentais, mas não para os negros das colônias. Não causa estranhamento, portanto, que o liberalismo importado pela classe dominante do Brasil independente coadunasse a manutenção dos privilégios da aristocracia agrária, da escravidão e (por que não?) da própria monarquia constitucional.

De modo geral, ocorreu um processo semelhante nas demais formações sociais latino-americanas, nas quais a transição da sociedade colonial para os Estados nacionais livres e capitalistas soergueu-se, preservando as discriminações contra os indígenas – submetidos ao cruel regime da *mita* ou *repartimiento*, na América Espanhola, que em alguns países perdurou até a metade do século XX – e a discriminação contra os negros, que permaneceram escravizados no Brasil

9 Homnitz, 2013, *apud* Buck-Morss, S. Hegel e o Haiti. *Novos Estudos CEBRAP*, 90: 131-171, jul. 2011.

independente até 1888 e que, uma vez "livres", foram relegados às periferias do trabalho assalariado, impedidos de migrar para locais desabitados por força da Lei de Terras de 1850, e excluídos dos melhores empregos urbanos, incluindo-se aí os empregos nas nascentes indústrias, que preferiam imigrantes europeus. A "ideologia do branqueamento", comum ao Brasil e aos países do cone-sul (especialmente Uruguai e Argentina), tem muitos pontos de contato com as ideologias racistas adotadas pelo regime de supremacia branca dos EUA. Uma situação, portanto, que comporta nuances de país para país, mas que permite importantes paralelos interpretativos.

Essas aproximações nos permitem apontar alguns outros pontos de contato entre as realidades onde o racialismo constituiu-se como estruturante da formação social. Estamos de acordo com Dennis de Oliveira[10] quando ele afirma que "o racismo deve ser visto como questão *estrutural*". Isso porque funcionou no Brasil e, acrescentamos, também nos Estados Unidos, como "elemento estruturante" da divisão de classes. A violência, como "prática política permanente e não episódica", no que se refere à ação do Estado ou mesmo de grupos paraestatais, serviu e serve nos dois países citados, à "manutenção de uma ordem social nesses termos – racista e concentradora de riquezas" –, pois a repressão continuada leva à prática permanente de se tratar as demandas sociais como "casos de polícia", reduzindo-se ao mínimo o espaço para a negociação.

Ao mesmo tempo que as duas formações sociais se aproximam, no que diz respeito ao lugar do racismo na conformação das estruturas de dominação, separam-se no papel que desempenham no cenário internacional. Neste ponto, abordar Brasil e EUA é tratar de uma relação hierárquica, na qual as estruturas sociais internas de um respondem às pressões e determinações sociopolíticas do outro. Tema que também é iluminado pelos estudos de Losurdo, quando aborda a questão do colonialismo e do imperialismo.

---

10 OLIVEIRA, D. Dilemas da luta contra o racismo no Brasil. *Margem Esquerda*, n. 27, 2016, p. 32.

Nas páginas seguintes, trataremos das relações entre racismo, imperialismo e sociedade de classes. Busca-se compreender o papel dessas três estruturas societárias e suas implicações na constituição social da metrópole contemporânea (os EUA) e do país subordinado (o Brasil). Para isso, na primeira parte serão sintetizados os aportes teóricos desenvolvidos por Domenico Losurdo quanto às articulações entre luta de classes e lutas antirracistas e anticoloniais, procurando aplicá-los a um esboço interpretativo da questão racial estadunidense. Na segunda seção, apresentam-se os estudos produzidos pelos sociólogos brasileiros Octavio Ianni e Florestan Fernandes, que se debruçaram sobre o tema das articulações entre raças e sociedade de classes no Brasil. Na terceira parte, propondo uma conclusão, apresenta-se uma articulação entre as ideias de Losurdo e o conceito formulado por Ianni acerca dos efeitos do "colonialismo interno" para a metrópole (os EUA), a partir da qual procura-se demonstrar os vínculos entre imperialismo e opressões no interior da sociedade estadunidense, numa espécie de prolongamento para dentro do país central das próprias estruturas que servem à submissão de outros povos. Retoma-se a formulação sobre as lutas pelo reconhecimento, como manifestação real das lutas de classes do nosso tempo.

I. Racialismo, colonialismo e sociedade de classes nos EUA

> "I came from a country where race was not an issue; I did not think of myself as black and I only became black when I came to America" (Ifemelu, protagonista do romance *Americanah*, de Chimamanda Ngozi Adichie).

Frantz Fanon, refletindo sobre as relações entre racismo e cultura, identificou o primeiro como "opressão sistematizada de um povo",[11] observando em seguida que é possível encontrar algo de

11 FANON, F. *Por uma Revolução Africana – Textos Políticos*. Trad. Carlos Alberto Medeiros. Rio de Janeiro: Zahar, 2021, p. 71.

constante no comportamento do povo que oprime. Achille Mbembe "defende que não é suficiente afirmar que raça não tem nada de inato ou essência que a comprove, mas sim que é preciso ressaltar seu papel enquanto um mecanismo de dominação no âmbito de relações de poder e seu conceito não fixo ou estável".[12] Conforme esse autor, "a raça consiste simplesmente nas práticas que a constituem enquanto tal".[13] O racismo seria, portanto, um conjunto de práticas sistemáticas voltadas ao domínio de um povo por outro. Essas práticas, ao mesmo tempo que oprimem um certo grupo humano e relegam seus códigos culturais a um lugar subalterno, quando não logram seu apagamento, moldam as ações e as ideias dominantes em meio à sociedade que dá sustentação ao regime de opressão.

Esse raciocínio já estava presente em Marx e Engels quando trataram do domínio inglês sobre a Irlanda, interpretada pelos dois teóricos como bárbara opressão colonial, a qual, segundo eles, diz-nos mais sobre as características do capitalismo inglês do que sobre o povo irlandês. Os mecanismos de domínio adotados também agem internamente à sociedade que oprime, na medida em que se processa a adesão das diversas parcelas da população ao regime de opressão dirigido ao "outro". Ademais, no que se refere à anexação da Polônia pela Alemanha, Engels observou que "uma nação não pode ser livre e ao mesmo tempo continuar a oprimir outras nações. Não pode haver, portanto, liberdade para a Alemanha se a Polônia não for libertada da opressão alemã".[14]

Essas observações de Marx e Engels, destacadas por Domenico Losurdo,[15] mostram como o entendimento dos dois pensadores estava muito longe de restringir a compreensão da dinâmica histórica

12 CALLEGARI, L. R. *A* "raça" vista por uma "negra não-americana": uma análise do romance *Americanah* de Chimamanda Ngozi Adichie. *Revista (Entre Parênteses)*, v. 1, n. 7, 2018.

13 MBEMBE, A. *Crítica da Razão Negra*. Lisboa: Antígona, 2014, p. 65.

14 ENGELS, F. *apud* Losurdo, D. *A luta de classes: uma história política e filosófica*. Trad. Silvia de Bernardinis. São Paulo: Boitempo, 2015. p. 118.

15 LOSURDO, D. *A luta de classes: uma história política e filosófica*. *Op. cit.*, p. 15.

a uma lógica binária. Ao contrário: os dois filósofos alemães observavam com interesse os desdobramentos dos conflitos motivados pelo que Losurdo denomina, em sua obra *A luta de classes: uma histórica política e filosófica*, "lutas por reconhecimento". O filósofo italiano recupera no pensamento de Marx e Engels as bases para uma interpretação extensiva da luta de classes, isto é, rompe com as interpretações binárias do conceito que emanam de certo entendimento esquemático do marxismo, produzido e difundido pelos teóricos da Segunda Internacional. Já no início do livro, afirma que:

> [...] a passagem do singular ao plural deixa claramente entender que aquela entre proletariado e burguesia é apenas uma das lutas de classes e que estas, cruzando em profundidade a história universal, não são de modo nenhum característica exclusiva da sociedade burguesa e industrial [...] não são apenas as 'lutas de classes' a serem declinadas no plural, mas também as 'formas' que elas assumem nas diversas épocas históricas, nas diferentes sociedades, nas diferentes situações concretas que progressivamente surgem.[16]

Segundo Losurdo, "a revolução radical invocada por Marx e Engels não persegue apenas a libertação/emancipação da classe oprimida (o proletariado), mas também a libertação/emancipação das nações oprimidas".[17] Essa articulação entre opressão de classes e opressão colonial é frequentemente retomada por Marx e Engels, como quando articulam no *Manifesto* a lógica da exploração de uma classe por outra e a do enriquecimento de um país à custa de outro, por exemplo. O entendimento das lutas entre oprimidos e opressores, em suas mais diversas formas, é também o da história universal. Nas palavras de Losurdo, a luta de classes pretende "iluminar o processo histórico enquanto tal"[18] e esta não se restringe ao binômio capital e trabalho, embora seja uma contradição fundamental da ordem social capitalista, a partir da qual ramificam-se as diversas

16 *Idem.*
17 *Ibidem*, p. 22.
18 *Ibidem*, p. 46.

contradições que caracterizam os conflitos do nosso tempo. Trata-se, segundo ele, de "três grandes opressões", conceito que extrai dos seus estudos das lutas de classes. Conforme pontua:

> É necessário [...] avançar uma segunda distinção, mais exatamente, uma tripartição: a luta de classes que tem como protagonistas os povos em condições coloniais ou semicoloniais ou de origem colonial; a luta travada pela classe operária nas metrópoles capitalistas (na qual concentra-se a reflexão de Marx e Engels); a luta das mulheres contra a "escravidão doméstica.[19]

Desse modo, cada uma dessas três lutas põe em discussão a divisão do trabalho vigente em âmbito internacional, nacional e familiar. A "relação de coerção" fundamental na sociedade burguesa seria a que "existe entre capital e trabalho", mas pode-se fazer a mesma consideração para as outras duas relações, de modo que as três lutas de emancipação põem em discussão as três "relações de coerção" fundamentais que constituem o sistema capitalista. É desta maneira que a teoria da luta de classes "se configura como uma teoria geral do conflito social".[20] Como mostra Losurdo,[21] é o próprio Engels que destaca essa chave interpretativa, quando aponta que "Marx foi o primeiro a descobrir a grande lei da evolução histórica, a lei pela qual todas as lutas da história [...] são apenas a expressão mais ou menos clara de lutas entre classes sociais", o que acontece independentemente dos protagonistas ou da forma como essas lutas se apresentam em cada época e em cada lugar. Dessa maneira, a teoria de Marx opera uma "ruptura epistemológica radical com as ideologias naturalistas", na medida em que a luta de classes "põe o conflito social no terreno da história". É "exatamente por fornecer uma chave de leitura do processo histórico" que a luta de classes nos leva a ter "em conta as multiplicidades das formas pelas quais o conflito social se manifesta".

---

19 *Ibidem*, p. 64, grifos nossos.

20 *Ibidem*, p. 63.

21 *Idem*.

Losurdo pavimenta, assim, o caminho para o estudo do fenômeno da *desespecificação racial* como resultado típico das relações sociais resultantes do estabelecimento e do desenvolvimento do sistema capitalista. Como ele aponta, foi a própria burguesia ocidental que "impôs uma divisão internacional do trabalho, fundada na escravização dos negros e na expropriação, na deportação e até na aniquilação dos ameríndios".[22] Uma interpretação que não se afasta, como se poderia julgar a partir de um ponto de vista mais dogmático, daquilo que já propunha Marx na obra *O 18 de Brumário de Luís Bonaparte*. Conforme destaca Losurdo:

> [...] no que concerne à República Norte-Americana, mesmo abstraindo-a da escravidão negra, é necessário considerar que do lado de lá do Atlântico "as fronteiras de classe desenvolveram-se de maneira incompleta: as colisões de classe são cada vez dissimuladas mediante a emigração ao oeste da superpopulação proletária" (MARX, *apud* Losurdo, *O 18 de Brumário de Luís Bonaparte*) uma emigração que pressupõe a expropriação e a deportação dos indígenas e, portanto, uma feroz ditadura exercida contra eles.[23]

Em vista disso, compreende-se porque a formação social estadunidense não pode ser definida unicamente pela contraposição fundamental entre burguesia e proletariado, embora elas estejam no cerne da estrutura social. Na medida em que opera-se a independência das Treze Colônias e sua articulação autônoma ao mercado internacional, coadunam-se: I) as formas "típicas" da exploração capitalista da força de trabalho, especialmente no Norte, que se industrializa com grande velocidade – principalmente após a adoção de medidas comerciais protecionistas; II) a expansão da pequena propriedade agrícola, à custa da expulsão dos indígenas a Oeste e da guerra de conquista contra os mexicanos, a sudoeste; e III) a *plantation* escravista no Sul algodoeiro.

22 *Ibidem*, p. 48.

23 *Idem*.

O trabalho assalariado livre – ou "escravidão assalariada", nos dizeres de Marx e Engels –, típico da moderna produção capitalista, é provido majoritariamente pela população imigrante, advinda da Europa, adquirindo uma face europeizada. Os colonos de origem britânica, já adaptados há algumas gerações ao solo americano, são os principais agentes da expansão sobre as terras indígenas a Oeste. No Sul, o trabalho escravo é mantido até o desenlace da Guerra de Secessão, sendo admitido até então pela constituição federal, que ganhara um adendo alguns anos depois de sua promulgação para obrigar os Estados "livres de trabalho escravo" do Norte a devolverem os escravos fugidos a seus "legítimos proprietários" do Sul.

Se é certo que os fundadores do marxismo consideravam o assalariamento a nova escravidão – a "escravidão moderna" –, é também certo que consideravam a existência do direito de propriedade sobre a vida dos escravos, no sul dos EUA, um problema ainda mais grave, a ser extirpado primeiro. Não é à toa que acompanharam com grande interesse a eclosão e o desenrolar dos fatos durante a Guerra de Secessão, cujas razões iniciais localizavam-se nas divergências entre as elites do Norte e do Sul sobre a política alfandegária. Os nortistas desejavam a ampliação do isolamento dos EUA, de forma a fortalecer sua indústria, enquanto o Sul, agrário-exportador voltado ao comércio internacional, defendia maior liberdade tarifária. Com o desenrolar dos acontecimentos, as lideranças nortistas enxergaram no abolicionismo uma força social expressiva que poderia causar ao Sul um golpe fatal. O direito natural à liberdade, até então negado aos negros, metamorfoseou-se em direito universal e o abolicionismo foi incorporado à bandeira da União. Conforme Losurdo:

> Compreende-se, então, que, ao eclodir a Guerra de Secessão, os dois filósofos e militantes revolucionários colocam-se resolutamente a favor da União. Desde o início das hostilidades, eles solicitam combater contra o Sul uma guerra revolucionária pela abolição da escravidão negra; contudo, no Norte é viva e vital a escravidão a que estão submetidos os trabalhadores assalariados, aquela que alguns anos depois *O Capital*, retomando a declaração do Congresso

> operário geral de Baltimore, define como a "escravidão capitalista". O fato é que a "escravidão indireta dos brancos na Inglaterra" não é a mesma "escravidão direta dos negros do outro lado do Atlântico". O "trabalho forçado imediato" a que está submetido o escravo não é assimilável à indireta coerção econômica que pesa sobre o trabalhador assalariado, sobre o "trabalhador" pelo menos formalmente "livre". Pelo contrário, enquanto nos Estados Unidos se alastra a guerra civil – à qual não faltam na Europa os simpatizantes do Sul –, parece que Marx quer evitar qualquer desentendimento: colocando em surdina sua tradicional denúncia da "escravidão indireta" ínsita no sistema capitalista, ele chama insistentemente a lutar a favor do "sistema de trabalho livre" e contra o "sistema de escravidão".[24]

O sistema da escravidão conferia ao proprietário de escravos a autorização para dispor dos corpos e da vida de seus escravos. Não há dúvidas, para os criadores do marxismo, de que este era um sistema muito mais cruel do que a "escravidão assalariada", na qual o proprietário dos meios de produção pode dispor da capacidade de trabalho do seu empregado, mas não de sua vida. Além disso, nos EUA, a coexistência dos dois sistemas criava dentro da sociedade americana dois estratos distintos de explorados, com base na desespecificação racial.

Com a vitória do Norte sobre o Sul e a abolição da escravidão, os EUA viveram um curto interstício no qual os negros, em tese, poderiam exercer os mesmos direitos dos brancos, ao menos na letra da lei. Porém, quanto aos indígenas nada mudou. A deportação em massa, o isolamento em áreas remotas ou os assassinatos continuaram, justificados por uma ideia geral de civilização contra os "bárbaros" e "indolentes". Do mesmo modo, após a Guerra de Secessão, desenvolve-se nos EUA a ideia de *Destino Manifesto*, a partir da qual molda-se o comportamento da política externa dos EUA em relação aos indígenas e aos vizinhos latino-americanos e caribenhos. A abolição da escravidão não eliminou da sociedade estadunidense a ideia da existência de uma raça superior, cuja missão civilizatória justificaria a opressão – e o extermínio – das outras "raças".

---

24 *Ibidem*, p. 79 e 80.

Nesse período posterior à vitória do Norte sobre o Sul, a ação continental dos EUA ganhou força, na medida em que a economia industrial do país se fortaleceu e novos mercados passaram a ser buscados. Três dogmas fundamentais orientavam a política externa dos EUA, agora fortalecido pela derrota dos secessionistas: o isolacionismo; um certo sentido missionário – fundamentado na doutrina do "*Manifest Destiny*", bem expresso nos versos do poeta inglês Kipling (publicado em 1899 em exaltação à "missão" civilizadora dos EUA na guerra com as Filipinas); e a "Doutrina Monroe", que proclamava desde 1823 uma "América para os americanos" e que no final do século XIX ganhou um corolário, proferido por Theodore Roosevelt:

> O mau proceder crônico, ou a impotência resultante de um relaxamento geral da sociedade civilizada, pode requerer em última instância, tanto na América como em outras partes, a intervenção de algum país civilizado, e no Continente americano, a adesão dos EUA à Doutrina Monroe pode obrigar esse país, por menos que o deseje, ao exercício de um poder policial internacional, em casos flagrantes de tais maus procedimentos ou impotência (ROOSEVELT, Theodore. Citado em CONNEL-SMITH, 1982, p. 72).

Assim, se a doutrina de Monroe sintetizava o isolacionismo e o repúdio à intervenção europeia, o corolário de Ted Roosevelt justificava a imposição unilateral das condições para a garantia dos negócios privados dos cidadãos estadunidenses no continente, já então visto como extensão natural, ou mesmo "espaço vital" da sociedade estadunidense, cujo destino manifesto seria o de "civilizar" outros povos. "A América para os americanos", síntese da declaração do presidente Monroe, em 2 de dezembro de 1823, postulava a existência de um sistema que incluía a totalidade do hemisfério ocidental, fora do controle europeu efetivo.

A "raça superior" é, assim, unificada em torno de uma missão civilizatória – *The White Man's Burden* – diante da qual busca-se moldar e absorver os próprios problemas internos. O "destino manifesto" é, desde o nascimento dos EUA como nação, a ideologia unificadora por meio da qual busca-se pacificar os conflitos distributivos e justificar a permanência da desespecificação racial.

Alguns anos após a abolição da escravidão, o Sul volta a agitar a cena política dos EUA, ameaçando os interesses alfandegários nortistas e conquistando, em troca de sua adesão ao governo central, a conformação de um regime de segregação racial nos Estados. A este respeito, observa Losurdo, "a segunda revolução estadunidense", a revolução abolicionista, que estaria compreendida entre o fim da Guerra de Secessão e o chamado período da *Reconstruction* (o curto interstício em que os cidadãos negros puderam usufruir dos direitos constitucionais, conferidos antes somente aos brancos), foi rapidamente derrotada, num processo em que voltam a difundir-se ideias que desumanizam os negros, igualando-os aos "selvagens"– estes despojados desde sempre de qualquer direito. Assim, "nos EUA da *white supremacy*, o programa de reafirmação das hierarquias sociais está estreitamente ligado ao projeto eugenista",[25] no qual busca-se impedir a mestiçagem, entendida como "*race suicide*", conforme termo cunhado por Edward Alsworth Ross. São proibidos os casamentos inter-raciais e aos filhos dessas uniões interditadas, os mestiços, são dirigidos os mesmos institutos discriminatórios reservados aos afro-americanos.

> Excluídos das "grandes associações nacionais" (inclusive dos sindicatos), os afro-americanos estadunidenses são isolados por um cordão sanitário [...] mesmo no plano jurídico, eles continuam a ser submetidos a duas legislações distintas ou a uma legislação interpretada de modo muito diferente a depender da raça de pertencimento, como confirmam posteriormente os linchamentos reservados aos negros e a "deportação e o aniquilamento dos indígenas".[26]

Essas políticas discriminatórias inauguram uma escola de pensamento racialista, que terá enorme influência no desenvolvimento

25 LOSURDO, D. *Colonialismo e Luta Anticolonial. Desafios da Revolução no Século XXI*. Manoel, J. (org.). Trad. Diego Ferreira. São Paulo: Boitempo, 2021, p. 101 e 105.

26 *Ibidem*, p. 107.

do nazismo, na Alemanha, e do regime do *apartheid* sul-africano. A noção de *under man*, que pressupunha a existência de seres humanos naturalmente subalternos, foi amplamente adotada pelos teóricos do nazismo, que a dirigiam aos povos eslavos da Europa, aos judeus e aos "impuros". Em menor medida, pode-se afirmar que serviu também como escola de pensamento para as ideologias de branqueamento adotadas no Brasil e na Argentina, ainda em fins do século XIX, época das grandes imigrações de europeus com destino às Américas. Losurdo, porém, chama atenção para o fato de que:

> [...] isso que à primeira vista se apresenta como "guerra de raças" é na realidade a luta de classes. Por exemplo, é evidente que nos Estados Unidos da escravidão negra e da *white supremacy* o destino dos afro-americanos está marcado em primeiro lugar pelo pertencer à "raça". Nessas circunstâncias, levantar a questão "racial" (ou nacional) não significa de modo nenhum remover o conflito social, mas, ao contrário, enfrentá-lo nos termos concretos e peculiares em que ele se manifesta.[27]

O que Losurdo destaca aqui é justamente "o papel desenvolvido pela luta de classes em contradições, embates e provas de força que pareciam de caráter puramente nacional e racial".[28] Remetendo à crítica de Engels ao escritor britânico Carlyle, quando este manifestava-se de forma racista em relação aos irlandeses, Losurdo afirma que:

> [...] isso tudo tem muito pouco a ver com "raça". Em uma sociedade como a que vigorava nos Estados Unidos, onde, até mesmo após a abolição formal da escravidão, a oligarquia dominante exibe com orgulho seu *otium* e impõe "todo o trabalho produtivo" aos negros, a arrogância social se manifesta com arrogância racial, e o desprezo ao "trabalho produtivo" é ao mesmo tempo o desprezo à raça servil ou semi-servil obrigada a concedê-lo.[29]

27 LOSURDO, D. *A luta de classes: uma história política e filosófica. Op. cit.*, p. 66-67.

28 *Idem.*

29 *Ibidem*, p. 50.

A operação é complexa, porém extremamente eficaz para a estruturação da hierarquia de classes nos EUA. Criam-se categorias de trabalhos, mais ou menos dignos na escala social. As "raças" tidas como inferiores, quando não deportadas e extirpadas de solo estadunidense (caso dos indígenas), são relegadas às posições periféricas da escala social, cabendo-lhes aquele tipo de trabalho considerado indigno até para o proletariado de origem europeia. O mesmo ocorre, como bem recorda Losurdo, com os imigrantes de origem asiática, componentes, conforme os ideólogos do racialismo, "dos três grupos de raças de cor", portanto inferiorizados na escala social, no plano interno, ou justificáveis alvos do domínio imperialista no exterior. O mesmo lugar ocupam os latino-americanos, "raças miscigenadas", portanto, "povos de cor".

A desespecificação racial, assim, opera uma dupla função: 1) "para dentro" da sociedade estadunidense, estratifica a própria classe trabalhadora por meio da interdição aos negros e imigrantes "racializados" (latinos, asiáticos) da participação nas associações sindicais e, portanto, do acesso às melhores posições no mercado assalariado. As profissões menos "dignas" conforme o padrão social estadunidense – trabalhos braçais, serviços domésticos, empregos sazonais e extenuantes – são destinadas às "raças inferiores", bem como o acesso ao ensino superior lhes é interditado pelo menos até a segunda metade do século XX. 2) "Para fora" dos EUA, a relação com os países latino-americanos, caribenhos e asiáticos, para onde dirigem-se os empreendimentos imperialistas estadunidenses, é entendida como "missão civilizatória", estando justificadas as intervenções, invasões armadas e assassinatos, uma vez que se trata de "raças inferiores, infantis, selvagens".

Observando-se com atenção, a desespecificação racial, da qual também lançam mão os Estados europeus em seus empreendimentos neocoloniais, atua de maneira contundente nas causas que levaram à Primeira Guerra Mundial. É o que nota Losurdo, para quem:

> [...] a Primeira Guerra Mundial não só é expressão da luta de classes, mas o é em sentido triplo. Ela remete: a) à luta pela hegemonia entre as burguesias capitalistas das grandes potências; b) ao conflito social

> na metrópole, o qual a classe dominante espera neutralizar e desviar mediante a prova de força no plano internacional e a conquista colonial; c) à opressão e à exploração dos povos em condições coloniais e semicoloniais, para os quais, na linguagem de Marx a propósito da Irlanda, a "questão social" põe-se como "questão nacional".[30]

Marx e Engels apontavam, a respeito do colonialismo inglês, de que maneira a opressão colonial servia como válvula de escape às contradições internas entre capital e trabalho. A melhoria das condições de vida do operariado inglês dava-se à custa do mundo colonial, a tal ponto que as próprias organizações operárias, e até os socialistas, davam sustentação à expansão do império britânico. O mesmo se passou na Alemanha, onde a social-democracia abraçou o colonialismo como "tarefa civilizatória" e etapa necessária à posterior superação do capitalismo, a ponto de votar favoravelmente nos créditos de guerra e empenhar seu apoio à guerra inter-imperialista. Desse modo, "a sociedade burguesa agudiza no plano nacional e internacional desigualdades que só podem ser enfrentadas mediante a luta de classes".[31] Isso é particularmente verdadeiro no tocante à sociedade estadunidense, país em que a "opressão colonial" também se volta para dentro, fornecendo a base política e ideológica para a conquista dos territórios indígenas e para a opressão com base no racialismo já desde a independência, mas de modo bastante radical nas primeiras décadas do século XX.

Após a Revolução Russa, na qual a questão das nacionalidades (e das etnias) é absorvida pelo programa dos Bolcheviques, os quais proclamam-se inimigos de toda forma de exclusão, o que inclui o regime de supremacia branca vigente nos EUA, opera-se a adesão de algumas lideranças negras e operárias estadunidenses aos princípios da Revolução de Outubro. Nos EUA, o período do pós-primeira Guerra foi marcado pelo aprofundamento das divisões raciais. Juntamente a outros aspectos repressivos no plano comportamental – como a lei

30 *Ibidem*, p. 65.

31 *Ibidem*, p. 74.

seca, aprovada em 1918 –, regulamentos racialistas assolaram o país, atingindo também os judeus associados ao comunismo, os imigrantes asiáticos e da Europa oriental, cuja imigração foi proibida, e a população negra, que foi submetida a perseguições, prisões arbitrárias, linchamentos públicos e outras torturas degradantes, por vezes anunciadas em panfletos como verdadeiros eventos de entretenimento. Data desta fase o massacre na cidade de Tulsa a que nos referimos na introdução. Além disso, nessa época (com o aval de Woodrow Wilson, então governador de New Jersey e entusiasta da eugenia), foi autorizada a esterilização de criminosos, epiléticos e portadores de doenças mentais. As esterilizações dos "indesejáveis" também foram amplamente utilizadas na Califórnia. A Ku Klux Klan, que havia encolhido consideravelmente após a derrota do Sul na Guerra de Secessão, experimentou um renascimento e tornou-se uma organização muito influente em mais de um Estado: Indiana, Colorado, Oregon, Oklahoma e Alabama, tendo enviado centenas de delegados para a convenção democrata de 1924.[32]

Nessa disputa interna à sociedade estadunidense, os princípios do marxismo passam a ser rapidamente identificados como inimigos a serem extirpados, processo que se aprofunda paulatinamente até a Segunda Guerra Mundial, após a qual os EUA mergulham no macarthismo e no anticomunismo que redundaram na Guerra Fria. Nessa disputa, não foram poucos os líderes de movimentos pelo fim do regime supremacista que, de algum modo, aderiram ao marxismo; caso de alguns membros dos Panteras Negras e de alguns dos muçulmanos negros liderados por Malcolm X, que eram adeptos da ação direta contra o Estado, no qual identificavam a origem da opressão racial. Nas décadas de 1950 e 1960 tiveram lugar grandes manifestações pelo fim da segregação, iniciadas após a ação de Rosa Parks, que se recusou a ceder seu lugar no transporte coletivo. A onda de protestos nos quais despontou a liderança de Martin Luther King, um líder de origem religiosa (e não um

---

32 STONE, O.; KUZNICK, P. *A história não contada dos Estados Unidos*. Trad. Carlos Szlak. Faro Editorial, edição para Kindle. Dados retirados do capítulo 2.

comunista, como o acusava a imprensa), levou ao boicote sistemático dos transportes coletivos durante trezentos e oitenta e dois dias (período em que Luther King ficou preso, submetido a abusos e tendo sua casa como alvo de bombas), que garantiram a conquista do julgamento da ilegalidade das medidas de segregação racial pela Suprema Corte dos EUA, em 1956. Em meio ao clima da Guerra Fria, muitas lideranças do movimento negro foram acusadas de colaboração com os comunistas, de traição nacional e terrorismo. É notável que, ainda que negassem o marxismo, as classes dominantes dos EUA souberam identificar a luta contra a opressão racial com a luta de classes, o que se manifestou na sua ação imediata voltada à prisão das principais lideranças, à proibição das organizações políticas dos negros, e à perseguição aos intelectuais e artistas vinculados a esses movimentos de alguma forma. Operou-se, com a decisão da suprema corte, uma acomodação dos interesses, a proibição das políticas segregacionistas adotadas por alguns Estados, abolindo-se no arcabouço jurídico estadunidense o regime supremacista. As estruturas baseadas na desespecificação racial, especialmente no tocante à histórica exclusão social dos negros e à violência permanente do Estado contra os afro-americanos e outros "povos de cor", no entanto, permanecem e estendem-se internamente à população imigrante oriunda da América Latina, da África, além dos muçulmanos, e externamente ao comportamento policialesco dos EUA frente aos países latino-americanos. Nas estatísticas oficiais dos EUA, *black population*, aliás, refere-se ao somatório desses grupos, mostrando como a ideia de "raça" nos EUA está diretamente relacionada a uma posição subalterna na estrutura geral da sociedade de classes.

II. A articulação entre raças e classes sociais no Brasil: um paralelo interpretativo

> "Ser negro no Brasil é, pois, com frequência, ser objeto de um olhar enviesado. A chamada boa sociedade parece considerar que há um

> lugar predeterminado lá embaixo para os negros, e assim tranquilamente se comporta" (Milton Santos).

Como aponta Silvio Luiz de Almeida, "ao contrário do que apregoam as leituras liberais, racismo não é apenas um problema ético, uma categoria jurídica ou um dado psicológico. Racismo é uma relação social, que se estrutura política e economicamente".[33] Essa é a abordagem de um número significativo de estudos produzidos no Brasil acerca do fenômeno do racismo, dentre os quais destacaremos, para os fins aqui discutidos, as formulações de Florestan Fernandes e Octavio Ianni. Não pretendemos com isso afirmar que são estudos definitivos, depois dos quais nada mais poderia ter sido dito. Ao contrário, as formulações desses autores integram um vasto campo de estudos que vem produzindo resultados até os dias atuais. Nossa escolha está baseada nos pontos de contato que encontramos entre essas formulações e aquelas que apresentamos, de autoria de Domenico Losurdo, na primeira parte deste estudo: o entendimento geral do racismo como manifestação articulada à sociedade de classes e aos fenômenos do colonialismo e do imperialismo.

Florestan Fernandes e Roger Bastide localizaram a conformação do racismo na constituição da sociedade estamental no período colonial, mostrando que

> [...] as condições sociais de exploração econômica da mão de obra escrava favoreceram a formação de símbolos sociais e de padrões de comportamento polarizados em torno da raça ou da cor, as quais se ligaram, como causa ou como condição operante, à determinação da dinâmica dos ajustamentos entre negros e brancos [...].[34]

Longe de ser a manifestação de uma determinação moral anterior, a racialização da população obedeceu às necessidades da conformação

33 ALMEIDA, S. L. Apresentação ao dossiê *Marxismo e Questão Racial*. *Margem Esquerda*, n. 27, 2016, p. 23.

34 BASTIDE, R.; FERNANDES, F. A estratificação racial na sociedade de castas. *In*: Fernandes, Florestan. *Comunidade e Sociedade no Brasil*. São Paulo: Editora Nacional; Editora da USP, 1972, p. 364.

do regime social de exploração baseado na escravidão. A posição ocupada pelas "raças" no sistema de classificação da sociedade colonial resultou assim do sistema de relações materiais, "constituindo, portanto, um produto dos processos sociais que operam no plano econômico da vida social".[35] Essa observação já estava presente nos estudos de um racista como Oliveira Vianna, o qual apontou que no final do século XVIII havia no Brasil "três classes rurais": a dos escravos, formada pelos negros; a dos foreiros, majoritariamente formada pelos mestiços; e a dos senhores, todos brancos.[36] Desse modo, a cor da pele passou a designar também posição na estrutura estamental, a ponto de chegar-se a um congelamento das hierarquias por meio da interdição dos casamentos inter-raciais, forma de garantir a exclusão do negro e do mestiço do cerne da "família de posses" e congelando sua posição social. A cor, assim, foi sendo selecionada "como marca racial que serviria para identificar socialmente negros e mestiços. Ela passou a ser um símbolo da posição social",[37] legitimando a ação espoliativa dos senhores, com base em um direito "natural" marcado pela pretensão de superioridade racial, de modo que "o preconceito de cor contribuía para perpetuar a ordem senhorial vigente, na medida em que ele operava como um fator de segregação social".[38]

Com o crescimento da presença do movimento abolicionista e o progressivo aumento da população negra e mestiça livre, por meio do instituto da alforria, que podia ser comprada pelo escravo ou concedida pelo senhor (neste caso ela era mais comum em relação aos mestiços, muitos deles filhos dos próprios senhores de escravos), amplia-se a importância das interdições aos casamentos inter-raciais e o bloqueio de negros e mestiços nas funções e posições destinadas aos brancos, para a manutenção da estrutura de castas. Nas palavras de José do Patrocínio, grande figura do abolicionismo, no Brasil do século XIX "o

35 *Ibidem*, p. 365.

36 *Ibidem*, p. 366.

37 *Ibidem*, p. 368.

38 *Ibidem*, p. 372.

homem de cor precisa provar que é livre",[39] pois é visto primeiramente como escravo. Posteriormente à abolição da escravidão, ocorrida tardiamente como forma de adequação da estrutura social brasileira ao processo de modernização capitalista, operou-se a manutenção do estigma acerca do negro e do mestiço. A abolição da escravidão ocorreu combinada com a adoção de políticas de incentivo à imigração de europeus. Para isso, concorreu tanto o fato de que parte desses imigrantes já possuía algum tipo de contato com o sistema fabril (embora a ampla maioria fosse de agricultores) quanto, e principalmente, o espraiamento das ideias de branqueamento da população.

A Lei de Terras de 1850 já impedia que os brasileiros migrassem no próprio território e se apropriassem de pequenas glebas, forçando a permanência dos trabalhadores "livres" dentro dos latifúndios e em posições subalternas como "parceiros" ou "meeiros". Após a adoção do trabalho livre, muitos ex-escravos permaneceram nas fazendas nessa posição, que em muito pouco se distinguia da escravidão. Aqueles que estavam ou migraram para as cidades não eram aceitos nos trabalhos mais valorizados, constituindo uma espécie de "subproletariado", abaixo do incipiente "proletariado" urbano que também encontrava dificuldades para conformar-se enquanto classe, dadas as instabilidades e a incipiência da industrialização brasileira. De todo modo, o estigma da cor permaneceu, sendo assim, o negro e o mestiço foram integrados à sociedade de classes em uma posição subalterna mesmo em relação aos brancos pobres. Como mostrou Clóvis Moura, o racismo penetrou como ideário no seio da própria classe trabalhadora.[40]

É essa também a interpretação de Octavio Ianni, o qual pontua que "no jogo das preferências, fundado em razões econômicas e segundo condições culturais herdadas da escravatura, o negro foi preterido em benefício do imigrante. Assim, é o negro que formará

---

39 *Ibidem*, p. 367.

40 FARIAS, M. Pensamento Social e Relações Sociais no Brasil: a análise marxista de Clóvis Moura. *Margem Esquerda*, n. 27, 2016, p. 39.

o exército dos desocupados, dos sem-trabalho".[41] Nessa direção posiciona-se juntamente Florestan Fernandes, que aponta que a sociedade brasileira largou o negro ao seu próprio destino, jogando sobre seus ombros a responsabilidade de reeducar-se e de transformar-se para corresponder aos novos padrões e ideais de homem, criados pelo advento do trabalho livre, do regime republicano e do capitalismo.[42]

No processo de modernização da formação social brasileira, no qual acomodaram-se interesses agrários e urbanos, permaneceram códigos culturais moldados na sociedade estamental. O negro torna-se juridicamente livre, mas "não é definido como cidadão, no pleno sentido do conceito". A transformação da casta de escravos em homens livres e sem valor (poderíamos pensar aqui na ideia de *under man*, formulada nos EUA), integrantes da massa de trabalhadores disponíveis a ser incorporada no processo produtivo, ocorre dentro de um sistema de reclassificação dos homens livres. As possibilidades de mobilidade social, típicas da sociedade capitalista, são distintas para negros e brancos, embora a mobilidade seja juridicamente possível. Mais uma vez o liberalismo é readequado aos objetivos das classes dominantes e à ideia de uma ordem social competitiva (na qual os "mais capazes" têm acesso aos melhores postos), e mascara a exclusão originária das populações "de cor" – aí inseridos não somente os negros, mas também os mestiços e os de origem indígena. Opera aí o "ideal de branqueamento" da população e dos costumes. Se antes da modernização capitalista todo trabalho era considerado indigno, e, portanto, "coisa de escravo", com a expansão da ordem social capitalista o trabalho é ressignificado e reclassificado. Certas ocupações passam a ser consideradas edificantes, e a elas estão destinados os trabalhadores brancos. Aos negros e aos mestiços restam os trabalhos considerados indignos, forçados ou humilhantes. Junto a isso, as práticas culturais dos negros passam também a ser coibidas e

41 IANNI, O. *Raças e Classes Sociais no Brasil.* São Paulo: Civilização Brasileira, 1966, p. 18.

42 FERNANDES, F. *A integração do negro à sociedade de classes.* São Paulo: Edição da Faculdade de Filosofia, Ciências e Letras, USP, 1964, p. 5.

entendidas como caso de polícia. O exotismo de parte da população caminha junto à criminalização de suas práticas e à institucionalização da violência de estado dirigida a essas populações, que pouco a pouco agrupam-se em comunidades, a fim de escapar da perseguição e manter algumas de suas práticas culturais.

A ideologia racial do branco atua no sentido de promover ou facilitar o predomínio dos brancos nas situações sociais em que se apresentam também negros e mulatos, seja quando consideramos os círculos de convivência social, seja no que diz respeito aos níveis da estrutura social.[43] Constitui-se também uma ideologia racial do negro, fundada numa relação de inferioridade em relação ao branco, na qual aquele imagina-se nos termos em que é concebido por este. O primeiro passo para a articulação da luta antirracista é, portanto, o autorreconhecimento do negro e o combate, no plano da cultura e da ideologia, ao estigma racialista. Como se pode ver, na conformação da sociedade brasileira o racismo integra a dinâmica da estruturação da sociedade de classes, de modo que a opressão racial sobre o negro deve ser entendida, antes de tudo, "a partir da posição social que [o negro] ocupa no sistema social e de como sua *negritude* foi gerada com o sistema de classes".[44] Desponta aqui o pensamento radical de Clóvis Moura, para quem desnudar o mito da "democracia racial" brasileira coloca-se como tarefa potencialmente revolucionária para o movimento negro, forjado no interior de uma sociedade duplamente opressora: racista e classista.

Outro tema necessário para se entender a complexidade da questão racial no Brasil e suas articulações à conformação da ordem social capitalista é o do colonialismo interno, voltado prioritariamente aos indígenas, mas que também pode ser entendido em direção às comunidades rurais que se isolaram antes e após a abolição, como os quilombolas, e ainda, num sentido mais amplo, a todas as classes e frações de classe que de algum modo criam conflitos com a ordem

---

43 IANNI, O. A ideologia racial do branco. *In:* Ianni, O. e Cardoso, F. H. *Cor e mobilidade social em Florianópolis.* São Paulo: Companhia Editora Nacional, 1960, p. 210.

44 IANNI, O. *Raças e Classes Sociais no Brasil. Op. cit.*, p. 53.

social existente. O conceito surgiu a partir das críticas relacionadas às políticas indigenistas adotadas na República, especialmente a partir do governo Vargas, que instituiu o Serviço de Proteção ao Índio (SPI). O governo passou a incentivar uma espécie de "marcha para o Oeste", ou seja, uma política de Estado estimulando a migração da população de outras regiões para o Oeste do território brasileiro, o que se caracteriza como uma reedição de práticas identificadas com o colonialismo. O indígena, que a partir do Romantismo passara a ser visto como figura heroica e ao mesmo tempo ingênua, foi convertido em parcela populacional desprovida de personalidade civil e dependente de políticas de proteção do Estado. Essa "proteção" promoveu, na verdade, o que estudiosos como Ianni e Darcy Ribeiro chamaram de "destribalização" de grupos inteiros, visto que missões foram organizadas para encontrar e "pacificar" tribos isoladas que, posteriormente, com a criação do Parque Nacional do Xingu, passaram a ter uma convivência forçada com grupos rivais em um mesmo espaço. O argumento central era de que se permanecessem isolados seriam alvo da violência de grileiros de terras, latifundiários e mineradores. O Estado brasileiro, ao invés de garantir-lhes a autodeterminação, impôs-lhes uma política de contenção em áreas "preservadas", nas quais, aliás, seguem sendo alvo do capitalismo predatório até os dias atuais.

Essas medidas foram problematizadas por estudiosos brasileiros, o que acabou levando à reorientação geral da política indigenista, no sentido de conferir ao indígena algum grau de autodeterminação dentro de seus territórios. O que se vê na prática, no entanto, é que a solução intermediária não logrou extirpar da sociedade brasileira o estigma em relação aos indígenas, sobre quem recaem tanto os preconceitos raciais, que os classificam como infantis, indolentes e selvagens, quanto os mais crus interesses do "homem branco", isto é, do capitalista e latifundiário brasileiro, sobre seus territórios. O que se assiste até hoje é a continuidade do saque, justificado por ideias colonialistas e de superioridade civilizacional. Os povos indígenas no Brasil veem-se diante da necessidade de organizar-se como classe social, em movimentos políticos de luta por reconhecimento de seu direito originário às terras que ocupam e à autodeterminação.

Isso nos remete à tese com que iniciamos a primeira seção deste estudo, formulada por Marx e Engels e retomada por Losurdo para tratar das relações entre colonialismo, desespecificação racial e luta de classes, na medida em que as diversas oposições que se estabelecem em meio à formação social capitalista incentivam o aparecimento de novas lutas por reconhecimento, que dinamizam os conflitos sociais e colocam o sistema, em sua totalidade, em questão.

Pode-se ampliar a aplicação desta categoria de análise para se lançar um olhar sobre as dificuldades internas vividas pelos Estados capitalistas. Do ponto de vista dos Estados subalternos no sistema global, entende-se as próprias classes dominantes a partir de um viés subalterno. As ideologias racialistas atuam sobre as próprias burguesias dos países latino-americanos, que aceitam a ideia geral de "superioridade" das classes dominantes da metrópole. No plano interno, porém, as diversas oposições ao estado de coisas obrigam as classes dominantes a elaborar uma resposta voltada à acomodação dos interesses, de modo a manter-se a estrutura social como está. Essas soluções, em geral, expressam-se no aprofundamento do que chamamos acima de colonialismo interno, uma ação estatal voltada à contenção, se necessário até pela violência, das lutas sociais. Essa política sistemática de contenção dos anseios por reconhecimento mantém as massas desempregadas ou superexploradas afastadas de qualquer possibilidade de resistência, dado o uso sistemático da máquina repressiva do Estado. No entanto, essa repressão permanente às vezes resulta em explosões sociais desorganizadas, ou, em determinadas situações, dá lugar a novos formatos de lutas de resistência que podem, em certos momentos, assumir um caráter antissistêmico.

É o que propõe Losurdo:

> [...] fica evidente o caráter inadequado e equivocado da leitura meramente economicista da teoria marxiana do conflito. O que está em jogo na luta de classes? Os povos submetidos, o proletariado e as

> classes subalternas, as mulheres submetidas à escravidão doméstica, esses sujeitos tão diferentes entre si podem apresentar as mais diversas reivindicações: a libertação nacional; a abolição da escravidão propriamente dita e a conquista das formas mais elementares de liberdade; melhores condições de vida e de trabalho; a transformação das relações de propriedade e de produção; o fim da segregação doméstica. Os sujeitos são diferentes, e igualmente diferentes são os conteúdos da luta de classes; todavia podemos identificar o denominador mínimo comum: no plano econômico-político ele é constituído pelo objetivo da modificação da divisão do trabalho (no plano internacional, no âmbito da fábrica ou no da família); no plano político-moral, pelo objetivo de superação dos processos de desumanização e reificação que caracterizam a sociedade capitalista, pelo objetivo da obtenção do reconhecimento.[45]

III. Uma conclusão: o paradigma hegeliano das lutas por reconhecimento como base teórica para o entendimento das articulações entre imperialismo e lutas de classes

As lutas por reconhecimento, paradigma hegeliano retomado na interpretação losurdiana da luta de classes, apresentam-se como movimento histórico real, recusando o esquematismo interpretativo acerca do que seria a "verdadeira" luta de classes. Como procuramos demonstrar, tanto no centro dinâmico do capitalismo mundial, os EUA, quanto em um país considerado "periférico" ao sistema mundial, o Brasil, a constituição do sistema de classes engloba uma série de complexidades, dentre as quais destacamos o papel desempenhado pelo racialismo nas relações hierárquicas da sociedade de classes.

Na medida em que se articula à totalidade social, a ideologia racista é absorvida também pelas classes subalternas, passando a funcionar como estruturante das relações sociais extra e intraclasses. Ao mesmo tempo, como já apontavam Marx e Engels ao olhar para a questão colonial irlandesa, as ideologias justificadoras da opressão colonial operam em dois sentidos: para fora, funcionando como justificativas

45 LOSURDO, D. *A luta de classes: uma história política e filosófica*. *Op. cit.*, p. 104.

aceitáveis para o tratamento desumano conferido aos povos conquistados; para dentro, como propaganda do sistema e como mecanismo redistributivo que, ao elevar o nível de vida das classes subalternas da metrópole, à custa da espoliação dos povos coloniais, conquista o apoio das classes proletárias à ação imperialista do Estado a que pertencem. É o próprio Marx que realça a relação entre a questão colonial e a questão social na metrópole capitalista. Conforme Losurdo:

> A presença do paradigma hegeliano da luta pelo reconhecimento se manifesta com particular clareza a propósito da relação não entre indivíduos empíricos, mas entre povos, isto é, a propósito de um âmbito que Hegel não considerou explicitamente quando desenvolveu sua análise da luta pelo reconhecimento. Observaremos que em diversas ocasiões Marx e Engels afirmam que "não pode ser livre um povo que oprime outro". Vem imediatamente à mente a *Fenomenologia do Espírito*, que assim sintetiza o resultado da dialética do servo e do senhor: "Eles se reconhecem reciprocamente". Isto é, como expressa a *Enciclopédia*: "Sou realmente livre quando o outro também é livre e é por mim reconhecido como livre".[46]

A partir daqui podemos caminhar rumo ao que anunciamos na introdução deste ensaio: as intersecções entre imperialismo e opressão de classes no interior da metrópole. Para um autor como David Harvey a política externa agressiva adotada pelos EUA no século XX não responde apenas às necessidades de expansão do capital. Estaria dirigida também ao controle das próprias dificuldades internas geradas pela crescente acumulação e concentração de riqueza. "Uma sociedade imigrante e extraordinariamente multicultural movida por um inflexível individualismo competitivo" e que dispõe de uma democracia cronicamente instável, senão impossível de controlar, necessitaria permanentemente de um inimigo externo capaz de gerar solidariedade interna.

Ao mesmo tempo, a riqueza drenada da periferia para dentro do Estado americano permite que essa sociedade garanta a uma parte

---

46 *Ibidem*, p. 113.

significativa da sua população condições de vida e de consumo absolutamente impensáveis na periferia do sistema. Esse conforto relativo, ainda que não se estenda à totalidade do povo estadunidense, é suficiente para garantir a adesão à política externa governamental, o que pode ser medido no apoio considerável que obtém as operações de *regime changing* organizadas na periferia do sistema. Não é à toa que, conforme pontua Harvey, o fim da Guerra Fria trouxe consigo o fim da ameaça vermelha e, com ela, grandes dificuldades de coesão interna. A política de "império" buscou fôlego no início da década de 1990 com George Bush e Clinton, com a "guerra ao terror" da administração de Bush Jr., política que foi mantida nas duas administrações de Obama, apesar da retórica democrática e institucionalista. No entanto, todo esse empenho para manter a supremacia dos EUA no cenário mundial não tem tido o efeito desejado. O declínio da posição relativa do país no cenário mundial tem obtido efeitos desagregadores na sociedade estadunidense. Não é à toa que com Trump tenha-se ampliado enormemente a adesão ao discurso isolacionista que se combinou a uma certa paranoia anticomunista, dentro dos moldes da "*new-right*", apegada a estranhas teorias conspiracionistas e dogmas medievais, além de um resgate de práticas e símbolos da *White Supremacy*. Tanto a agressividade na política externa quanto a emulação dos inimigos internos – os negros, os militantes por direitos civis, os imigrantes, os "globalistas" etc. – responderiam à necessidade permanente de fabricação de um inimigo capaz de gerar coesão interna. Conforme Harvey:

> [...] as práticas imperialistas, do ponto de vista da lógica capitalista, referem-se tipicamente à exploração das condições geográficas desiguais sob as quais ocorre a acumulação de capital, aproveitando-se igualmente das assimetrias inevitavelmente advindas das relações espaciais de troca.[47]

Essas assimetrias garantem a sustentação do sistema. Sob o capitalismo, já apontava Lenin, o desenvolvimento é sempre desigual.

---

47 HARVEY, D. *O Novo Imperialismo*. São Paulo: Edições Loyola, 2013, p. 35.

Acrescentamos que essa disparidade entre "centro e periferia" não se dá apenas entre as diferentes nações, mas também internamente aos países capitalistas. Essas desigualdades internas, normalmente explicitadas pela existência de Estados mais industrializados ou mais tecnicamente desenvolvidos do que outros, também se expressam nas hierarquias sociais, especialmente na conformação de um subproletariado, uma "raça" de homens e mulheres semiproletarizados, normalmente identificados pela origem (imigrantes) e pela cor da pele. Conforme destacava Octavio Ianni:

> [...] o imperialismo se prolonga internamente na própria nação dominante. Os mesmos fundamentos que governam as relações econômicas e políticas externas governam também as relações políticas e econômicas internas. Assim, também no interior da metrópole o desenvolvimento econômico-social e político é desigual e as contradições persistem e se agravam [...]. A base do problema está, pois, no caráter da sociedade de classes que se desenvolve [no país]. Somente a partir dessa perspectiva de interpretação se torna possível explicar as manifestações internas do imperialismo, isto é, do colonialismo interno.[48]

Por consequência, pode-se identificar esse entrelaçamento entre domínio externo e lutas por reconhecimento. Do mesmo jeito que a opressão externa serve, na maior parte do tempo, como instrumento de acomodação interna, os movimentos organizados por reconhecimento em torno das bandeiras recebem a influência das lutas dos povos coloniais. Na segunda metade do século XX, nos EUA, a partir da insurgência contra a guerra do Vietnã, uma série de movimentos por reconhecimento ganharam vulto no cenário político. As revoluções anticoloniais também exerceram enorme influência, "impulsionando os afro-americanos à luta contra a segregação, a discriminação e a persistência do regime de *white supremacy*".[49]

---

48 IANNI, O. *Imperialismo y Cultura de la Violencia en América Latina.* Cidade do México: Siglo XXI editores, 1998, p. 9-10.

49 LOSURDO, D. *A luta de classes: uma história política e filosófica. Op. cit.*, p. 310.

Impõe-se, assim, a disputa ideológica pelas feições desses movimentos. A agenda liberal procura impor-se, capturando essas lutas para uma agenda difusa de direitos civis que se encerram nos limites do sistema. Paralelamente, a crise econômica, que vem paulatinamente corroendo a opulência da sociedade estadunidense, aproxima cada vez mais a dimensão da luta pelo reconhecimento e a agenda de reconstrução do Estado social. O conflito distributivo, mais atual do que nunca no centro do sistema, desde a eclosão da crise econômica de 2008, empurra o desempregado e os *working poor* à revolta social. Alguns aproximam-se dos grupos historicamente marginalizados – negros e imigrantes – e engrossam as multidões dos episódios de protesto contra a violência policial. Outros, no entanto, veem no resgate do isolacionismo e da segregação a possibilidade do retorno à "era de ouro" de opulência do capitalismo estadunidense.

Essa disputa ideológica que ocorre no centro do sistema, paralelamente ao declínio de sua posição de potência mundial, revela a existência de uma disputa de vida e morte entre as velhas estruturas imperialistas, que já não encontram o ambiente internacional do passado e, por isso, têm dificuldades de se renovar, além de uma nova conformação social que até então não tem face, não se define e ainda não pode, por conseguinte, nascer. O liberalismo, doutrina fundamental da sociedade americana, busca se renovar, mas já não tem o que oferecer. Ele esteve sempre atrelado à discriminação de parcelas dos seres humanos e só pode se sustentar pela renovação dessa estrutura de dominação. Losurdo destaca, a propósito, a polêmica de Palmiro Togliatti com Norberto Bobbio:

> Quando e em que medida se aplicaram aos povos coloniais os princípios liberais sobre os quais se disse fundado o Estado inglês do século XIX, modelo, credo de regime liberal perfeito para os que raciocinam como Bobbio? A verdade é que a "doutrina liberal [...] é fundada sobre a bárbara discriminação entre seres humanos".[50]

50 LOSURDO, D. *A luta de classes: uma história política e filosófica. Op. cit.*, p. 310.

É assim que a "perseguição do universal", ou seja, a edificação de uma sociedade finalmente livre de toda forma de exploração e domínio, disputa espaço com o liberalismo, a despeito da coexistência que este teve, desde o início, com a classificação dos seres humanos entre iguais e desiguais. Mas essa disputa, que é a efetivação da luta de classes, "concretiza-se através de um empenho sempre determinado, que tem como alvo e que combate a guerra, o fascismo, o expansionismo colonial e a opressão nacional".[51]

Uma vez que as possibilidades efetivas de ampliação da espoliação dos povos do mundo veem-se cada vez mais restritas, dado o declínio relativo do poder estadunidense, a tendência é que os conflitos internos se tornem cada vez mais frequentes. Com o reaparecimento dos movimentos supremacistas, que encarnam uma espécie de *revival* de uma era entendida como "era de ouro" do capitalismo estadunidense, é natural que a reação das parcelas mais oprimidas e sujeitas à violência de Estado direcionem suas energias ao confronto de contornos raciais, como se viu recentemente.

Isso não significa, no entanto, a despeito do que vaticinam certas posições, que se pretendem mais "fiéis" ao marxismo, que os conflitos de contornos raciais no centro do sistema sejam desprovidos de articulação com a luta de classes. Ao contrário:

> [...] o chamado geral lançado por Marx e Engels suscita um eco enorme por uma razão muito simples: os dois pensadores revolucionários souberam absorver e elaborar no plano teórico e político uma demanda de reconhecimento bastante difusa. O ponto de partida pode, então, ser identificado na hegeliana *Fenomenologia do Espírito* e na dialética do servo e do senhor que ela apresenta.[52]

A ideia geral de que a reificação dos papéis sociais atinge tanto o senhor quanto o escravo, de maneira que a libertação de um é a condição de liberdade do outro, aponta para a formulação de que a

---

51 *Ibidem*, p. 117.

52 *Idem*.

concretização da universalidade nas lutas específicas remete a uma crítica geral das condições em que se estrutura a sociedade de classes, mesmo que no centro do sistema. É assim que, conforme Losurdo, o "humanismo é real só na medida em que consegue identificar e concretizar a universalidade em lutas determinadas". Losurdo nos remete a Hegel e a Marx, apontando para o que chama de "paradigma da luta pelo reconhecimento", de onde concluiu que toda luta de classes se inicia com a luta pelo reconhecimento. É a partir dela que os contornos da sociedade de classes se mostram e é por meio dela que se pode chegar ao questionamento das estruturas sociais totalizantes.

Por fim, voltando o olhar para o Brasil, cujas estruturas sociais respondem a uma dupla determinação, interna e externa, observa-se que as lutas por reconhecimento assumem permanentemente o espaço da luta democrática, a qual, dado o reduzido espaço de acomodação dos anseios populares, remete para o questionamento da própria ordem social estabelecida.

De um lado, o declínio relativo do predomínio dos EUA no cenário internacional apresenta para o Brasil um conjunto de riscos e oportunidades. Os riscos estão definidos pela articulação permanente das classes dominantes, dada sua condição subalterna aos interesses do capitalismo estadunidense, de modo que aderem com relativa facilidade à agenda política da metrópole a despeito dos custos sociais que impliquem para sua própria população. As oportunidades referem-se às articulações das classes subalternas, que encontram no espaço internacional possibilidades de alianças fora do hegemonismo americano, nos casos em que consigam viabilizar uma aliança política capaz de chegar ao comando do país. De outro lado, o ascenso das lutas por reconhecimento na metrópole animam alguns setores populares em torno de reivindicações democráticas por terras, direitos indígenas, direitos civis, reivindicações antirracistas etc. Essas lutas, *aparentemente* coadunáveis com a ordem social capitalista, na verdade encontram um espaço muito reduzido de acomodação dentro da ordem. Podem, assim, vir a assumir rapidamente contornos explicitamente antissistêmicos e universalistas. Estas, porém, têm poucas chances de prosperar sem que haja uma mudança sistêmica na ordem internacional ou ao menos no entorno continental, latino-americano, dada a natureza subalterna da inserção internacional do Brasil.

Referências

ALMEIDA, S. L. Apresentação ao dossiê *Marxismo e Questão Racial. Margem Esquerda*, n. 27, 2016.

BASTIDE, R.; FERNANDES, F. A estratificação racial na sociedade de castas. *In:* Fernandes, Florestan. *Comunidade e Sociedade no Brasil.* São Paulo: Editora Nacional; Editora da USP, 1972.

BUCK-MORSS, S. Hegel e o Haiti. *Novos Estudos CEBRAP*, 90: 131-171, jul. 2011.

CALLEGARI, L. R. A "raça" vista por uma "negra não-americana": uma análise do romance *Americanah* de Chimamanda Ngozi Adichie. *Revista (Entre Parênteses)*, v. 1, n. 7, 2018.

COITINHO, R. *Entre duas Américas – EUA ou América Latina?* Florianópolis: Insular, 2018.

ELLSWORTH, Scott. *Death in a Promised Land: The Tulsa Race Riot of 1921*. LSU Press, 1992. Livro Digital (e-book Kindle), 2020.

FANON, F. *Por uma Revolução Africana – Textos Políticos*. Trad. Carlos Alberto Medeiros. Rio de Janeiro: Zahar, 2021.

FARIAS, M. Pensamento Social e Relações Sociais no Brasil: a análise marxista de Clóvis Moura. *Margem Esquerda*, n. 27, 2016.

FERNANDES, F. *A integração do negro à sociedade de classes.* São Paulo: Edição da Faculdade de Filosofia, Ciências e Letras, USP, 1964.

HARVEY, D. *O Novo Imperialismo*. São Paulo: Edições Loyola, 2013.

IANNI, O. A ideologia racial do branco. *In:* Ianni, O. e Cardoso, F. H. *Cor e mobilidade social em Florianópolis.* São Paulo: Companhia Editora Nacional, 1960.

______. *Imperialismo y Cultura de la Violencia en América Latina*. Cidade do México: Siglo XXI editores, 1998.

______. *Raças e Classes Sociais no Brasil.* São Paulo: Civilização Brasileira, 1966.

LOSURDO, D. *A luta de classes: uma história política e filosófica.* Trad. Silvia de Bernardinis. São Paulo: Boitempo, 2015.

______. *Colonialismo e Luta Anticolonial. Desafios da Revolução no Século XXI.* Manoel, J. (org.). Trad. Diego Ferreira. São Paulo: Boitempo, 2021.

______. *Contra-História do Liberalismo.* Trad. Giovanni Semeraro. Aparecida: Ideias & Letras, 2006.

MBEMBE, A. *Crítica da Razão Negra.* Lisboa: Antígona, 2014.

OLIVEIRA, D. Dilemas da luta contra o racismo no Brasil. *Margem Esquerda*, n. 27, 2016.

STONE, O.; KUZNICK, P. *A história não contada dos Estados Unidos.* Trad. Carlos Szlak. Faro Editorial, edição para Kindle.

O socialismo real na obra de Losurdo: da autofobia à autocrítica

Diego Pautasso[1]
Tiago Soares Nogara[2]

Introdução

Nas obras de Domenico Losurdo, o "rigor da objetividade" é absolutamente fundamental,[3] aferrado tanto ao laborioso trabalho do debate teórico quanto ao criterioso balanço das dinâmicas históricas. O autor foi, simultaneamente, ortodoxo na utilização dos aspectos teórico-metodológicos marxistas e heterodoxo nas conclusões pertinentes às principais polêmicas do próprio campo. De uma notável erudição começou sua trajetória acadêmica estudando filósofos clássicos, sobretudo os alemães, e depois se debruçou sobre os acontecimentos político-filosóficos das revoluções francesa e estadunidense, esmiuçando a trajetória do liberalismo político.

E foi após os percalços da queda do Muro de Berlim e da desintegração da URSS que Losurdo redirecionou sua agenda de pesquisa: enquanto parte da esquerda expunha voraz rejeição às experiências do socialismo real, o autor italiano dedicava-se a elaborar um balanço mais sóbrio e matizado desse complexo período histórico.

---

1 Doutor e mestre em Ciência Política pela Universidade Federal do Rio Grande do Sul (UFRGS).

2 Doutorando em Ciência Política na Universidade de São Paulo (USP); mestre em Relações Internacionais pela Universidade de Brasília (UnB).

3 AZZARÀ, S. Domenico Losurdo 2014-2018. *In*: Moraes, J. (org.). *Losurdo: presença e permanência*. São Paulo: Anita Garibaldi, 2020, p. 11-30.

Ele insistiu que muitos autoproclamados marxistas acabaram, no afã de realizarem a autocracia das experiências socialistas, sucumbindo à *autofobia*. Pretendemos, neste capítulo, explorar o argumento de que essa autofobia presente no *marxismo ocidental* se entrelaçou com a construção e consolidação daquilo que Losurdo caracterizou como uma *esquerda ausente*.

I. O socialismo real e a autofobia dominante

Contemporaneamente, ao analisarem as experiências socialistas, muitos dos marxistas recorrem ao subconsciente de uma espécie de *tipo ideal socialista*, que serviria de régua para balizar as experiências concretamente existentes. Nesse sentido, a existência do socialismo dependeria do desaparecimento das classes e dos conflitos, do poder e do Estado, da divisão do trabalho e do mercado, das religiões e das nacionalidades. Do contrário, todas as continuidades e contradições em sociedades pós-capitalistas se tornariam disfunções desse tipo ideal. Sob essas premissas, se construiu e se constrói a negação das experiências do socialismo real. Como destacou Alec Nove,[4] trata-se da suposição simplista de que a abundância elimina o conflito, enquanto o Homem Novo forja um novo equilíbrio estável. Nessa toada, as preferências pela incessante volta aos escritos de Marx, como escritura sagrada, ganham força no debate teórico, e no "culto formalístico aos mártires", casualmente derrotados, ao invés de líderes que enfrentaram as agruras e contradições de gerir a execução e continuidade de um processo revolucionário.[5] É a fuga na idealização.

Foram muitas as formulações teóricas que se debruçaram sobre a natureza dos regimes de orientação socialista instaurados ao longo do século XX, dentre elas diversas variantes da sovietologia ocidental e uma gama de abordagens marxistas centradas em conceitos de degeneração burocrática, em teorias de um novo modo de produção

4 NOVE, A. *A economia do socialismo possível.* São Paulo: Ática, 1989.

5 LOSURDO, D. *Democracia ou bonapartismo.* Rio de Janeiro: UFRJ/UNESP, 2004.

ou em abordagens pautadas pela centralidade do capitalismo de Estado. Num balanço abrangente de tais formulações, evidencia-se que a maior parte destas rejeitou o caráter socialista das experiências realmente existentes, principalmente em função de suas incongruências quando comparadas aos modelos apresentados.[6] O que Losurdo buscou fazer, portanto, foi tecer uma avaliação assentada em rigorosa análise histórica e comparada. O seu ponto de partida foi, primeiramente, fazer uma autocrítica sem recorrer à autofobia; uma análise que escapa da nostalgia sem adentrar na vergonha; um balanço que rejeite a propaganda anticomunista sem ter de voltar para Marx tratando-o como sacrossanta fonte das escrituras sagradas.[7]

O problema inicial abordado foi, nesse sentido, a generalização que se costuma fazer acerca do socialismo real. Afinal, suas experiências se desenvolveram de distintas maneiras em dezenas de países ao longo do século XX - no seu auge, em 1983, chegando a contar com 32 países que se autodeclaravam socialistas ou regimes de orientação marxistas.[8] Foram experiências com enormes diferenças e especificidades, e cada país passou por diversas alterações de políticas econômicas e, por vezes, drásticas inflexões nas orientações políticas e estratégicas. Como sublinha Nove,[9] as transformações operadas pelos regimes do socialismo real foram marcadas por diversas combinações entre mercado e planejamento, experimentações na gestão da economia e nos seus arranjos político-institucionais.

Apesar do colapso da maior parte do bloco socialista, não se deve abstrair de nossa análise que esse foi apenas o primeiro grande ciclo de experiências em larga escala de construção de uma sociedade igualitária moderna pós-capitalista. Logo, não foram poucas as dificuldades atravessadas, tendo em vista que tais construções políticas emergiram no seio das contradições do sistema capitalista e imperialista, em meio

---

6 FERNANDES, L. *O enigma do socialismo real.* Rio de Janeiro: Mauad, 2000.

7 LOSURDO, D. *Fuga da história? A revolução russa e a revolução chinesa vistas de hoje.* Rio de Janeiro: Revan, 2005a.

8 VISENTINI, P. *Os paradoxos da revolução russa.* Rio de Janeiro: Alta Books, 2017.

9 NOVE, A. *A economia do socialismo possível.* São Paulo: Ática, 1989.

a violentos processos de descolonização. Ainda assim, tais experiências buscaram estender o acesso de suas populações a bens e direitos (segurança, serviços de saúde, educação, habitação, emprego e cultura), bem como ampliar a participação de trabalhadores na esfera política.[10] Ressalte-se: pela primeira vez na história tais segmentos sociais passaram a ser consumidores de cultura, frequentando museus, cinemas e teatros, ouvindo música e tendo acesso a livros.[11] Aliás, não se pode sequer entender a ampliação de direitos no capitalismo ocidental – e seus Estados de bem-estar social – sem considerar como a pressão dos países socialistas condicionou o capitalismo a internalizar noções de cidadania, incluindo a ampliação dos direitos sociais e democráticos.

Diante dos desafios domésticos e do cerco internacional enfrentado pela experiência socialista soviética, só capitulações teóricas e políticas permitem a determinados analistas suprimirem "acidentalmente" seus legados. Dentre estes grandes legados devem-se destacar, especificamente no caso soviético, a conversão de um Estado nacional relativamente atrasado numa superpotência, com a maior escala de mobilidade social existente até sua época, acenando para a possibilidade de um sistema alternativo ao capitalismo; a vitória sobre a maior máquina de guerra de todos os tempos, a Alemanha nazista; a contribuição decisiva para a descolonização e a luta popular em muitos países da periferia; a criação das bases para a disseminação de direitos sociais e posterior construção no Ocidente dos Estados de bem-estar social, entre outros. Como destacou Losurdo, é necessária a contextualização de que, mais do que um mero choque entre capitalismo e socialismo, o regime decorrente da Revolução de Outubro representou também o acúmulo das contradições existentes entre os interesses das grandes potências capitalistas na arena internacional, inaugurando um período de ascensão e proliferação das guerras de libertação nacional e descolonização.[12]

---

10 *Idem.*

11 KEERAN, R; KENNY, T. *O socialismo traído.* Lisboa: Avante, 2008.

12 LOSURDO, D. *Guerra e revolução.* São Paulo: Boitempo, 2017.

Recorrendo à história, o autor demonstrou a fragilidade dos esquematismos teóricos centrados na crítica à experiência socialista soviética. Ironicamente, parte dos marxistas de ontem e hoje seguem, nessa mesma esteira, capitulando o argumento do "culto à personalidade" para endossar tais críticas, apesar das recorrentes comprovações das insuficiências do famoso "discurso secreto" de Khrushchov.[13] Aliás, Stalin não apenas afrontou a visão messiânica de socialismo dominante na sua época, como teve que dar respostas objetivas aos desafios do seu tempo. Afinal, a edificação do regime socialista soviético teve de ocorrer em meio a uma aberta hostilidade internacional e num contexto de "três guerras civis" simultâneas: uma relacionada à revolução propriamente dita; outra às disputas decorrentes da "revolução pelo alto", que ensejou um vigoroso e acelerado processo de modernização das estruturas produtivas; e a última relacionada ao recrudescimento das disputas entre as próprias lideranças bolcheviques.[14] A repressão coexistiu com um gigantesco desenvolvimento econômico e mobilidade social, permitindo a superação da condição de país atrasado, baseado nas estruturas econômicas e institucionais do domínio czarista.

Dessa forma, o autor italiano afronta a comparação do socialismo com o nazifascismo: enquanto o primeiro foi um projeto que, embora imerso em suas contradições, se assentou na reafirmação da origem comum dos seres humanos e no vislumbre de um projeto emancipatório, o segundo representou o revigoramento da dominação racial e colonial. Em termos comparados, Losurdo ainda destacou o silêncio sobre o terror e o universo concentracionário em âmbito doméstico e no exterior em prejuízo dos povos de origem colonial, praticado por potências intituladas "liberais", o que permite questionar o quão largo seria o "abismo" entre o dito Ocidente livre e os Estados "totalitários".[15]

Como bem destacou, ao fazer um balanço histórico-comparado sobre as revoluções e as grandes transformações políticas e

13 FURR, G. *Khrushchev lied.* Kettering: Erythros Press & Media, 2011.

14 LOSURDO, D. *Stalin: história crítica de uma lenda negra.* Rio de Janeiro: Revan, 2010.

15 *Ibidem*, p. 180.

econômicas, é inerente às revoluções não alcançarem todos os objetivos que perseguem. Tal como os jacobinos não restauraram a *polis* grega, os revolucionários estadunidenses também não consolidaram uma pequena sociedade de produtores independentes, tampouco os puritanos deram vida à sociedade bíblica imaginada. Logo, não surpreende a existência de um descompasso entre a consciência subjetiva e os processos contraditórios da realidade objetiva.[16] O distanciamento com a realidade material decorre do desafio de conferir conteúdo concreto às ideias entusiasmadas que mobilizaram o movimento em busca do poder, num contraditório processo de depuração das utopias abstratas que permeiam tais períodos históricos.

Entretanto, não restam dúvidas de que a demonização e a hagiografia continuam a exercer um papel decisivo na leitura do século XX sobre "a persistente fortuna da qual goza o culto negativo dos heróis",[17] fazendo parte da luta político-ideológica que perpassa a ciência e as disputas políticas. Não por acaso, o próprio Gramsci, ao analisar o experimento soviético, rejeitou uma posição messiânica, que supõe o desaparecimento total dos antagonismos de classe, do poder de Estado e político, das religiões, das nações, da divisão do trabalho, do mercado e de todas as fontes de conflito potenciais, optando pela defesa da NEP (Nova Política Econômica) e a adaptação do socialismo aos desafios práticos do seu tempo.

Ou seja, ao invés da análise centrada na autofobia e no dogma da "traição aos ideais" das revoluções, Losurdo contrapõe a necessidade da autocrítica, tendo como pressuposto a reconstrução da identidade comunista a partir da compreensão dos contraditórios e complexos rumos tomados pelas distintas experiências socialistas até hoje realizadas. E é exatamente visando a construção desta perspectiva autocrítica que o autor questiona as teses refratárias a estas revoluções, mas sem deixar de abordar debates primordiais ao conjunto da teoria marxista, como o conceito de Estado, a atualidade

16 LOSURDO, D. *Guerra e revolução.* São Paulo: Boitempo, 2017.

17 *Idem, Stalin: história crítica de uma lenda negra.* Rio de Janeiro: Revan, 2010.

do marxismo, a centralidade da questão nacional, o imperativo desenvolvimento das forças produtivas e o balanço dos desafios impostos ao movimento comunista na atual quadra histórica.

II. Os desafios das experiências concretas

Ao mesmo tempo que rejeitava a autofobia e a capitulação, Losurdo dedicava-se ao balanço criterioso das experiências socialistas à luz de suas próprias circunstâncias históricas, como requer o rigor científico e metodológico. Em outras palavras, analisou-as tendo como base os contextos de cerco internacional, conflitos internos, heranças do subdesenvolvimento e dificuldades institucionais e políticas. Segundo apontou, foi este quadro histórico, combinado com a visão messiânica acerca do definhamento do Estado, que contribuiu para disfunções e disjuntivas políticas das experiências revolucionárias.

Nas palavras de Losurdo, se materializaram nessas experiências a dialética entre o Estado de exceção, enquanto utopia abstrata, e a posterior hipertrofia do próprio Estado de exceção.[18] Isso teve efeitos problemáticos, pois a utopia enfática (o messianismo de dissipar o Estado, as identidades nacionais, os mercados e as moedas) transfigurou-se na persistência dos traços do antigo regime ao manter a ausência de um quadro institucional, a opressão nacional e a insuficiência do mercado de bens e serviços. Assim, ao supor uma dita universalidade cronológica e ideológica dos processos de desencadeamento e evolução das revoluções socialistas, certas análises se aproximam dos cânones do pensamento liberal, uma vez que desconsideram as particularidades das formações sociais em cada revolução nacional em favor de tipos ideais.

Nessa linha, Losurdo deu grande atenção às incongruências acerca do definhamento do Estado nas experiências socialistas. Segundo o autor italiano, resgatando reflexões de teóricos marxistas, em Marx e Engels se reconhecia o desaparecimento do aparelho estatal mais pela

---

18 *Idem, Democracia ou bonapartismo*. Rio de Janeiro: UFRJ/UNESP, 2004.

sua dimensão coercitiva do que pela sua dimensão governamental e administrativa; em Lenin se admitia que a mais avançada democracia não poderia prescindir de instituições representativas; e em Gramsci era apontada a impossibilidade de existência de uma sociedade que carecesse de um Estado e seus sistemas de regras. Aliás, para Losurdo, foi Gramsci quem mais fugiu das imprecisões e do escatologismo dos clássicos do marxismo. Em suma, o "antiestatismo" projetaria mais do que a dissolução do Estado, mas o fim de toda forma de conflito de mercado, de identidades, de religião e de línguas, estabelecendo um utopismo sem precedentes. Nesse sentido, o autor definiu uma necessária distinção entre os elementos sociais destinados a perecer com a derrocada do capitalismo e aqueles que se consolidam como permanentes conquistas da humanidade, de modo a adequar os desafios de construção das experiências socialistas em cada tempo e lugar.

O imperativo do desenvolvimento das experiências socialistas, dado que as revoluções ocorreram em países atrasados, se desdobrou em inconsistências nas elaborações acerca da governança e das instituições. Nesse sentido, ao invés da extinção do Estado, como imaginavam seus teóricos num primeiro momento, ocorreram o fortalecimento das estruturas estatais e seus respectivos entrelaçamentos com as estruturas dos partidos comunistas, além da obstrução do aperfeiçoamento de formulações legais propriamente socialistas. O resultado foi a concentração do poder político com elevada autonomia do Estado, condicionada ainda pelo 1) cenário internacional extremamente adverso; 2) o desenvolvimento de formas políticas socialistas a partir de uma sociedade pré-moderna; e 3) o imperativo de modernização tendo como ferramenta as ações estatais.[19] Assim, se configuraram contradições institucionais oriundas da frágil mediação entre sociedade e Estado, centradas na ligação direta com o líder carismático e nos fortes laços que uniam o partido ao Estado.

Em paralelo, certas visões escatológicas e messiânicas acerca da extinção do Estado também subestimaram a primazia e continuidade

19 FERNANDES, L. *O enigma do socialismo real.* Rio de Janeiro: Mauad, 2000.

da questão nacional, aderindo a um internacionalismo de caráter abissalmente abstrato. Com efeito, a dificuldade em estabelecer o avanço de um Estado de exceção para outro de normalidade institucional foi influenciada não somente pelo contexto adverso, mas pelas próprias visões ingênuas acerca do definhamento do Estado, dificultando a construção de mecanismos de limitação de poder e de suas formalidades democráticas.

Segundo Losurdo, a crença na necessidade de supressão de instituições representativas e ordenamentos legais, considerados intrinsecamente repressivos, acabou por inviabilizar a construção dos direitos humanos na sociedade socialista, eliminando regras gerais estáveis e previsíveis, e favorecendo o poder arbitrário.[20] A denúncia de novas formas de poder e do domínio de instituições e suas regras não contribui para a construção da sociedade pós-capitalista, pois a eliminação da contradição principal (de classe) não dissolve todas as demais contradições. Portanto, não elimina o papel da política e das instituições como mediadores civilizados de interesses diversos e difusos.

Em outras palavras, as diversas formas de populismo impuseram flagrantes desafios à construção de experiências alternativas ao capitalismo. Primeiro, o populismo aferrado à nostalgia e à transformação das relações sociais deixadas para trás, assentada em saudosos laços comunitários. Segundo, aquele que celebra os setores paupérrimos e excluídos como encarnação exclusiva da excelência moral, por estarem distantes do poder. A absolutização da contradição massa/poder e a condenação do poder enquanto tal inviabilizam a demarcação das diferenças entre revolução e contrarrevolução. É o que Gramsci havia chamado de "rebelismo", "subversivismo" e "antiestatalismo" primitivos, que ocultariam o entendimento das múltiplas contradições e estágios da luta de classes que atravessam o mundo contemporâneo.[21]

---

20 LOSURDO, D. *Marx e o balanço histórico do século XX.* São Paulo: Anita Garibaldi, 2015.

21 *Idem, A luta de classes: uma história política e filosófica.* São Paulo: Boitempo, 2015b.

Ademais, a noção ingênua acerca da extinção do Estado entra em contradição com o cotidiano concreto da luta política (reivindicação do poder na esfera pública), e com os próprios instrumentos institucionais para a promoção do desenvolvimento. Na contramão desse entendimento, há, na verdade, um dever do socialista em se opor à premissa liberal, evidente nos escritos de Hayek, de que o planejamento e as políticas públicas universalistas restringem a liberdade econômica e as liberdades civis. Da mesma forma, de se opor à pregação anarquista voltada à abstenção política não só no longo prazo, como na disputa política cotidiana. São concepções escatológicas que se opõem não a um determinado tipo de Estado, mas a toda forma de organização político-institucional. Mesmo autores autoproclamados marxistas resumem o Estado à ilegalidade na medida em que entendem a afirmação necessária da lei do mais forte como parte integrante da ordem sociometabólica do sistema do capital, caso de Mészáros. Ou seja, nesse entendimento a construção da nova sociedade seria totalmente harmônica, desprovida de contradições e conflitos e, com efeito, não contaria com a necessidade de erigir e consolidar instituições.

Aqui cabe uma observação sobre a China. O país que resistiu ao colapso do socialismo real e se reinventou, experimentando um irrefreável processo de modernização e transformações institucionais, com avanços e recuos, lógicas discursivas e desafios práticos, rupturas e continuidades. O grande desafio experimentado pela China tem sido o da desmessianização da revolução e do projeto comunista, um processo de aprendizagem não sem contradições, que inclui, entre outras coisas, transitar de um Estado de exceção para outro de normalidade institucional.[22]

Em suma, a idealização de um socialismo desenvolvido e democrático, livre de resistências e conflitos, não contribui para a autocrítica, nem para a compreensão das contradições que atravessam as experiências reais, como processo histórico concreto repleto de tortuosidades.

---

22 *Idem, Democracia ou bonapartismo*. Rio de Janeiro: UFRJ/UNESP, 2004.

Aos adeptos da autofobia, pelo contrário, parece hipocrisia confrontar a pureza e superioridade de algumas ideias, diante da ação objetiva de transformação da realidade. A estes, seria mais confortável o entusiasmo revolucionário e o refúgio no idealismo, supondo ser simples a diluição do mercado, da nação, da língua, da religião, do Estado e dos conflitos sociais e entre os países, ao invés da compreensão dos desafios que se impõem durante os processos revolucionários.[23]

III. As vicissitudes do marxismo de cátedra

O balanço que Losurdo fez das experiências do socialismo, sem que com isso recaísse na autofobia, foi de acurada autocrítica. A autofobia emerge de diversas correntes do que aqui chamamos de *marxismo de cátedra*. O autor italiano definiu as correntes que, por caminhos diversos, combinaram um radicalismo teórico com práticas políticas estéreis (*marxismo ocidental*), configurando o que chamou de uma *esquerda ausente*, incapaz de perceber e combater o neocolonialismo em suas múltiplas manifestações. Afinal, sequer conseguiram reconhecer o colapso do socialismo real como restauração conservadora, que potencializou a onda neoliberal e a escalada intervencionista dos Estados Unidos, preferindo ver neste a abertura de novos horizontes para o campo progressista.

O *marxismo ocidental* se caracterizou por seu total distanciamento e independência em relação ao que considerava uma caricatura de marxismo, proveniente da ideologia oficial dos regimes socialistas realmente existentes. A crítica se dirigia aos desdobramentos da Revolução de Outubro, à China comunista e à grande parte das trajetórias dos movimentos progressistas revolucionários do Terceiro Mundo. Embora germinadas no Ocidente, as ideias de Marx e Engels, e a própria Revolução Russa, foram a antessala de transformações que se expandiram para o Oriente e para a periferia do sistema internacional, proporcionando o aprendizado de que as

23 *Idem*, *A luta de classes: uma história política e filosófica*. São Paulo: Boitempo, 2015b.

transformações revolucionárias não eram criações instantâneas e indolores, mas complexos processos marcados pela constante e difícil superação de obstáculos inerentes ao desenvolvimento e à construção do Estado nas experiências socialistas.

Foi assim que as divergências entre marxismo no Ocidente e no Oriente começaram a ser pronunciadas: a palavra de ordem de extinção do Estado *versus* a de construção de um Estado independente capaz de se autogovernar; a de internacionalismo exaltado e abstrato *versus* a de patriotismo anticolonial; de abolição do mercado *versus* a de empenho no desenvolvimento nacional; de que a ciência e a técnica são parte de uma máquina de opressão *versus* a de seu papel como central para a superação da condição de dependência colonial ou semicolonial.

Além do marcado eurocentrismo e etnocentrismo, tais abordagens preferiram, via de regra, o "arbítrio da hermenêutica da inocência" (doutrinário e, por vezes, messiânico), ao invés de compreenderem as circunstâncias históricas em que se desenvolveram as lutas anticoloniais; a "desconstrução", a autenticidade teórica e a denúncia do poder enquanto tal, ao invés da construção de alternativas concretas à ordem dominante. A consequência, destacou Losurdo, é que a incapacidade de fazer frente à escalada belicista atual produziu a certidão de óbito do marxismo ocidental.[24]

O aqui chamado *marxismo de cátedra* se apartou da realidade, ao mesmo tempo que se refugiou nos descaminhos da "teoria crítica". À crítica das disfunções das experiências concretas, resumida a clichês conceituais como stalinismo, totalitarismo etc., somou-se um apego ao espírito libertário da revolução imaginada, concebida como "autêntica" herdeira das tradições socialistas e marxistas. A linha de continuidade entre a autofobia em relação ao socialismo real e o desencanto com as atuais experiências revolucionárias de China e Vietnã – e de outros tantos países anti-imperialistas da periferia do sistema internacional – demarca, portanto, duas faces da mesma moeda.

24 *Idem*, *O marxismo ocidental*. São Paulo: Boitempo, 2018.

Grande parte da esquerda ocidental, em suas variantes imperialista, populista ou anarquista, capitula diante da escala intervencionista, como Bobbio, Hardt e Habermas. Outros preferem a crítica à China, como Harvey, tachando-a de "miséria socializada" com um modelo autoritário, um "neoliberalismo com características chinesas", com a "superexploração da força de trabalho" e a "restauração do poder de classe capitalista".[25] Harvey ignora que o país citado retirou 850 milhões de habitantes da linha da pobreza desde 1978,[26] elevando o IDH nacional de 0,5 (1990) para 0,781 (2020) – com previsão de atingir, mantendo o ritmo atual, o índice de 0,902 em 2035.[27] Slavoj Žižek apontou a experiência chinesa como restauração capitalista operada a partir de uma violenta ditadura estatal "prestes a explodir", uma vez que expropria e disciplina os trabalhadores, repetindo os traços marcantes do capitalismo europeu do século XIX.[28]

De uma maneira geral, a esquerda ocidental, não apenas em sua vertente marxista, é condescendente com as contradições dos países centrais do Ocidente, considerados democráticos e desenvolvidos, e menospreza conceitos como o de imperialismo. Não por acaso, Arendt e Foucault entendiam existir o suposto "racismo de Estado" tanto no Terceiro Reich quanto na URSS, ao mesmo tempo que silenciavam diante de situações declaradamente racistas na África do Sul. Žižek foi e é ainda mais explícito nessa inclinação, ao subtrair de suas análises categorias como Terceiro Mundo e imperialismo, mas paralelamente reforçar a narrativa do autoritarismo nas lutas anticoloniais da Venezuela chavista e/ou de países como Cuba, Vietnã e China, estes sob direção de partidos comunistas. Uns silenciam diante das escaladas intervencionistas, caso de Bobbio quanto às guerras da

---

25 HARVEY, D. *O neoliberalismo: história e implicações.* São Paulo: Loyola, 2008, p. 133.

26 De acordo com os dados do Banco Mundial, informou a agência chinesa CGTN, disponível em: https://news.cgtn.com/news/2020-09-29/China-s-role-in-poverty-alleviation-Ua3rlpYYZW/index.html.

27 Segundo relatório do PNUD, informou a agência chinesa China Daily, disponível em: https://www.chinadaily.com.cn/china/2016-08/22/content_26561442.htm.

28 ŽIŽEK, S. *Vivendo no fim dos tempos.* São Paulo: Boitempo, 2012.

Iugoslávia e Golfo; outros, como Serge Latouche, preferem se voltar a deslegitimar a luta contra o neoliberalismo e o imperialismo.

Assim, a *New Left* – que teve sua projeção inicial mesclada com o sucesso das revoltas de 1968, a contracultura e o movimento *hippie* – estabeleceu como alvos centrais de sua agenda o autoritarismo e intervencionismo dos Estados de bem-estar social no Ocidente e a suposta degeneração dos regimes socialistas.[29] Essa esquerda nasceu entrelaçada ao renascimento do liberalismo e ao surgimento do pós-modernismo, do que decorre, por um lado, numa negligência ao desenvolvimento e às lutas anti-imperialistas, e, por outro, num deslumbramento diante das pautas comportamentais, aderindo à agenda dos reconhecimentos de direitos individuais e aos corporativismos fragmentários extremistas. Foi nesse sentido, portanto, que se consolidou um panorama de falta de hierarquização das lutas políticas nas esquerdas, com o enfraquecimento da centralidade de projetos coletivos abrangentes, com sentido de universalidade e voltados ao desenvolvimento nacional e à luta anticolonial.

Em suma, grande parte dessas críticas às experiências do socialismo real desconsidera as adversidades das lutas concretas cotidianas, as necessidades de resistência às pressões e cerco das grandes potências, os desafios do exercício do poder e o imperativo de superação do subdesenvolvimento. Afinal, parece muito mais confortável o refúgio no principismo retórico e no fraseologismo revolucionário do que a análise concreta das correlações de força e dos imperativos cotidianos da construção do socialismo. Não raramente, aparece nessas análises uma inexorável tendência ao niilismo e ao derrotismo, incapazes de forjar alterações nas estruturas de poder imperantes. Ora, a busca por soluções para sociedades pós-capitalistas, em circunstâncias complexas e adversas, obriga a superar expectativas messiânicas. Contrastando com esse paradigma, Losurdo sempre demonstrou em sua obra uma preocupação central na concretização

29 FIORI, J. *O voo da coruja*. Rio de Janeiro: EdUERJ, 1995.

de um balanço criterioso e autocrítico das experiências socialistas, sem ceder à autofobia reinante do *marxismo de cátedra*.

Considerações finais

Adentrando a fundo algumas das maiores polêmicas da teoria marxista e da historiografia contemporânea, a vasta obra de Losurdo é indispensável para a compreensão dos dissonantes rumos das complexas formações sociais geradas a partir das revoluções do século XX. Sua visão abrangente do significado dessas revoluções – analisadas sob a luz de um ciclo de lutas mais amplo iniciado pela Revolução Francesa – permite ao leitor superar o persistente mito da "falência" do comunismo, demonstrando a centralidade das experiências socialistas do século XX para garantir, ao induzir reformas nas potências capitalistas, a incorporação de direitos sociais e econômicos às democracias ocidentais, assegurando a emergência de um Estado de bem-estar social até então ignorado pela tradição liberal. Acima dos estereótipos e das análises mecanicistas e abstraídas de materialidade histórica, o olhar totalizante e dialético de Losurdo eleva o debate dos dilemas das experiências socialistas a um novo patamar, sobre o qual as reflexões contemporâneas acerca do tema em questão devem estar atreladas.

Em suma, retoma como preocupação central a valorização das experiências socialistas. Sob o verniz da crítica às experiências do socialismo real, muitos autoproclamados marxistas sucumbem à autofobia, reproduzindo argumentos anticomunistas e reprisando propagandas da Guerra Fria. Ora, além de renunciar às suas experiências como aprendizados e conquistas, o *marxismo de cátedra* reproduz uma abordagem colonizada acerca da trajetória do capitalismo dos países centrais e, pior, dos desafios e dificuldades singulares dos países periféricos. Além de perder a capacidade de crítica, perde a capacidade de transformação da realidade social, ao incorporar, sob o véu de supostas intencionalidades progressistas, a agenda e a narrativa das classes dominantes. Na contramão dessa tendência, Losurdo fornece não apenas um vigoroso balanço dos processos históricos que forjaram a construção e derrocada de antigos regimes marxistas, como também os alicerces para a compreensão dos desafios políticos, os quais cotidianamente se impõem às experiências socialistas que ainda hoje persistem e progridem a passos largos, tal como a chinesa.

Referências

AZZARÀ, S. Domenico Losurdo 2014-2018. *In*: Moraes, J. (org.). *Losurdo: presença e permanência*. São Paulo: Anita Garibaldi, 2020.

FERNANDES, L. *O enigma do socialismo real.* Rio de Janeiro: Mauad, 2000.

FIORI, J. *O voo da coruja*. Rio de Janeiro: EdUERJ, 1995.

FURR, G. *Khrushchev lied.* Kettering: Erythros Press & Media, 2011.

HARVEY, D. *O neoliberalismo: história e implicações*. São Paulo: Loyola, 2008.

KEERAN, R; KENNY, T. *O socialismo traído.* Lisboa: Avante, 2008.

LOSURDO, D. *A luta de classes: uma história política e filosófica*. São Paulo: Boitempo, 2015b.

______. *Democracia ou bonapartismo*. Rio de Janeiro: UFRJ/UNESP, 2004.

______. *Fuga da história? A revolução russa e a revolução chinesa vistas de hoje*. Rio de Janeiro: Revan, 2005a.

______. *Guerra e revolução.* São Paulo: Boitempo, 2017.

______. *Marx e o balanço histórico do século XX.* São Paulo: Anita Garibaldi, 2015.

______. *Stalin: história crítica de uma lenda negra*. Rio de Janeiro: Revan, 2010.

______. *O marxismo ocidental.* São Paulo: Boitempo, 2018.

NOVE, A. *A economia do socialismo possível.* São Paulo: Ática, 1989.

VISENTINI, P. *Os paradoxos da revolução russa*. Rio de Janeiro: Alta Books, 2017.

ŽIŽEK, S. *Vivendo no fim dos tempos.* São Paulo: Boitempo, 2012.

Losurdo e o debate sobre Stalin

Ruggero Giacomini[1]

Entre os livros mais lidos, mas também mais discutidos de Domenico Losurdo, deve-se contar seguramente *Stalin. Storia e critica di uma legenda nera.* Publicado pela Carocci em 2008,[2] foi reimpresso no ano seguinte, teve uma segunda edição em 2015 e uma ulterior reimpressão em 2017, enquanto diversas traduções eram publicadas no exterior.

Stalin esteve por muito tempo na cúpula do poder soviético, isso em um período de eventos e escolhas tão cruciais para a URSS, e para o mundo inteiro, que o juízo sobre a sua figura envolve inevitavelmente toda a história soviética e um pedaço considerável da história global, como se pôde constatar ao fim da Guerra Fria. Pela mesma razão, o emaranhado Stalin já era implícita ou explicitamente manifesto na reflexão de Losurdo desde os anos 1990, embora em posição não central; particularmente em novos trabalhos como *Utopia e stato d'eccezione*, *Il peccato originale del Novecento* e *Fuga dalla storia?*.[3] Imediatamente anteriores à sua reflexão podem ser considerados também *Il rivisionismo storico. Problemi e miti*, e, em tempos mais recentes, *Il linguaggio dell'impero.*[4] É em ocasião do

---

1 Doutor em História dos Partidos e dos Movimentos Políticos pela Università degli Studi di Urbino 'Carlo Bo'. Diretor do Centro Cultural Marchigiano La Città Futura. Tradução de Marcos Aurélio da Silva.

2 LOSURDO, D. *Stalin. Storia e critica di uma legenda nera.* Carocci: Roma, 2008.

3 *Utopia e stato d'eccezione. Sull'esperienza storica del 'socialismo reale'.* Nápoles: Laboratorio politico, 1996; *Il peccato originale del Novecento.* Roma-Bari: Laterza, 1998; *Fuga dalla storia? La rivoluzione russa e la rivoluzione cinese oggi.* Nápoles: La Città del Sole, 2005.

4 *Il rivisionismo storico. Problemi e miti.* Laterza, Roma-Bari, 1996; *Il linguaggio dell'impero. Lessico dell'ideologia americana.* Roma-Bari: Laterza, 2007.

cinquentenário da morte do líder soviético em 2003, tendo em vista alguns Colóquios, que amadurece em Losurdo a ideia de tomar de frente o argumento. O primeiro desses Colóquios foi "Stalin nella storia del Novecento", promovido na cidade de Ancona no final de maio pelo *Centro Culturale Marchigiano La Città Futura,* no curso do qual Losurdo enfrentou pela primeira vez de maneira direta a questão do Relatório Khrushchov no XX Congresso, pondo à luz algumas vistosas incongruências (em particular quanto ao tema da guerra e da origem das grandes repressões). Definindo aquela relação como "um obstáculo a remover para a compreensão da URSS de Stalin", Losurdo dava, na ocasião, uma preciosa indicação de trabalho.[5]

Um outro seminário importante ainda ocorreria no *Centro Culturale La Città del Sole*: "Problemi dela transizione al socialismo nell'URSS". Losurdo apresentava um trabalho sobre *Stalin e la 'rivoluzione tradita'*, um título corrigido depois nos Anais como *Stalin, le delusioni del messianismo rivoluzionario e il mito dela 'rivoluzione tradita'*.[6]

Se o debate, embora conduzido em termos científicos e sem indulgências nostálgicas, havia permanecido até aquele momento no âmbito restrito de uma parte minoritária da esquerda comunista, aquelas intervenções constituíam o início de uma reflexão mais orgânica e aprofundada que Losurdo irá lançar no livro de 2008, ampliando e desenvolvendo os temas enfrentados naquelas circunstâncias. Pelo clamor e interesse suscitados, esse livro assinalou uma virada na abordagem da questão Stalin, rompendo um tabu e obrigando os mais devotos pós-khrushchovianos a se fecharem como caracóis em uma proteção assustada pelas próprias incertezas.

5 LOSURDO, D. Rileggendo il Rapporto Chruscev. Un ostaculo da rimuovere per la comprensione dell'URSS di Stalin. *In*: Giacomini, R. (org.). *Stalin nella storia del Novecento, Atti dell'omonimo convegno, Ancona, 31 maggio 2003*. Milão: Ancona/Teti, 2004, p. 125-164.

6 CATONE, A. e SUSCA, E. (org.). *Problemi della transizione al socialismo in Urss*. Nápoles: La Città del Sole, 2004.

I. Stalin e as mitologias do nosso tempo

No ensaio preparado para o posfácio do livro, Luciano Canfora escreve que "não é coisa boa" renunciar a falar de Stalin "com mente lúcida": "se procede por saltos ao invés de pesar os prós e os contras". "Dá-se um tiro no pé ao invés de pesar os prós e os contras".[7] De fato, esse ainda é o comportamento difuso atualmente.

Um politólogo democrático experiente, Giorgio Galli, provavelmente solicitado pelo livro de Losurdo, exortou em seguida a esquerda a falar de Stalin "sem medo", superando "uma vergonha e um sentido de culpa" que penalizam e tornam "afásicos" os líderes políticos com um passado no PCI (Partido Comunista Italiano), um partido contra o qual a figura de Stalin teria de qualquer modo continuado a ser usada "como uma arma".[8] Não se trata de defender aquele modelo para o futuro, coisa que de fato ninguém propunha nem propõe, mas de compreender que "a experiência sintetizada no nome e na obra de Stalin" deveria ser reconsiderada.[9] Embora de maneira um pouco confusa, Galli buscava dizer com isso que a "criminalização" de Stalin não perseguia apenas finalidades políticas anticomunistas e não dizia respeito apenas aos comunistas, mas era voltada a atingir, mais largamente, também os movimentos pela democracia, a emancipação e a liberação.

Nessa perspectiva, Losurdo teve a coragem intelectual de se aproximar, pela primeira vez sem falsidades, da questão Stalin, ou mais precisamente do seu mito, a "lenda negra" que o pinta como "o grande criminoso da história".[10] E precisamente pela linguagem

---

7 CANFORA, L. Da Stalin a Gorbacev: come finisce un impero. *In*: Losurdo, D. *Stalin. Op. cit.* p. 318.

8 GALLI, C. *Stalin e la sinistra: parlare senza paura*. Milão: Baldini Castoldi Dalai, 2009, p. 48.

9 *Ibidem*, p. 47.

10 Para Stefano Azzarà, que a esse respeito critica Cavallaro, Losurdo elabora "talvez a primeira tentativa de uma historiografia rigorosa" sobre o tema. Disponível em: http://materialismostorico.blogspot.com/2009/12/cavallaro-sul-manifesto-invita-gli.html.

direta empregada, seu livro foi como um soco no olho para muitos numa esquerda desabituada ao espírito crítico, e para a qual vale o que Luigi Cavallaro havia escrito, muito lucidamente, a propósito da "historiografia burguesa", que sempre se empenha em marcar como "stalinismo" tudo o que veio da experiência da União Soviética – inclusive "o governo público da economia, o partido de massa, os direitos sociais de cidadania e o próprio pleno emprego".[11]

Losurdo forneceu com seu livro preciosas lições de método. Antes de tudo, ensinando a distinguir entre o que é dito de um determinado personagem, de um regime ou de um período histórico (e entra também no senso comum) e a história real. As coisas ocorreram realmente como são contadas? No caso específico, trata-se de distinguir entre o Stalin que realmente existiu e a "lenda" construída sobre ele.

Losurdo chegava a isso, penso, motivado por uma reflexão sobre a contemporaneidade. Estavam sob os olhos de todos as modalidades com que, mediante uma hábil direção comunicativa e o uso maciço e inescrupuloso de notícias exageradas, deturpadas ou completamente inventadas, chefes de Estado e de governo de todo o mundo, instantes atrás respeitados e cobertos de afagos, eram repentinamente apontados como criminosos vulgares à execração da opinião pública, induzida a sustentar e pedir ações voltadas à sua derrubada por meio de subversões e golpes de mão, agressões e invasões. É a crônica do último quarto de século – de Ceausescu e do falso massacre de Timisoara a Milosevic e a guerra da Iugoslávia, de Saddam Hussein no Iraque a Gaddafi na Líbia e assim até Assad na Síria –, no qual se manifestou o esforço dos vencedores da Guerra Fria de repropor uma nova dominação colonial em algumas áreas do mundo.

Que Losurdo também pensava no presente parece evidente ao lermos um artigo de janeiro de 2009, "'I Protocolli dei Savi dell'Islam' ovvero come si costruiscono le leggende nere",[12] que denuncia a

11 CAVALLARO, L. I sogni di Leonardo Sciascia e gli incubi dell'economia neoclássica. *Il Manifesto*, Roma, 12 mar. 2013.

12 Disponível em: http://domenicolosurdo.blogspot.com/search?q=protocolli.

campanha desencadeada com falsas acusações pelo *Corriere dela Sera* contra o Hamas, como justificação da feroz agressão israelense aos palestinos de Gaza. Não por acaso, *Stalin e as mitologias políticas do nosso tempo* era o título que Losurdo gostaria de dar inicialmente ao livro:[13] é claro, portanto, que a "lenda negra" tinha, na sua concepção, um valor paradigmático para compreender o presente, porque constituiu a mãe de todas as sucessivas lendas do Império.

II. Uma guerra permanente

A segunda lição de método do texto de Losurdo é que não se pode compreender e menos ainda julgar o que foi feito por um personagem histórico, a política de um país, um determinado acontecimento, isolando-o do contexto e prescindindo daquilo que contemporaneamente acontecia e acontece no resto do mundo. Assim, não se pode ignorar a época em que Stalin viveu.

Diversos autores definem hoje o período entre 1914 e 1945 como uma segunda "guerra dos trinta anos".[14] Certo, o historiador alemão Ernst Nolte, como foi revelado, trucava colocando o início em novembro de 1917, ou seja, com a Revolução Bolchevique, no lugar de agosto de 1914, com o desencadear da Primeira Guerra Mundial.[15] Se tomamos a Europa por uma ótica unitária, o que foi o confronto de Estados e de povos com as suas horrendas carnificinas senão uma guerra civil? Foi da guerra entre os blocos contrapostos do capitalismo democrático europeu que se iniciou, nos seus diversos aspectos, a carga inusitada de violência que caracterizaria a história do século XX: já estavam ativos campos de concentração como Mauthausen, Rastadt,

13 Testemunho pessoal.

14 PAVONE, C. La guerra dei trent'anni. 1914-1945 (artigo do seminário *L'Italia in guerra 1940-43*, Bréscia, 27-30 set. 1989). *Annali della Fondazione Luigi Micheletti*, 5: 7-15, 1990-1991; GUARRACINO, S. *Il Novecento e le sue storie*. Milão: Bruno Mondadori, 1997; HOBSBAWM, E. *Imperialismi*. Milão: Rizzoli, 2007, p. 7.

15 NOLTE, E. *La guerra civile europea 1917-1945: nazionalismo e bolscevismo* (1987). Milão: BUR Storia, 2008.

Theresienstadt, Wittenberg etc., onde seriam mortos, entre outros, algo como 100 mil a 600 mil prisioneiros de guerra italianos.[16]

O 1917 também é um evento periodizante em escala mundial, mas isso em sentido completamente diverso daquele das teses de Nolte: a Revolução Socialista rompe com a guerra imperialista e abre a frente da "guerra civil internacional", com o reconhecimento da dignidade dos povos coloniais e a contestação radical das grandes discriminações censitárias e de classe, de gênero e racial. Igualmente nesse caso, porém, a noção de "guerra civil" resulta, como notou Canfora, sempre "rica e adequada",[17] porque é particularmente idônea ao restituir a excepcional aspereza da era staliniana. Até para um historiador antistalinista como Roj Medvedev, de resto, "qualquer guerra civil comporta inevitavelmente o terror":[18] é exatamente o que deveria ser considerado por quem pretende julgar o século XX e a boa-fé dos movimentos políticos que o atravessaram exclusivamente com a lente de uma inalcançável não-violência.

É justo, portanto, qualificar como "terror" a repressão de massa staliniana da segunda metade dos anos 1930, com as suas centenas de milhares de vítimas; as dinâmicas daquele "terror", todavia, devem ser ainda pesquisadas a fundo, porque no seu irromper estiveram também muitas vítimas definíveis e definidas como "stalinistas", o que não se tratou, portanto, de um confronto em sentido único. Losurdo percebia, na verdade, o desenvolvimento de uma peculiar "guerra civil" no partido: a terceira após aquela de 1918-1920, sustentada pela intervenção estrangeira direta, depois aquela ligada à coletivização com a insurgência dos kulaks em 1929-1933.[19]

Como se não bastasse, os anos mais trágicos da repressão staliniana, 1937 e 1938, caíam na realidade dentro da guerra mundial: na

16 PROCACCI, G. *Soldati e prigionieri italiani nella Grande guerra*. Turim: Bollati Boringhieri, 2016, p. 8.

17 CANFORA, L. *La democrazia. Storia di un'ideologia*. Roma-Bari: Laterza, 2004, p. 227.

18 *Idem*.

19 LOSURDO, D. *Stalin. Op. cit.*, p. 92-93.

Espanha combatia-se uma áspera guerra civil e a URSS se confrontava diretamente com o fascismo ítalo-alemão; na Ásia havia começado uma guerra não declarada do Japão à China, que se concluiria só em 1945 com "mais de 35 milhões" de mortos chineses, militares e civis[20] (apenas no massacre de Nanquim de dezembro de 1937 foram mortos entre 200 e 300 mil pessoas, entre elas dezenas de crianças, enquanto as mulheres foram estupradas em massa).[21] Uma recente e imponente obra coletiva sobre a Segunda Guerra Mundial, pondo em discussão a tradicional cronologia de marca anglocêntrica, segundo a qual a guerra teria começado em 1 de setembro de 1939 com a invasão alemã da Polônia, propõe não por acaso uma diversa periodização mais compreensiva dos muitos teatros da "guerra-mundo": 1937-1947,[22] na qual o início do conflito é indicado precisamente a partir da agressão japonesa à China e o seu fim nos tratados de paz com o Japão e a Alemanha, e na passagem sem solução de continuidade à nova Guerra Fria. É esse o contexto internacional no qual se encontra a URSS já na metade dos anos 1930, cercada pelo mundo capitalista hostil: um cerco que, se não considerado, não se entende quase nada da história daquele período, mas que é completamente ignorado por Khrushchov em seu "Relatório Secreto ao XX Congresso".[23]

III. Derrota, não falência

Antonio Carioti, comentarista literário e politólogo do *Corriere della Sera*, escreveu que Losurdo "não hesitava em defender a experiência soviética (mesmo relutando um pouco em explicar sua

---

20 CHUNQIU, W. Remember role in ending fascist war. *China Daily* (online), 15 ago. 2005. Disponível em: http://www.chinadaily.com.cn/english/doc/2005-08/15/content_468908.htm.

21 CHANG, I. *Lo stupro di Nanchino. L'olocausto dimenticato della seconda guerra mondiale*. Milão: Corbaccio, 2000; TERTRAIS, H. 1937: la Guerra ha inizio in Asia. *In*: Aglan, A. e Frank, R. (org.). *La guerra-mondo (1937-1947)*. Turim: Einaudi, 2018, p. 90.

22 AGLAN, A. e FRANK, R. 1937-1947: un mondo a sé. *In*: *La guerra-mondo (1937-1947)*. *Op. cit.*, p. xxii-xxxiii.

23 Sobre isso remeto ao meu trabalho: *Il processo Stalin*. Roma: Castelvecchi, 2019.

falência), com uma coerência obstinada que o havia levado até a reavaliar no seu livro mais discutível, publicado em 2008, a figura de Josef Stalin".[24] Na verdade, Losurdo não relutou absolutamente em explicar "a falência" da experiência soviética, porque considerava tal categoria – como aquelas análogas de "colapso" e "implosão" – inadequadas e desviantes para entender o que aconteceu. Ao socialismo soviético, de fato, nunca foi permitido se desenvolver autonomamente segundo sua própria vocação, e por essa razão, para ele, a categoria justa a empregar era a de "derrota".

Losurdo se referia a um juízo do historiador marxista inglês Eric Hobsbawm, o qual no seu livro mais célebre, *Il Secolo breve*, havia definido a Guerra Fria como uma "terceira guerra mundial, embora de caráter muito particular".[25] Uma guerra "particular" pela diversa combinação das armas com que fora combatida: a pressão econômica e a chantagem militar; o peso inédito da informação e da comunicação; a guerra psicológica; as operações especiais e as infiltrações dos serviços secretos; a conjunção de agressividade externa contra "o império do mal" com os movimentos internos de contestação e subversão...

É toda uma história a ser escrita, que nas suas concretas modalidades Losurdo citava frequentemente o general da aviação dos EUA, também alto dignatário da maçonaria, James Doolittle, o qual no início dos anos 1950 admitia, como aquela que apenas se iniciava, uma guerra sem regras: "Devemos... aprender a subverter, sabotar e destruir os nossos inimigos com métodos mais inteligentes, mais sofisticados e mais eficazes do que aqueles por eles usados contra nós".[26] É uma perspectiva compartilhada também por Rita Di Leo, que situa a derrota do socialismo soviético nos tempos longos da guerra jamais interrompida pelo capitalismo mundial, no primeiro

24 CARIOTI, A. Addio a Losurdo. Criticò Nietzche giustificò Stalin. *Corriere della Sera*, 30 jun. 2018, p. 41.

25 HOBSBAWM, E. *Il Secolo breve. 1914-91: l'era dei grandi cataclismi*. Milão: Rizzoli, 1995, p. 268. Citado em: LOSURDO, D. *Stalin*. *Op. cit.*, p. 26.

26 LOSURDO, D. *Fuga dalla storia? Op. cit.*, p. 21.

experimento de uma sociedade socialista:[27] se a URSS saiu reforçada da Segunda Guerra Mundial, viu-se, porém (bem cedo), diante da força unificada de todo o mundo capitalista desenvolvido, precedentemente desenvolvido em blocos rivais, mas agora quase inteiramente unido com planos econômicos, instrumentos financeiros e pactos militares sob controle hegemônico dos Estados Unidos.

Exatamente no extremo oposto dessa lúcida análise encontrava-se a polêmica que, naqueles anos, havia acompanhado o aparecimento do livro de Losurdo nas páginas do *Liberazione*. O órgão do Partido da Refundação Comunista havia publicado uma resenha de Guido Liguori, tão crítica nos conteúdos quanto cortês nos tons;[28] mas isso bastou para desencadear a revolta de uns vinte redatores do jornal, escandalizados que se pudesse falar o nome de Stalin sem que fosse acompanhado de anátemas: "Diante dos milhões de mortos", diziam remetendo ao *Livro negro do comunismo*, "consideramos que não há o que acrescentar: seja lá que interpretação histórica se fizer".[29] E outros aumentavam a dose: "Já há muitos anos demos respostas claras sem equívocos. Portanto, por que voltar a isso?".[30]

Eis um exemplo daquele comportamento preconceituoso, a partir do qual se pode dizer tudo e mais um pouco a respeito de Stalin. Fugiu covardemente e se escondeu após a invasão hitleriana; suspeito de ser mandante do assassinato do seu mais estreito companheiro de armas, Kirov; dirigiu e foi o sujeito de processos políticos encenados, apontando como atores, com meios misteriosos, seus maiores opositores; responsabilizado até por ter provocado aversão

---

27 Cf. a intervenção na iniciativa "Se7en – 'Il treno contro la Storia'" (7-10 nov. 2017). Disponível em: https://www.youtube.com/watch?v=9C5G8ZQ8ni4.

28 LIGUORI, G. Domenico Losurdo. Stalin, storia e critica di una leggenda nera. *Liberazione*, 10 abr. 2009. Ver também: LIGUORI, G. Il socialismo alla prova del gulag. Tanti drammi per un simile risultato? *Liberazione*, 10 abr. 2009 – em que o próprio G. Liguori replica os críticos, embora distinguindo-se de Losurdo.

29 AA. VV. Si vuole riabilitare Stalin? Non ci stiamo. *Liberazione*, 11 abr. 2009.

30 BONANNI, A. La lettera di Losurdo rifiutata da 'Liberazione'. *Liberazione*, 16 abr. 2009. Todos estes materiais estão disponíveis em: http://domenicolosurdopolemicastalin.blogspot.com/2009/06/dopo-la-pubblicazione-di-una-recensione.html.

aos ucranianos, terríveis secas nos anos de 1931-1932 e consequentes carestias, como antes o imperador bizantino Giustiniano, acusado pelo historiador Procópio de ser responsável por "terremotos, pragas e transbordamentos de rios", nada menos que a encarnação do "demônio".[31] Foram despejadas sobre Stalin, sem economia e desmedidamente, todas as desgraças da época, as vítimas da guerra civil e da Segunda Guerra Mundial, e até os mortos pelo cerco nazista a Leningrado, a quem Stalin não havia levado socorro porque eram seus opositores, como sustenta *en passant* um ex-extremista e revolucionário operarista que se tornou pontífice do liberalismo.[32]

IV. Os dilemas morais

Losurdo considerava legítimo interrogar-se sobre os "dilemas morais que caracterizam as grandes crises históricas" e exprimir juízos morais sobre acontecimentos políticos, com a condição de que os fatos imputados fossem verdadeiros e que os critérios de valores adotados valessem para todos. O crime das covas de Katyn, por exemplo, era um fato absolutamente injustificável, mas isso não significava elevar os Estados Unidos a "mestres da moralidade". De fato, o que dizer dos bombardeios indiscriminados sobre a população civil na Segunda Guerra Mundial, das explosões atômicas sobre Hiroshima e Nagasaki, ou dos crimes em massa levados a efeito no curso da guerra da Coreia?[33] Era lícito passar por cima de tudo isso?

Desse modo, Losurdo sempre fez amplo uso do método comparativo, e o fez como um professor, com rigor e precisão, além de um impressionante conhecimento atualizado da literatura científica internacional, que lhe permitiu desmistificar a narrativa interessada da virgindade moral das democracias capitalistas.

---

31 PROCÓPIO. *Carte segrete*. Milão: Garzanti, 1981, p. 68-69, 101. Cf. CANFORA, L. *Da Stalin a Gorbacev*. *Op. cit.*, p. 317.

32 MIELI, P. *L'arma della memoria. Contro la reinvenzione del passato*. Milão: Rizzoli, 2015, p. 10.

33 Ver: BONANNI, A. La lettera di Losurdo rifiutata da "Liberazione". *Op. cit.*; e LOSURDO, D. *Stalin*. *Op. cit.*, p. 259-260.

Trata-se de "historicismo justificacionista", como lhe foi frequentemente reprovado? Losurdo citava, em sua defesa, o filósofo estadunidense Michael Walzer, muito apreciado na Itália também nos ambientes de esquerda. Ele não tinha dificuldade em reconhecer o caráter criminoso dos "bombardeios terroristas" praticados pelos anglo-americanos no curso da Segunda Guerra Mundial, mas, ao mesmo tempo, os considerava legítimos e, a propósito, obrigatórios, em nome do superior interesse de vencer o Terceiro Reich: "Atrevo-me a dizer que a nossa história seria apagada e o nosso futuro comprometido caso não aceitassem assumir o peso da criminalidade aqui e agora", sustentou. Alguém – observa Losurdo polemicamente – acusou Walzer de justificacionismo?

Na realidade, notava Losurdo, a criminalização do movimento comunista não se limitava a Stalin. Mao Zedong também foi definido em um livro traduzido e muito anunciado na Itália como "o maior criminoso de todos os tempos".[34] E, como criminosos, foram apresentados na imprensa americana Tito, Ho Chi Minh, Castro... Ao ser aceito o critério da criminalização em sentido único, toda a história do movimento operário, dos movimentos de independência e de liberação nacional e social torna-se verdadeiramente uma história criminosa, diante da qual se destacaria imaculada a imagem do capitalismo, colonialista e imperialista, mas considerado, por definição, "democrático".

É esse tipo de narrativa histórico-moral que Losurdo queria contestar, ou seja, "a criminalização da história do movimento comunista no seu todo" e em sentido único. Ao mesmo tempo, porém, contra toda nostalgia, considerava necessária uma obrigatória reflexão autocrítica acerca de todas as experiências do socialismo, para aprender com os erros e os horrores, sem arrependidas genuflexões diante dos vencedores e sem considerar concluído o processo histórico.[35] O seu desejo, em suma, era que pudesse ser superada a infausta tradição segundo a qual

---

34 CHANG, J. e HALLIDAY, J. *Mao. La storia sconosciuta*. Milão: Longanesi, 2006.

35 BONANNI, A. La lettera di Losurdo rifiutata da "Liberazione". *Op. cit.*

são possíveis apenas celebrações acríticas ou também acríticos discursos de excomunhão, e propunha, a esse propósito, que nas análises das tentativas de construção de uma sociedade socialista se partisse da categoria de "aprendizagem" mais do que daquela de "traição", já que nenhum dos fundadores do marxismo havia previsto o desenvolvimento concreto e os problemas das experiências de edificação socialista.

Não ter vergonha da própria história, portanto, e aprender e reaprender a fazer a sua leitura de maneira autônoma e crítica, sem submeter-se à narrativa, certamente não desinteressada, dos vencedores da Guerra Fria: repensar criticamente a figura de Stalin torna-se assim parte integrante de um novo modo de olhar para a experiência do socialismo do século XX como um todo, enquadrado nos termos de um grande processo de aprendizagem que interroga e solicita também as atualizações e desenvolvimentos necessários da teoria marxista, coisa que era particularmente urgente para ele em relação à teoria do Estado, a fim de superar a utopia da extinção e pôr as premissas de um Estado socialista de direito.

V. Quase um testamento

Na sua última conferência em Ancona sobre "Marxismo e comunismo", Losurdo quis sublinhar como Marx e o movimento comunista, que a partir dele abriu estrada, ficaram com o mérito de ter afirmado sem ambiguidade a unidade do gênero humano, fornecendo à ética um fundamento universal. Não foi o liberalismo, mas o marxismo que pôs radicalmente em discussão as discriminações entre os seres humanos. E isso permanece sendo o critério fundamental de avaliação do ponto de vista moral quando se confrontam e julgam os custos humanos dos diversos sistemas sociais e a própria história do século XX.

Losurdo foi censurado por não ter considerado em seu livro que, se no lugar de Stalin estivesse algum outro, as coisas poderiam ter caminhado bem diversamente.[36] Ele não havia dado resposta a

36 GRECO, D. È autoritaria la pretesa che vi siano argomenti da mettere al bando. *Liberazione*, 12 abr. 2009.

essa observação, porque não amava aventurar-se no incerto campo da história com os "se". Pode-se tentar, todavia, aceitar a provocação e descer ao terreno do exercício ucrônico: Franco Cardini, por exemplo, fez uma foto de Mussolini acompanhar um artigo seu "no curso da sua primeira visita oficial a Moscou, após a conquista alemã da cidade em dezembro de 1941",[37] respondendo assim à pergunta sobre o que seria a URSS se não tivesse conseguido impedir Hitler de vencer a guerra. Contudo, o que teria ocorrido se em 1937 o marechal Tukhatchevski tivesse vencido é uma pergunta a qual responde o historiador militar britânico Chris Bellamy na conclusão do seu importante trabalho sobre a "guerra total":

> Se Tukhatchevski tivesse sobrevivido, derrotado Stalin e chegado a alguma acomodação com Hitler, nesse caso, a Alemanha nazista e a União Soviética teriam, talvez, constituído uma frente única contra o mundo livre. O que poderia ter acontecido, portanto, abre um cenário ainda mais terrificante.[38]

E ainda: e se sobre Stalin tivesse prevalecido Trotsky? A hipótese é considerada por Carlo Rosselli, líder do movimento "Giustizia e Libertà", após um encontro com o próprio Trotsky em Paris, no ano de 1934:

> Trotsky é infinitamente maior do que Stalin, mas Stalin administrou sabiamente a revolução, ao custo de torná-la menor e embalsamá-la; enquanto Trotsky a teria submetido à destruição com qualquer iniciativa napoleônica.[39]

É, surpreendentemente, o mesmo juízo que Gramsci, no cárcere, confia a uma nota dos *Cadernos*, quando escreve que a tendência de Trotsky, se tivesse prevalecido, "seria ter desembocado

---

37 Ver GALLI, G. *La Russia da Fatima al riarmo atomico. Politica ed esoterismo all'ombra del Cremlino.* Bresso: Hobby & Work, 2008 (Va), p. 104.

38 BELLAMY, C. *Guerra assoluta. La Russia sovietica nella Seconda guerra mondiale.* Turim: Einaudi, 2010, p. 786.

39 "Giustizia e Libertà", a. I, n. 2, Paris, 25 mai. 1934.

necessariamente em uma forma de bonapartismo", tanto que "foi necessário quebrá-la inexoravelmente".[40]

Naturalmente o exercício dos "se" poderia continuar. A cada dilema em que se impõem escolhas acerca da direção a tomar na vida dos Estados, como dos partidos e das pessoas, individualmente se apresentam mais opiniões sobre possibilidades; mas só uma é concretamente aquela que é praticada. Depois disso, confortada com uma inesgotável retrospectiva, pode-se perguntar se outras escolhas não teriam sido melhores. Todas são possíveis, mesmo se não estamos em condições de verificá-las. Todavia, se nos interrogamos seriamente, as conclusões poderiam ser muito diversas daquelas que a vulgata dominante gostaria de dar como certas.

Referências

AA. VV. Si vuole riabilitare Stalin? Non ci stiamo. *Liberazione*, 11 abr. 2009.

AGLAN, A. e FRANK, R. (org.). *La guerra-mondo (1937-1947)*. Turim: Einaudi, 2018.

BELLAMY, C. *Guerra assoluta. La Russia sovietica nella Seconda guerra mondiale*. Turim: Einaudi, 2010.

BONANNI, A. La lettera di Losurdo rifiutata da 'Liberazione'. *Liberazione*, 16 abr. 2009.

CANFORA, L. *La democrazia. Storia di un'ideologia*. Roma-Bari: Laterza, 2004.

CARIOTI, A. Addio a Losurdo. Criticò Nietzche giustificò Stalin. *Corriere della Sera*, 30 jun. 2018.

CATONE, A. e SUSCA, E. (org.), *Problemi della transizione al socialismo in Urss*. Nápoles: La Città del Sole, 2004.

CAVALLARO, L. I sogni di Leonardo Sciascia e gli incubi dell'economia neoclássica. *Il Manifesto*, Roma, 12 mar. 2013.

CHANG, J. e HALLIDAY, J. *Mao. La storia sconosciuta*. Milão: Longanesi, 2006.

40 GRAMSCI, A. *Quaderni del Carcere*. Turim: Einaudi, 1975, p. 489, nota sobre Americanismo e Fordismo.

CHANG, I. *Lo stupro di Nanchino. L'olocausto dimenticato della seconda guerra mondiale*. Milao: Corbaccio, 2000.

CHUNQIU, W. Remember role in ending fascist war. *China Daily* (online), 15 ago. 2005. Disponivel em: http://www.chinadaily.com.cn/english/doc/2005-08/15/content_468908.htm.

DI LEO, R. "Se7en – 'Il treno contro la Storia'" (7-10 nov. 2017). Disponivel em: https://www.youtube.com/watch?v=9C5G8ZQ8ni4.

GALLI, G. *La Russia da Fatima al riarmo atomico. Politica ed esoterismo all'ombra del Cremlino.* Bresso: Hobby & Work, 2008 (Va).

______. *Stalin e la sinistra: parlare senza paura.* Milão: Baldini Castoldi Dalai, 2009.

GIACOMINI, R. *Il processo Stalin*. Roma: Castelvecchi, 2019.

GUARRACINO, S. *Il Novecento e le sue storie*. Milão: Bruno Mondadori, 1997.

GRAMSCI, A. *Quaderni del Carcere*. Turim: Einaudi, 1975.

GRECO, D. È autoritaria la pretesa che vi siano argomenti da mettere al bando, *Liberazione,* 12 abr. 2009.

HOBSBAWM, E. *Il Secolo breve. 1914-91: l'era dei grandi cataclismi*. Milão: Rizzoli, 1995.

______. *Imperialismi*. Milão: Rizzoli, 2007.

LIGUORI, G. Domenico Losurdo. Stalin, storia e critica di una leggenda nera. *Liberazione*, 10 abr. 2009.

LOSURDO, D. Rileggendo il Rapporto Chruscev. Un ostaculo da rimuovere per la comprensione dell'URSS di Stalin. *In*: Giacomini, R. (org.). *Stalin nella storia del Novecento, Atti dell'omonimo convegno, Ancona, 31 maggio 2003.* Milão: Ancona/Teti, 2004.

______. *Stalin. Storia e critica di uma legenda nera.* Roma: Carocci, 2008.

______. *Fuga dalla storia? La rivoluzione russa e la rivoluzione cinese oggi.* Nápoles: La Città del Sole, 2005.

MIELI, P. *L'arma della memoria. Contro la reinvenzione del passato*. Milão: Rizzoli, 2015.

NOLTE, E. *La guerra civile europea 1917-1945: nazionalismo e bolscevismo* (1987). Milão: BUR Storia, 2008.

PAVONE, C. La guerra dei trent'anni. 1914-1945 (artigo do seminário *L'Italia in guerra 1940-43*, Bréscia, 27-30 set. 1989). *Annali della Fondazione Luigi Micheletti*, 5: 7-15, 1990-1991.

PROCACCI, G. *Soldati e prigionieri italiani nella Grande guerra*. Turim: Bollati Boringhieri, 2016.

ROSSELLI, C. "Giustizia e Libertà", a. I, n. 2, Paris, 25 mai. 1934.

TERTRAIS, H. 1937: la Guerra ha inizio in Asia. *In*: Aglan, A. e Frank, R. (org.). *La guerra-mondo (1937-1947)*. Turim: Einaudi, 2018.

Desenvolvimento das forças produtivas e populismo: a crítica de Domenico Losurdo

Marcelo Fernandes[1]

O prodigioso desenvolvimento contínuo de energias renováveis que não necessitem de combustíveis fósseis (limitados e altamente poluentes) demonstra mais uma vez que os avanços da tecnologia, essa 'força do saber objetivada' humana, identificada e celebrada por Marx, contêm um potencial efeito prodigioso de libertação, tanto no que diz respeito às relações sociais como no tocante às relações entre o homem e a natureza. Só que esse resultado está longe de ser óbvio. Na verdade, será inatingível enquanto a 'ciência' continuar a ser obrigada a 'servir ao capital'

(Domenico Losurdo)

Introdução

O desenvolvimento das forças produtivas cumpre um papel central na análise de Karl Marx e Friedrich Engels sobre como a sociedade evolui, e especificamente sobre o modo de produção capitalista. Para eles, o proletariado enquanto classe dominante deveria ampliar o mais rápido possível o conjunto das forças produtivas. O socialismo seria um modo de produção superior surgido das contradições do capitalismo, de avanço tecnológico em que a pobreza seria eliminada; em especial, "a pobreza produzida artificialmente".[2]

---

1 Professor na Universidade Federal Rural do Rio de Janeiro.

2 MARX, K; ENGELS, F. *O Manifesto do Partido Comunista*. São Paulo: Boitempo, 2010, p. 162.

No entanto, curiosamente, parte do movimento progressista, e mesmo comunista, enxergou a crítica ao capitalismo como uma crítica à utilização das forças produtivas e à melhora nos padrões de consumo, como um mero "aburguesamento", caindo numa romantização e louvação ao ascetismo, como fizeram os socialistas de Ham Common, mas completamente incompatível com a posição dos fundadores do socialismo científico.[3] Marx e Engels jamais entenderam o modo de produção socialista como uma sociedade alternativa ao capitalismo, mas sim sua superação, na qual as forças produtivas alcançariam um grau de desenvolvimento que tornaria possível ao trabalhador desfrutar de cada vez mais horas de lazer.

No *Manifesto do Partido Comunista* já encontramos uma crítica ao ascetismo que existia nos primeiros movimentos do proletariado. Estes acabaram tendo um conteúdo reacionário que enxergava a classe operária sob um único aspecto, o de classe sofredora.[4] Na sua controvérsia com Ferdinand Lassalle na *Crítica ao Programa de Gotha,* Marx menciona os economistas que tentavam explicar que "[...] o socialismo não pode acabar com a miséria, que é *fundada na natureza*, mas apenas *generalizá-la*, repartindo igualmente por toda a superfície da sociedade".[5] Na Rússia, o movimento populista possuía um forte apelo moral, que louvava o estilo de vida camponês como o mais elevado valor da "boa" sociedade, numa forma de "socialismo agrário" que ainda hoje tem influência considerável sobre os movimentos progressistas.

O filósofo marxista Domenico Losurdo (1941–2018), tema deste livro, elaborou uma crítica consistente e radical contra o populismo e sua inclinação ao ascetismo.[6] Isto é, àquele que ignora o problema do desenvolvimento das forças produtivas e "tem como

---

3 ENGELS, F. Progresso da reforma social no continente. *In*: *Esboço para uma crítica da economia política e outros textos de juventude*. São Paulo: Boitempo, 2021.

4 MARX, K; ENGELS, F. *O Manifesto do Partido Comunista*. *Op. cit.*

5 MARX, K. *Crítica ao Programa de Gotha*. São Paulo: Boitempo, 2012, p. 38.

6 Algo similar ocorre na direita do espectro político, vinculado à romantização da miséria por meio de ideias como a meritocracia e empreendedorismo individual. Este cumpre um papel de manter o *status quo* no capitalismo, e não será discutido neste capítulo.

expectativa, ou enaltece, a redenção daqueles que ocupam o último degrau da hierarquia social, a redenção dos pobres e dos 'pobres de espírito'".[7] Segundo Losurdo, parte expressiva da esquerda entende que o "ascetismo universal" ou "rude igualitarismo" que pesa sobre os oprimidos seria os valores morais que levariam o proletariado à emancipação. Essa é uma noção à qual mesmo o Bolchevismo não ficaria imune, numa falta de compreensão quanto às condições concretas em que ocorrem as experiências de transformação social. Estas, normalmente, não seguem idealizações prévias, por mais justas e bem-intencionadas que sejam, conforme advertia Losurdo.

E foi justamente na Rússia, país de industrialização tardia, onde ocorreu a primeira revolução socialista da história. Os bolcheviques tinham como desafio algo monumental: iniciar a primeira tentativa de desenvolvimento socialista num mundo dominado por países capitalistas. A China, que assistiu à maior revolução anticolonial da história liderada pelo Partido Comunista da China (PCCh), é outro exemplo. Os dirigentes do PCCh também se viram diante da necessidade imperiosa de desenvolver as forças produtivas em um país devastado pelas guerras coloniais ("século de humilhações"). Como veremos neste capítulo, a crítica de Losurdo ao populismo e ao ascetismo se baseia na experiência de construção do socialismo nessas duas nações durante o século XX.

O objetivo deste capítulo é discutir a crítica elaborada por Domenico Losurdo ao populismo e à ideia de que haveria alguma compatibilidade entre pobreza e socialismo. Com isso, constataremos a importância do desenvolvimento das forças produtivas e do processo de transição para o socialismo, e como os exemplos da Rússia Soviética e da China são importantes nesse sentido. Desenvolver as forças produtivas não é algo prosaico, como Losurdo brilhantemente tratou de demonstrar.

---

7 LOSURDO, D. Marx, Cristóvão Colombo e a Revolução de Outubro - Materialismo histórico e análise das revoluções. *In*: Moraes, J. (org.). *Losurdo: Presença e permanência*. São Paulo: Anita Garibaldi, 2020, p. 116.

I. Sobre o desenvolvimento das forças produtivas

Não se pode minimizar a importância que o desenvolvimento das forças produtivas tem no arcabouço teórico dos fundadores do socialismo científico. Na *Ideologia Alemã*, Marx e Engels afirmavam que:

> Pode-se distinguir os homens dos animais pela consciência, pela religião ou pelo que se queira. Eles mesmos, porém, começam a se distinguir dos animais tão logo começam a *produzir* seus meios de vida, passo que é condicionado por sua organização corporal. Ao produzir seus meios de vida, os homens produzem, indiretamente, sua própria vida material.[8]

O primeiro ato histórico dos seres humanos é a produção para satisfazer suas necessidades (bebida, moradia, roupas etc.), ou seja, "a produção da própria vida material". "A primeira coisa a fazer em qualquer concepção histórica é, portanto, observar esse fato fundamental em toda a sua significação e em todo o seu alcance e a ele fazer justiça".[9] Como as necessidades humanas nunca cessam, a produção também não pode ser interrompida. Portanto, o trabalho é o fundamento de toda atividade humana.

As relações de produção são formadas pela propriedade econômica das forças produtivas. A contradição que move a sociedade é aquela entre as forças produtivas e as relações de produção. Ela é resultado do próprio desenvolvimento das forças produtivas. Como sublinha Germer: "O desenvolvimento das forças produtivas é o elemento dinâmico do desenvolvimento social, tem fundamentos materialistas consistentes, uma vez que é consistente a tese de que o trabalho é a fonte material de novos conhecimentos, que retroagem sobre as forças produtivas, aperfeiçoando-as".[10]

---

8 MARX, K; ENGELS, F. *Ideologia Alemã*. São Paulo: Boitempo, 2007, p. 87.

9 *Ibidem*, p. 33

10 GERMER, C. Marx e o papel determinante das forças produtivas na evolução social. *Crítica Marxista*, n. 29, 2009, p. 81.

Ao longo da história, o desenvolvimento das forças produtivas ocorria geralmente de forma não intencional. O capitalismo é o primeiro modo de produção cujo funcionamento está baseado na busca intencional por inovações tecnológicas. Isso se deve à concorrência intercapitalista[11] e à forma como ocorre o processo de valorização do capital. Antes da Revolução Industrial, a sociedade era muito dependente dos eventos da natureza para a produção dos bens essenciais à reprodução. Uma seca prolongada, por exemplo, era suficiente para levar à fome toda uma cidade. Após a Revolução Industrial tais eventos se tornaram cada vez menos relevantes no processo de reprodução.[12]

Assim, é no capitalismo que o desenvolvimento das forças produtivas ingressa em um novo patamar. De acordo com Marx: "Mas a contradição desse modo de produção capitalista consiste precisamente em sua tendência ao desenvolvimento absoluto das forças produtivas, em permanente conflito com as condições específicas da produção em que o capital se move e tem que necessariamente se mover".[13] Por isso, o capitalismo é o modo de produção em que se assistiu a um nível de desenvolvimento das forças produtivas que os modos de produção anteriores nem sequer arranharam.

Esse avanço sem precedentes das forças produtivas tornou a vida social muito mais complexa, e passou a exigir que os indivíduos tivessem mais conhecimentos científicos e se tornassem mais capacitados, fazendo emergir novas formas de reprodução material. Nesse sentido, a pobreza é uma barreira para o indivíduo alcançar maiores níveis de conhecimento, dificultando que ele e a sociedade evoluam.

Engels lembra também que as mudanças nas condições econômicas não seriam seguidas imediatamente pela mudança correspondente de sua estrutura política. "A ordem estatal permaneceu

---

11 *Idem.*

12 LESSA, S; TONET, I. *Introdução à filosofia de Marx.* 2 ed. São Paulo: Expressão Popular, 2011.

13 MARX, K. *O capital: crítica da economia política: Livro III.* São Paulo: Boitempo, 2017, p. 297.

feudal, enquanto a sociedade se tornava cada vez mais burguesa".[14] Marx esclareceu que não seria viável, após a vitória da revolução proletária, alcançar a imediata supressão de todas as diferenças de classe da sociedade.[15] Portanto, existiria um inevitável período de transição. Quando o poder político atua em direção contrária ao desenvolvimento econômico, com raras exceções, afirma Engels,[16] ele sucumbe ao desenvolvimento econômico.

Os bolcheviques, após tomarem o poder em outubro de 1917 e iniciarem a primeira experiência socialista no mundo, acreditaram que seria possível suprimir imediatamente as diferenças de classe e qualquer vestígio de relações econômicas capitalistas, mas logo tiveram que recuar, ainda que a ordem estatal fosse radicalmente transformada. Marx diz que: "A distribuição dos meios de consumo é, em cada época, apenas a consequência da distribuição das próprias condições de produção; contudo, esta última é uma característica do próprio modo de produção".[17] Portanto, a distribuição não pode ser independente do modo de produção, nem se pode pensar em distribuir sem se preocupar em desenvolver as forças produtivas. Losurdo, analisando profundamente as experiências de socialismo da URSS e da República Popular da China, elaborou uma crítica arrasadora às análises sobre as idealizações e romantizações de como deveria ser a nova sociedade socialista, como veremos mais adiante. Antes disso, vamos discutir brevemente o exemplo dos populistas russos que vão na direção contrária quanto à importância do desenvolvimento das forças produtivas.

---

14 ENGELS, F. *Anti-Dühring: a revolução da ciência segundo o senhor Eugen Dühring*. São Paulo: Boitempo, 2015, p. 136.

15 MARX, K. *Crítica ao Programa de Gotha*. *Op. cit.*

16 ENGELS, F. *Anti-Dühring: a revolução da ciência segundo o senhor Eugen Dühring*. *Op. cit.*, p. 221.

17 MARX, K. *Crítica ao Programa de Gotha*. *Op. cit.*, p. 3.

II. Os populistas russos

No capitalismo a produção de riqueza se dá de forma social enquanto a apropriação é privada. Romper com essa lógica burguesa de acumulação não é tarefa trivial. Parece evidente que o socialismo só poderá realizar isso plenamente rompendo com a pobreza e oferecendo aos indivíduos melhores condições de vida. Essa tarefa não é uma divagação moral, mas sim a missão histórica do proletariado na construção do socialismo, em uma nova formação social superior.

Uma das primeiras polêmicas sobre a possibilidade de se alcançar o socialismo sem a passagem do capitalismo ocorreu entre os chamados populistas (*narodniks*) na Rússia. O populismo (*narodnichestvo*) é também o primeiro movimento revolucionário de influência marxista com uma clara tendência ascética. A primeira edição de *O Capital* em russo foi traduzida pelo populista Nikolai Danielson. Os populistas formavam grupos de estudos dos escritos de Marx, enfatizando os efeitos negativos do desenvolvimento do capitalismo.

A Rússia só aboliu a servidão em 1861, como parte do esforço de modernização da sociedade, e a industrialização passou a ser vista como parte fundamental desse esforço. A derrota na Guerra da Crimeia (1853-1856) deixou evidente que o rápido desenvolvimento industrial era imperioso.[18] Todavia, a industrialização não era unanimidade na sociedade russa. O movimento populista surgiu nos anos 1860, atuando na defesa dos pequenos produtores rurais, além disso, se posicionava radicalmente contra a introdução do capitalismo na Rússia e a favor de uma forma de "socialismo agrário". O capitalismo, conforme os populistas, seria uma fase indesejável e desnecessária do desenvolvimento.[19]

Ainda segundo os populistas, o capitalismo também não poderia se desenvolver na Rússia em razão da incapacidade de o mercado interno absorver a produção em larga escala advinda da produção

18 MARX, K; ENGELS, F. *Lutas de Classes na Rússia*. São Paulo: Boitempo, 2013.

19 FERNANDES, M. P. O capitalismo como sistema Expansivo: a controvérsia entre Lenin e os populistas. *OIKOS*, v. 16, 2017.

capitalista. Sobre a possibilidade de a Rússia saltar a etapa capitalista, Marx, a princípio, pareceu ter aventado essa possibilidade numa resposta à revolucionária russa Vera Zasulitch, em 8 de março de 1882.[20] Porém, no prefácio à edição russa do *Manifesto do Partido Comunista*, Marx e Engels questionaram se a comunidade rural russa poderia se transformar diretamente na propriedade comunista. A resposta, segundo eles, era que isso somente seria possível "se a revolução na Rússia se constituir no sinal para revolução proletária no Ocidente, de modo que uma complemente a outra, a atual propriedade comum da terra na Rússia poderá servir de ponto de partida para uma evolução comunista".[21]

É necessário destacar aqui a forte questão moral no populismo russo quanto ao funcionamento do sistema. Vorontsov acreditava que o capitalismo não seria apenas inviável. Tratava-se de um sistema importado, repugnante em relação à alma do povo russo, e que uma vez implantado desagregaria a tradição comunitária russa. A questão passava pela distribuição de riqueza e não pelo avanço das forças produtivas.[22] Ademais, sua visão pessimista do capitalismo somava-se a uma perspectiva extremamente positiva quanto ao dinamismo da vida comunitária camponesa, contrária ao individualismo burguês estabelecido pela propriedade privada. Segundo Vorontsov: "*The people's party would stand to gain a great deal if to its faith in the vitality of the foundations of peasant life was added a conviction of the historical impossibility of the growth of capitalist production in Russia*".[23]

Essa visão do estilo de vida camponês se traduzia numa compreensão equivocada sobre o socialismo, por isso trazia prejuízos ao movimento revolucionário na Rússia. De acordo com Lenin:

---

20 MARX, K; ENGELS, F. *Lutas de Classes na Rússia*. São Paulo: Boitempo, 2013.

21 *Ibidem*, p. 125.

22 LOSURDO, D. *A Luta de Classes: uma história política e filosófica*. São Paulo: Boitempo, 2015.

23 HARDING, N. *Lenin's Political Thought*. Londres: The Macmillan Press, 1983, p. 81-82.

> Imperam, então, formas de socialismo no fundo aparentadas com o nosso populismo: incompreensão da base materialista do movimento histórico, incapacidade de distinguir o papel e a importância de cada classe da sociedade capitalista, ocultamento da essência burguesa das transformações democráticas com diferentes frases pseudo-socialistas sobre 'o povo', 'a justiça', 'o direito' etc.[24]

O movimento populista russo oferece um bom exemplo de crítica moralista contrária ao desenvolvimento das forças produtivas, identificando o mundo rural como a excelência moral a ser alcançada. Essa visão continua tendo influência considerável nos movimentos progressistas em todo o mundo, ainda que em distintas configurações, se associando à escassez de recursos, visando salvar a "natureza". Esse culto à "natureza", não raro, se choca com os países que seguem na construção do socialismo.

III. A crítica de Losurdo

Influência de Hegel

Além de pensador marxista eminente, Losurdo também foi um estudioso da obra de Hegel desde o começo da sua atividade intelectual, tendo este filósofo influência fundamental no desenvolvimento de sua crítica ao populismo. Losurdo se preocupou em desmentir um lugar-comum muito difundido entre os especialistas: o de que Hegel teria sido um filósofo da restauração e da reação política. Na sua visão isso seria um disparate, porque Hegel foi um filósofo que celebrou a Revolução Francesa como um acontecimento majestoso; que condenou a escravidão como uma violação absoluta; e, fundamental, foi o filósofo que se colocou pelo direito dos pobres. De fato, Hegel apoiou e celebrou todas as revoluções importantes na história da humanidade.[25]

---

24 LENIN, V. I. "Os Destinos Históricos da Doutrina de Karl Marx" (1 mar. 1913). *Edições Avante!*, t. 2, 1984, p. 86-88. Disponível em: <https://www.marxists.org/portugues/lenin/1913/03/01.htm>.

25 LOSURDO, D. *Hegel, Marx e a tradição liberal*. São Paulo: Fundação editora da UNESP, 1988

Losurdo definiu Hegel como o teórico do "conflito das liberdades". Hegel defendia o direito à propriedade, porém dizia que, quando um homem se visse diante de uma situação de penúria extrema, ele teria o direito absoluto de furtar a comida que lhe permitisse sobreviver. O direito de propriedade permaneceria válido, mas o direito à vida seria mais importante. Ou seja, no conflito entre os dois direitos prevaleceria o direito à vida. Conforme Hegel *apud* Losurdo:

> O homem que morre de fome tem o direito absoluto de violar a propriedade de um outro, ele viola a propriedade somente em sentido limitado; no direito advindo da necessidade extrema [Notrecht] está entendido que não há violação do direito do outro enquanto direito. O interesse refere-se somente a esse pedacinho de pão; ele não está tratando o outro como pessoa sem direitos. O intelecto abstrato está propenso a considerar absoluta toda violação do direito, mas aquele homem viola somente o particular, não o direito enquanto direito.[26]

E assim Hegel concluiria que uma sociedade na qual um número consistente de homens se arriscasse a morrer de fome seria intolerável. "O direito subjetivo do faminto que [...] está até mesmo autorizado a violar o direito de propriedade para buscar aquele pedaço de pão capaz de poupar-lhe a morte por inanição".[27] Esse pensamento parece ter tido influência decisiva sobre Losurdo.

Retornando à questão das forças produtivas, Hegel reconhecia o potencial emancipacionista compreendido no desenvolvimento industrial. Porém, ele destacaria que a sociedade burguesa, apesar de todo o desenvolvimento das forças produtivas, continuava a manter em condições de miséria uma parte considerável de sua população.[28] Hegel entende que essa seria uma contradição que deveria ser superada, demonstrando sua superioridade em relação à tradição liberal. Ele fala também dos direitos materiais e direito à

26 *Ibidem*, p. 135.

27 *Ibidem*, p. 136.

28 LOSURDO, D. *A questão comunista: história e futuro de uma ideia*. São Paulo: Boitempo, 2015; KRAUSZ, T. *Reconstruindo Lênin – uma biografia intelectual*. São Paulo: Boitempo, 2022.

vida que foram relegados pela tradição liberal. Obviamente que os comunistas não poderiam deixar de lado esses direitos.

De fato, o triunfo das revoluções proletárias ocorreu em países relativamente atrasados, não naqueles mais desenvolvidos que Marx e Engels inicialmente previram. Isso criou uma série de obstáculos e indagações que o movimento comunista precisou responder. Como assinala Losurdo, "acrescentamos apenas que a transição para o novo se revela tanto mais complexa e tortuosa quanto mais atrasado for o país em que se desenvolve, e quanto mais desfavorável e dramático for o contexto internacional em que ele opera".[29] A partir dessas considerações, Losurdo elabora uma crítica decisiva ao populismo na Rússia pós-revolução, como veremos a seguir.

Rússia: do comunismo de guerra à NEP

As diferenças no ritmo referente ao desenvolvimento das forças produtivas em distintas sociedades são empiricamente observáveis. Nações que ficam para trás no desenvolvimento terão menor independência para conduzir projetos nacionais mais amplos para seus povos, podendo sofrer intervenções diretas ou indiretas de outros países mais desenvolvidos.

Os bolcheviques estavam cientes do atraso da Rússia em relação às potências capitalistas. A princípio, acreditavam que a revolução ocorreria, num futuro próximo, em outros países mais desenvolvidos, notadamente na Alemanha; com isso, a Rússia poderia receber auxílio de países socialistas mais avançados. A possibilidade de conviver cercada por países imperialistas por muito tempo não era factível para os bolcheviques.[30] Como outras revoluções não aconteceram, a Rússia

29 LOSURDO, D. Marx, Cristóvão Colombo e a Revolução de Outubro - Materialismo histórico e análise das revoluções. *Op. cit.*, p. 97.

30 Em março de 1919, no VIII Congresso do partido Bolchevique, Lenin colocou essa questão da seguinte forma: "We are living not merely in a state, but in a system of states, and it is inconceivable for the Soviet Republic to exist alongside of the imperialist states for any length of time. One or the other must triumph in the end. And before that end comes there will have to be a series of frightful collisions between the Soviet Republic

soviética ficou isolada num contexto internacional extremamente hostil. Assim, não existia alternativa senão acelerar o desenvolvimento das forças produtivas a fim de reduzir a distância das potências capitalistas, enquanto outras revoluções proletárias não fossem vitoriosas.

Ainda em 1918, Lenin (1979 c) declarava que: "La posibilidad de realizar el socialismo quedará precisamente determinada por el grado en que logremos combinar el Poder soviético y la forma soviética de administración con los últimos progresos del capitalismo. Hay que organizar en Rusia el estudio y la enseñanza del sistema de Taylor, su experimentación y adaptación sistemáticas".[31] O "sistema Taylor" visava a exploração capitalista, lembra Losurdo,[32] mas possuía conquistas científicas no mundo do trabalho que não poderiam ser descartadas pelos comunistas. Não seria possível da noite para o dia transformar cozinheiras em administradoras do Estado.[33]

O começo da construção do primeiro Estado proletário se deu sob condições extremamente adversas. Havia esperança de que a revolução pudesse se desenrolar de forma pacífica.[34] Mas não foi o que ocorreu. Logo após a tomada do poder, no começo de 1918, a Rússia se viu imersa numa guerra civil brutal que durou até 1921. O chamado "exército branco" financiado pelas potências ocidentais iniciou uma onda de terror em larga escala visando derrubar o governo

---

and the bourgeois states"(LENIN, V. I. *Report Of The Central Committee*. Eighth Congress of the R.C.P. (B.), 18-23 mar. 1919). Disponível em: <https://www.marxists.org/archive/lenin/works/1919/rcp8th/02.htm>.

31 LENIN, V. I. "Las tareas inmediatas del poder sovietico" (22 jun. - 12 jul. 1921). Moscou: Editorial Progreso, t. 2, 1979 c, p. 692. Conforme Germer: "A antiga União Soviética foi acusada de ter mantido a forma de produção industrial capitalista e a correspondente sujeição alienante e embrutecedora da força de trabalho" (GERMER, C. Marx e o papel determinante das forças produtivas na evolução social. *Crítica Marxista*, n. 29, p. 77).

32 LOSURDO, D. Marx, Cristóvão Colombo e a Revolução de Outubro - Materialismo histórico e análise das revoluções. *Op. cit.*

33 LENIN, V. I. "Conservarão os bolcheviques o poder de estado?" (14 out. 1917). *Edições Avante!*, t. 2, 1978, p. 327-365. Disponível em: <https://www.marxists.org/portugues/lenin/1917/10/14.htm>.

34 KRAUSZ, T. *Op. cit.*

revolucionário. Tropas da Inglaterra, França, Estados Unidos, Japão, entre outras, também estiveram em solo russo para ajudar a depor o novo governo.[35] Parte considerável dos capitalistas abandonou suas empresas, refugiando-se no exterior e em áreas dominadas pelo "exército branco". Nesse período, aconteceram diversas greves urbanas, além do mais, as revoltas no campo se tornaram comuns. Fábricas foram fechadas por falta de combustível, colocando milhares de trabalhadores no desemprego.[36] As relações econômicas internacionais da Rússia praticamente cessaram: entre 1918 e 1920 o valor total do comércio exterior representava menos de 1% do que era em 1913.[37]

O Partido Bolchevique respondeu aos ataques com o "terror vermelho", numa mobilização militar de larga escala que também ficou conhecida por "comunismo de guerra". O comunismo de guerra introduziu a produção militarizada em toda atividade econômica da Rússia a fim de derrotar as forças contrarrevolucionárias. Não foi o que os bolcheviques haviam planejado, mas sim uma mobilização para atender a uma situação específica.

Após três anos de batalhas em diversos *fronts*, o exército vermelho conseguiu derrotar os inimigos da revolução e pacificar o país. Porém, a Rússia ficou com sua infraestrutura destruída, isolada do mundo e assolada pela fome que, entre 1921 e 1922, teria atingido 20 milhões de pessoas.[38] Segundo Deutscher,[39] o país estava próximo à dissolução. No fim da guerra civil a renda nacional da Rússia equivalia somente a um terço de sua renda de 1913, e a indústria produzia menos de um quinto das mercadorias produzidas antes da guerra; as ferrovias estavam destruídas e o comércio entre a cidade e o campo tinha

35 HOBSBAWM, E. *A era dos extremos: o breve século XX: 1914-1991*. São Paulo: Companhia das Letras, 2012.

36 KOTKIN, S. *Stálin: Vol.1: Paradoxos do Poder, 1878-1928*. Rio de Janeiro: Objetiva, 2017.

37 FERNANDES, L. M. Rússia do capitalismo tardio ao socialismo real. *In*: Fiori, J. L. (org). *Estado e Moeda no Desenvolvimento das Nações*. Petrópolis, RJ: Vozes.

38 KRAUSZ, T. *Op. cit.*; NOVE, A. *An Economic History of the USSR 1917-1991*. 3 ed. Londres: Penguin Books, 1992.

39 DEUTSCHER, I. *Trotsky: o profeta desarmado*. Rio de Janeiro: Civilização Brasileira, 2005.

praticamente cessado. A dimensão da tragédia na economia durante a guerra civil pode ser verificada pela inflação desenfreada, que fez com que a moeda desaparecesse em todas as suas funções. Um sistema de tíquetes sem valor monetário fora instituído sem sucesso.

Entretanto, de forma surpreendente, muitos líderes bolcheviques consideraram o desaparecimento do dinheiro como uma situação política e economicamente viável.[40] A ideia de que as medidas adotadas durante o comunismo de guerra pudessem ser um caminho mais rápido para o estabelecimento do socialismo contagiou alguns dirigentes do Partido, que identificaram a necessidade, imposta por uma situação específica, em algo nobre.[41] "Habitações, transportes, instrução e refeições nas fábricas são gratuitos, os salários são pagos em espécie, tudo isso, naturalmente, em um nível muito baixo e, na melhor das hipóteses, de digna miséria".[42] Esse cenário, observa Losurdo, após ser visto com desalento e angústia, acaba por transfigurar-se em algo inusitado enquanto o desaparecimento do dinheiro seria almejado pelo comunismo. Isso porque o dinheiro era entendido como um instrumento dos ricos e, uma vez que voltasse a circular, seria como se os capitalistas tivessem retomado o poder.[43] Segundo essa visão romântica, "o escambo representava um progresso, pelo menos no plano espiritual", lembra Losurdo.[44]

---

40 NOVE, A. *Op. cit.*

41 LOSURDO, D. *A luta de classes: uma história política e filosófica. Op. cit.*; KRAUSZ, T. *Reconstruindo Lênin; – uma biografia intelectual. Op. cit.*; FERNANDES, L. M. *Op. cit.*

42 LOSURDO, D. *A luta de classes: uma história política e filosófica. Op. cit.*, p. 201.

43 Vimos algo parecido de maneira mais radical durante o regime do Khmer Vermelho (1975-1979) no Camboja, país pobre formado por camponeses. Nesse país, provavelmente, tivemos uma das faces mais trágicas que a noção romântica acerca do trabalhador rural como símbolo anticapitalista pode mostrar. Após a tomada do poder, sob a liderança de Pol Pot, a capital Phnom Penh com dois milhões de habitantes foi evacuada para o campo e mobilizada para trabalhos coletivos sob a justificativa de eliminar o capitalismo e transformar o Camboja da noite para o dia numa sociedade sem classes. O Khmer Vermelho mandou fechar escolas, fábricas e aboliu todo sistema bancário e o dinheiro. Essa forma de "socialismo agrário", conforme alguns autores pontuaram, neste caso colocado em prática à força, levou a uma situação de penúria extrema para população cambojana.

44 LOSURDO, D. *A luta de classes: uma história política e filosófica. Op. cit.*, p. 202.

Losurdo[45] discute alguns casos em que o pensamento populista atrai defensores da Revolução Russa. O operário belga N. Lazarević, que estava em Moscou para colaborar na construção do socialismo, mas se desencantou com o ritmo de trabalho, pois o considerou uma expressão da exploração capitalista, acabou expulso do país após convocar uma greve. Pierre Pascal, católico fervoroso e amigo de N. Lazarević, que testemunhou a Revolução de Outubro, também enalteceria a noção de que naquele momento não existiriam os ricos, "só os pobres e paupérrimos". Diz Losurdo que "salta aos olhos o fato de que, nesse caso, a miséria generalizada é vivida como condição de plenitude espiritual",[46] outrossim, tentativas de colocar ordem nas fábricas visando elevar a produção eram vistas com desconfiança.

Losurdo faz várias menções a Lenin em sua crítica ao populismo. Justamente o líder bolchevique lançou o apelo para o rápido desenvolvimento das forças produtivas, convidando inclusive capitalistas estrangeiros para investir na Rússia. Era necessário deixar para trás o "comunismo de guerra" e seu igualitarismo forçado, retomar a aliança entre o campo e a cidade e começar a reconstruir o país. Trotsky apontava que: "A crise interna profunda ao término dos três anos de guerra civil envolveu a ameaça de um rompimento direto entre o proletariado e os fazendeiros, entre o partido e o proletariado".[47]

A prática dos confiscos e requisições forçadas de grãos aos camponeses para alimentar as tropas e os operários durante a guerra civil (a *prodrazverstka*), embora tenha cumprido um papel relevante para vitória do exército vermelho, necessariamente teria que ser revista. Essa era uma prática que obviamente encontrava forte resistência entre os camponeses e incentivava rebeliões.[48] De fato, tal política

---

45 *Idem.*

46 *Ibidem,* p. 199.

47 TROTSKY, L. *História da revolução russa.* Brasília: Senado Federal, Conselho Editorial, v. 3, 2017.

48 Entre elas, a Revolta de Tambov (1919-1921) foi liderada por Alexandre Antonov do Partido Socialista Revolucionário e chegou a reunir 8 mil homens. Ao contrário de outras revoltas durante a guerra civil, os rebeldes de Tambov possuíam programa político e chegaram a realizar um congresso em que decidiram abolir formalmente a

minava a popularidade dos comunistas com uma parcela expressiva da população russa. A miséria no campo e a crise de alimentos decorrentes em parte dessa política eliminavam as relações mercantis e o interesse pessoal, mas, como alerta Losurdo,[49] não se poderia definir essa situação ditada por condições excepcionais de guerra, o comunismo de guerra, como um ideal comunista sob o qual o Partido Bolchevique tomara o poder.

O comunismo de guerra levou ao "coletivismo da miséria e do sofrimento", nas palavras de Gramsci, ou da "miséria socializada", conforme Trotsky, lembra Losurdo.[50] Entretanto, setores do movimento comunista no Ocidente e na Rússia enxergavam essa situação como sinônimo de "plenitude espiritual" e "rigor moral". Ou seja, na visão populista o "ascetismo universal" criticado por Marx e Engels[51] se transformou na expressão da luta de classes.

A incapacidade de atender às necessidades básicas da população naquele momento ameaçava a sobrevivência do regime instaurado pela Revolução de Outubro. Lenin percebeu a gravidade do problema e começou uma luta pelo convencimento dos "camaradas de partido, em particular os jovens, da necessidade de virar as costas para o romanticismo revolucionário e de abraçar uma visão menos exaltante, porém mais concreta da luta de classes".[52] Sem isso, a consolidação do poder não seria possível, e a Revolução continha uma importância que ultrapassava as fronteiras da Rússia: um exemplo a ser seguido pelo proletariado em todos os países.[53]

---

autoridade dos Bolcheviques, em nome de uma revolução socialista genuína que não mexesse na propriedade da terra dos camponeses. A revolta foi controlada em junho de 1921 (KOTKIN, S. *Stálin: Vol.1: Paradoxos do Poder, 1878-1928*. Rio de Janeiro: Objetiva, 2017). Essa revolta não se tratou de algo isolado na história da Rússia. Nos séculos XVI e XVII ocorreram grandes revoltas camponesas que abalaram o império (ULAM, A. B. *Os Bolcheviques*. Rio de Janeiro: Editora Nova Fronteira, 1976).

49 LOSURDO, D. *A luta de classes: uma história política e filosófica*. *Op. cit.*, p. 213.

50 *Idem*.

51 MARX, K; ENGELS, F. *O manifesto do partido comunista*. São Paulo: Boitempo, 2010.

52 LOSURDO, D. *A luta de classes: uma história política e filosófica*. *Op. cit.*, p. 210.

53 LENIN, V. I. "La enfermedad infantil del 'izquierdismo' en el comunismo". Moscou: Editorial Progreso, t. 3, 1979 a.

Efetivamente, era imperioso reconstruir o país para retirar a Rússia, que estava em ruínas, do isolamento internacional.[54] Esse isolamento teria criado as circunstâncias para que Lenin fizesse a crítica radical do "socialismo" no comunismo de guerra e apresentasse a Nova Política Econômica, a NEP, no X Congresso do Partido em março de 1921.[55]

A concepção de capitalismo de Estado sobre o qual se baseava a NEP foi alvo de extenso debate. Introduziu-se um imposto em espécie à produção agrícola em substituição ao contingenciamento do período da guerra civil a fim de aliviar a penúria extrema sofrida pelos camponeses. Lenin estava ciente de que a política sobre confiscar a produção levou a abusos graves, embora tenha sido a única possível no período da guerra civil, "Y cumplió su misión histórica: salvo la dictadura del proletariado en un país en ruinas y atrasado".[56] Com o pagamento do imposto, o camponês poderia vender livremente seu excedente no mercado, assim como os comerciantes privados venderiam alimentos na cidade.[57]

Nesse sentido, a NEP foi implementada sob pressão da conjuntura catastrófica deixada pela guerra civil. Sem dúvida, quando Lenin anunciou a NEP, a manutenção do comunismo de guerra era insustentável; não estava levando ao socialismo, não contribuía para aliviar as condições de miséria de parte considerável da população e ameaçava derrubar o novo poder soviético.[58] Ademais, com a introdução da NEP, a Rússia conseguiu restabelecer suas relações de comércio exterior, passo crucial para o reconhecimento diplomático da União Soviética.[59]

O restabelecimento parcial das condições capitalistas introduzidas pela NEP significou uma reestruturação das classes. Nesse caso, ficou

---

54 Os levantes revolucionários que aconteceram após o término da Primeira Guerra fracassaram. A República Soviética Húngara, a República Soviética Eslovaca, e a República Soviética da Baviera não se sustentaram (KRAUSZ, T. *Op. cit.*).

55 *Idem.*

56 LENIN, V. I. "III Congreso de la Internacional Comunista" (22 jun. - 12 jul. 1921). Moscou: Editorial Progreso, t. 3, 1979 b.

57 DEUTSCHER, I. *Op. cit.*

58 KRAUSZ, T. *Op. cit.*, p. 482.

59 FERNANDES, L. M. *Op. cit.*

patente a melhoria rápida no padrão de vida dos camponeses em relação aos operários. A liberdade para o comércio privado, ainda que parcial, também criou uma burguesia, os *nepmans.*[60] A NEP teria trazido a "americanização" da Rússia, denunciou o escritor austríaco Joseph Roth, que visitou o país entre setembro de 1926 e janeiro de 1927.[61]

Lenin criticou duramente essa visão do "coletivismo da miséria" e, como assinala Losurdo, aproveitou para conduzir um "acerto de contas com o populismo".[62] O escambo generalizado em razão das condições especiais do comunismo de guerra precisava ser superado, não somente na esfera econômica, mas também na esfera espiritual. A manutenção daquele estado de coisas equivalia a privar o campo russo da modernização. Significava eternizar a barbárie, o patriarcalismo no campo. E se é verdade que o capitalismo é um mal em relação ao socialismo, não é em relação ao período medieval, à pequena produção. Conforme destaca Halliday,[63] nem Marx ou Lenin tiveram qualquer simpatia pelas sociedades pré-capitalistas.

Todavia, de acordo com Losurdo, mesmo os comunistas poderiam mostrar alguma inclinação a idealizar a miséria como condição para demonstrar sua determinação revolucionária, considerando que seria de sua responsabilidade "dar voz aos explorados e aos pobres". Stalin também apontava que não seria possível edificar o socialismo por meio da miséria e da redução do padrão de vida da sociedade. No caso da Rússia, após a vitória do exército vermelho, era urgente reconstruir o país, que estava numa situação caótica.[64]

---

60 O contraste entre os operários e os *nepmans* teria feito com que milhares de operários rasgassem suas carteiras de militantes bolcheviques, descontentes com a nova orientação, segundo Losurdo. Isso pode ser um exagero, pois, conforme Krausz, geralmente os protestos operários durante o período da NEP não se dirigiam contra o governo, mas sim por uma melhora nas condições materiais e contra as expectativas de aumento da jornada de trabalho, ao aparato burocrático e o capital (LOSURDO, D. *A luta de classes: uma história política e filosófica. Op. cit.*; KRAUSZ, T. *Op. cit.*).

61 LOSURDO, D. *A luta de classes: uma história política e filosófica. Op. cit.*

62 *Ibidem,* p. 206.

63 HALLIDAY, F. *Repensando as relações internacionais.* 2. ed. Porto Alegre: Editora da UFRGS, 2007.

64 LOSURDO, D. *A luta de classes: uma história política e filosófica. Op. cit.*, p. 208.

É Lenin quem explica o chamado "capitalismo de Estado" como um período de transição vantajoso e imperioso diante das condições vigentes; e que, por uma questão de tática, os bolcheviques precisariam recorrer aos capitalistas, apesar da repulsa de alguns camaradas de partido. Ele estava plenamente consciente de que a NEP trouxera novos opositores políticos à revolução. Esse "recuo", porém – nos limites necessários –, não significava perigo para o socialismo, porque o transporte e a grande indústria permaneciam em poder do proletariado.[65] E daí o famoso chamado, em dezembro de 1920, para colocar em prática o plano de eletrificação de toda a Rússia Soviética como imprescindível para o rápido desenvolvimento.[66] "O comunismo é o poder soviético junto à eletrificação de todo o país", dizia Lenin. Desse modo, a NEP alcançou resultados expressivos em pouco tempo. De imediato, mercadorias antes escondidas apareceram novamente nas prateleiras para venda. Não apenas gêneros alimentícios, mas vinhos franceses e charutos cubanos passaram a adornar as prateleiras, segundo o relato de Hammer.[67] A produção foi incentivada. "Por volta de 1926, a produção cresceu cinco vezes em relação a 1921, tendo alcançado o nível de antes do início da guerra".[68]

As reformas criadas pela NEP trouxeram desigualdade interna. Entretanto, uma vez frustradas as revoluções anticapitalistas no Ocidente, os bolcheviques tiveram que enfrentar outra desigualdade tão importante quanto a primeira: a desigualdade entre os países.[69] Mesmo após a expulsão das potências invasoras durante a guerra civil, ninguém poderia acreditar que o perigo já não existia.

---

65 LENIN, V. I. "III Congreso de La Internacional Comunista". *Op. cit.*

66 O Plano de Eletrificação da Rússia Soviética, elaborado pela Comissão Estatal para a Eletrificação da Rússia (GOELRO), foi publicado em dezembro de 1920 e distribuído no VIII Congresso dos Sovietes (22-29 de dezembro de 1920) – LENIN, V. I. "Integrated Economic Plan". *In*: *Collected Works*. Moscou: Progress Publishers, 1965, p. 137-145. Disponível em: <https://www.marxists.org/archive/lenin/works/1921/feb/21.htm>.

67 HAMMER, A. *Hammer - um capitalista em Moscou*. São Paulo: Editora Best Seller, 1989.

68 BANDEIRA, L. A. M. *A segunda guerra fria: geopolítica e dimensão estratégica dos Estados Unidos. Das rebeliões na Eurásia à África do Norte e ao Oriente Médio*. 2 ed. Rio de Janeiro: Civilização Brasileira, 2014, p. 89.

69 LOSURDO, D. *A luta de classes: uma história política e filosófica*. *Op. cit.*

Era preciso desenvolver rapidamente as forças produtivas, mas como fazer isso sem, num primeiro momento, incorporar a tecnologia superior dos países mais avançados? Losurdo[70] ressalta que a decisão radical em eletrificar a Rússia reduzia a distância entre o meio urbano e o meio rural, mas servia também para reduzir a distância do Ocidente. Lenin realizou tentativas concretas para conseguir investimentos estrangeiros com objetivo de acelerar o desenvolvimento da Rússia. A industrialização era evidentemente imprescindível para que a Rússia Soviética pudesse se defender das agressões externas, lutar pela sua "sobrevivência". O desenvolvimento da metalurgia, por exemplo, criou uma base apropriada para a indústria militar em larga escala.[71] Sem isso, provavelmente os bolcheviques não teriam resistido por muito tempo.

Apesar disso, Lenin e os bolcheviques em nenhum momento negaram o caráter socialista da revolução, nem a construção do socialismo. A questão é que o socialismo não pode ser introduzido por decreto. Conforme Losurdo: "Embora inelutável, a aquisição de tecnologia mais avançada implicava consideráveis custos políticos e sociais (além de econômicos)".[72] Esse é um problema que se tornou ainda mais importante atualmente. Por exemplo, as tentativas do imperialismo norte-americano de estrangular economicamente Cuba e Venezuela visam, sobretudo, criar defecções em setores importantes, como no caso das forças armadas venezuelanas. Esse é o contexto também da experiência chinesa, como veremos a seguir.

China: "uma NEP gigantesca e inédita"

A China é outro exemplo investigado por Losurdo. Os dirigentes do PCCh também se viram diante da necessidade imperiosa de desenvolver as forças produtivas no país mais populoso do mundo e devastado pelas guerras coloniais ("século de humilhações"). Em

70 *Idem.*

71 WHITE, D. F. *O exército vermelho.* Rio de Janeiro: O Cruzeiro, 1945.

72 LOSURDO, D. *A luta de classes: uma história política e filosófica. Op. cit.*

1949, ano da revolução, a China ainda contava com uma estrutura semifeudal em algumas regiões e uma situação semicolonial. A vantagem dos chineses é que, ao contrário da Rússia, a conjuntura internacional não era tão dramática, pois já estava se construindo um bloco de países socialistas com o qual poderiam contar para promoção do seu desenvolvimento. Essa situação se rompeu devido às divergências com o governo soviético após o XX Congresso do PCUS em 1956.

O PCCh enfrentou polêmicas semelhantes às dos bolcheviques na sua experiência de edificação do socialismo. O Grande Salto para Frente (1958-1959) e a Revolução Cultural (1966-1976) propunham uma aceleração do desenvolvimento das forças produtivas, suficiente para que o país "queimasse etapas" e alcançasse os países mais desenvolvidos, dado o temor do isolamento internacional. A esperança de que outros processos revolucionários ocorressem no Terceiro Mundo, reduzindo a pressão do imperialismo sobre a China, contribuía para essa visão otimista. O Grande Salto para Frente possuía, como observou Losurdo,[73] uma dialética similar à desenvolvida durante o "comunismo de guerra" na Rússia Soviética. Isso porque a mobilização dos trabalhadores levou, de fato, a uma militarização da economia que envolvia, assim como no caso russo, "um forte sentido comunitário, um radical igualitarismo, uma camaradagem de guerra, que eram percebidos e celebrados como o início do comunismo".[74] A ideia de alcançar a Inglaterra em 15 anos era uma meta inalcançável, mas que na prática acabou sendo preenchida por uma propaganda de caráter populista e de um socialismo de "coletivismo da miséria, do sofrimento".[75]

A proposta de desenvolver as forças produtivas a ponto de alcançar os países do Ocidente em menos de duas décadas se mostrou um devaneio; assim como a esperada revolução no Terceiro Mundo

73 LOSURDO, D. *Fuga da história: a revolução russa e a revolução chinesa vistas de hoje.* Rio de Janeiro: Editora Revan, 2004.

74 *Ibidem,* p. 149.

75 LOSURDO, D. *A luta de classes: uma história política e filosófica. Op. cit.*, p. 209.

também não se realizou. Losurdo conclui que com isso começou a mudança na estratégia dos dirigentes chineses. Em maio de 1974, Mao faria sua autocrítica colocando-se como responsável pelo subdesenvolvimento da indústria chinesa, observando ainda, em tom de desabafo, que 800 milhões de chineses precisavam comer.[76]

Mesmo com os erros, a era liderada por Mao assentou as bases para que as reformas econômicas iniciadas em 1978, com Deng Xiaoping, obtivessem sucesso.[77] Com elas a China entrou numa nova etapa. E todos os questionamentos e contradições advindos do rápido desenvolvimento das forças produtivas vieram à baila, como também a ideia de que os dirigentes chineses teriam traído os princípios socialistas.

O processo de desenvolvimento vai eliminando gradualmente a miséria mais ou menos igualitária, porém, como o ritmo de desenvolvimento é desigual, isso também cria desigualdades de renda e riqueza na China. Sobre essa questão, Losurdo afirma que:

> Reapresentava-se o problema que já vimos emergir após a Revolução de Outubro: a luta de classes revolucionária tinha como objetivo a realização de uma sociedade em que, uma vez desaparecidos os 'ricos', só haveria lugar para os 'pobres e os paupérrimos', ou ao contrário, tinha de promover um desenvolvimento das forças produtivas e da riqueza social, voltado a debelar de vez a miséria e a penúria e a elevar drasticamente o padrão de vida das massas populares? Por outro lado, até que ponto uma sociedade em que só há espaço para 'pobres e paupérrimos' pode ser considerada igualitária?[78]

Voltando ao Grande Salto para Frente e à Revolução Cultural, Losurdo[79] demonstra que esses episódios foram baseados na ilusão de que o entusiasmo das massas poderia se sustentar indefinidamente. Não se consegue manter a mobilização, a disposição à renúncia, sacrifício e

76 *Idem*, *Fuga da história: a revolução russa e a revolução chinesa vistas de hoje. Op. cit.*

77 CHUN, L. *The Transformation of Chinese Socialism.* Durham, NC: Duke University Press, 2006.

78 LOSURDO, D. *A luta de classes: uma história política e filosófica. Op. cit.*, p. 219-220.

79 *Idem.*

heroísmo do povo eternamente. Existem limites físicos e psicológicos para tamanho esforço. Por outro lado, o contexto internacional extremamente desfavorável, dado o embargo imposto pelo Ocidente[80] e a ruptura com a URSS, tornava praticamente impossível a tarefa de levar adiante o Grande Salto. Somado a erros internos na execução do plano, o resultado foi um fracasso, assim como foi a Revolução Cultural. Essas experiências não reduziram a desigualdade entre a China e o Ocidente, como também não levaram a uma maior igualdade interna, pois, "quando a miséria chega a certo nível, ela pode implicar o perigo de morte por inanição. Nesse caso, o pedaço de pão que garante a sobrevivência dos mais afortunados [...] sempre sanciona uma desigualdade absoluta, esta que existe entre a vida e a morte".[81] O ascetismo levado a todos, ainda que reduza a desigualdade quantitativa, se apresenta como "absoluta desigualdade qualitativa".

O populismo se tornou o alvo das críticas de Deng Xiaoping.[82] Ele, ao se referir à Revolução Cultural, recordava a palavra de ordem gritada pela "Gangue dos Quatro", a de que seria melhor ser pobre no socialismo e no comunismo do que ser rico no capitalismo.[83] Deng observava que poderia parecer razoável rejeitar a meta de enriquecimento sob o capitalismo. Todavia, não fazia sentido propor a pobreza no socialismo, uma vez que isso seria uma contradição em termos. Esse tipo de pensamento teria ajudado a paralisar a China e precisava ser revisto. Deng teria dito: "*I heard that in Guangdong, raising three ducks is of a socialist nature, whereas raising five ducks is*

80 Losurdo lembra que durante a administração Truman dos Estados Unidos foi estabelecido um plano de estrangulamento econômico para a República Popular da China que, em linhas gerais, visava reduzir a população chinesa a uma penúria que levasse o padrão de vida para o nível de subsistência ou mesmo abaixo deste (LOSURDO, D. *Guerra e revolução: o mundo um século após outubro de 1917*. São Paulo: Boitempo, 2017 b).

81 LOSURDO, D. *A luta de classes: uma história política e filosófica*. *Op. cit.*, p. 219-221.

82 *Idem*, "Has China turned to capitalism? — Reflections on the transition from capitalism to socialism". *International Critical Thought*, 7 (1): 15-31, 2017 a.

83 XIAOPING, D. "To uphold socialism we must eliminate poverty" (26 abr. 1987). Disponível em: <https://dengxiaopingworks.wordpress.com/2013/03/18/to-uphold-socialism-we-must-eliminate-poverty///>.

regarded as pursuing capitalism. That is ridiculous. Our rural policy must be changed, must be reformed".[84] Socialismo significa eliminação da miséria e desenvolvimento das forças produtivas.[85]

As reformas lideradas por Deng Xiaoping foram analisadas por Losurdo como "uma NEP gigantesca e inédita".[86] Não se tratou de algo desconhecido para Deng. No começo dos anos 1920, ele residiu em Moscou, onde estudou as obras de Marx, Engels e Lenin. Nesse período observou de perto os agricultores independentes, pequenos e grandes empresários privados autorizados e incentivados pela NEP a prosperar. Na China, já nos anos 1930-1940, nas "áreas liberadas" pelo PCCh existia espaço para diferentes formas de propriedade, inclusive a propriedade privada.[87] Então não surpreende que Mao, após a tomada de poder em 1949, acreditasse que a construção do socialismo seria uma tarefa de longo prazo, e que uma economia mista e a propriedade privada continuariam a existir por muito tempo. O próprio Stalin concordaria com essa orientação e propôs sua aplicação para a realidade chinesa.[88] De fato, Mao executou o modelo da NEP quando assumiu o Bureau do Sudeste da China após a vitória da revolução.[89]

Portanto, os dois períodos aplicados pelos dirigentes chineses (Grande Salto para Frente e Revolução Cultural) são exceções na história da construção do socialismo na China. "Se analisamos a revolução na China considerando o inteiro arco de seu desenvolvimento [...], veremos que o Grande Salto para Frente e a Revolução

84 ZHANG, Q.; LIU, M. *Revolutionary legacy, power structure, and grassroots capitalism under the red flag in China*. Cambridge, Inglaterra: Cambridge University Press, 2019, p. 234.

85 LOSURDO, D. "Has China turned to capitalism? — Reflections on the transition from capitalism to socialism". *Op. cit.*, p. 19.

86 LOSURDO, D. *Fuga da história: a revolução russa e a revolução chinesa vistas de hoje. Op. cit.*, p. 66.

87 *Idem*, "Has China turned to capitalism? — Reflections on the transition from capitalism to socialism". *Op. cit.*

88 LI, H. *Mao and the economic stalinization of China, 1948-1953*. The Harvard Cold War Studies Book Series. Oxford: Rowman & Littlefield Publishers, Inc, 2006.

89 VOGEL, E. F. *Deng Xiaoping and the transformation of China.* Cambridge, Massachusetts; Londres, Inglaterra: Harvard University Press, 2011.

Cultural representam uma ruptura de breve período no âmbito de um processo que, sob outros aspectos, é caracterizado por substancial continuidade".[90]

O apaziguamento das relações com os Estados Unidos, inaugurado com o "aperto de mãos" entre Nixon e Mao em fevereiro de 1972, contribuiu para que no fim dos anos 1970 o Ocidente se aproximasse da China. Com isso, o país teve acesso a financiamento externo e a novos mercados,[91] podendo absorver tecnologias mais avançadas de países como Japão, Coreia do Sul e Singapura.[92] O acesso a novas tecnologias era central. Entretanto, tratava-se, na verdade, de uma NEP difícil de se colocar em prática, porque com a desintegração do campo socialista no fim dos anos 1980, a correlação de forças mundial se tornou extremamente adversa. Losurdo[93] sublinha que naquele momento o Ocidente, liderado pelos Estados Unidos, usufruía de um domínio científico e tecnológico sem precedente na história. Os dirigentes chineses sabiam o que isso representava, pois a agressão imperialista sofrida nos séculos XIX e XX era derivada da inalcançada Revolução Industrial.

De todo modo, as reformas econômicas e a crítica à Revolução Cultural não constituíam uma ruptura com o socialismo, nem com o marxismo-leninismo. Conforme Losurdo,[94] Deng permaneceu fiel ao princípio caro de Mao, o qual afirmava que somente o socialismo poderia salvar e desenvolver a China. Sem o socialismo o país voltaria à condição de nação semicolonial e semifeudal. Por outro lado, o rápido desenvolvimento tecnológico não somente libertou

---

90 LOSURDO, D. *Fuga da história: a revolução russa e a revolução chinesa vistas de hoje. Op. cit.*, p. 159.

91 Em 1980 a China conseguiu por parte dos Estados Unidos o tratamento de "nação mais favorecida" e o reconhecimento de "nação em desenvolvimento" (MEDEIROS, C. Economia e política no desenvolvimento recente da China. *Revista de Economia Política,* São Paulo, v. 26, n. 3, jul./set. 1999).

92 VOGEL, E. F. *Op. cit.*

93 LOSURDO, D. *Fuga da história: a revolução russa e a revolução chinesa vistas de hoje. Op. cit.*

94 *Idem.*

da fome um quinto da população mundial – sendo o primeiro a atingir os Objetivos de Desenvolvimento do Milênio da ONU – como também vem alterando de forma drástica o quadro internacional. Agora que a distância tecnológica se reduziu bastante, os Estados Unidos já não estão em condições de impor seu domínio imperial sem quaisquer consequências. "[...] a luta de libertação nacional não é completa se a independência política não for também acompanhada da independência econômica", lembra Losurdo.[95] Isso se deu, vale enfatizar, sem que a China precisasse escravizar outros povos, nem buscar a hegemonia sobre outras nações. Estimular outros países subdesenvolvidos a romperem com o peso da miséria é a real contribuição da China à humanidade.

Por fim, deve-se colocar uma questão sobre a qual o próprio Mao estava plenamente ciente: a necessidade de diferenciar entre expropriação econômica e expropriação política da burguesia. A última deve ser realizada totalmente, ao passo que, com relação à primeira, deve-se respeitar certos limites para não comprometer o desenvolvimento econômico, fundamental para manter a integridade territorial e o pacto social sobre o qual os comunistas tomaram o poder. Na China existem capitalistas, mas quem está no poder é o PCCh, observa Losurdo.[96]

Considerações finais

É inescapável celebrar a importância de Domenico Losurdo para os progressistas e para o movimento comunista internacional. Nos últimos anos, ao se dedicar a entender o processo de construção do socialismo na China, Losurdo pôde fazer uma defesa da importância do desenvolvimento das forças produtivas, como Marx e Engels haviam explicado, além de uma crítica radical do populismo, utilizando com profundidade dois exemplos históricos: a experiência

95 LOSURDO, D. *A esquerda ausente: crise, sociedade do espetáculo, guerra.* São Paulo: Anita Garibaldi, 2016, p. 31.

96 *Idem, A luta de classes: uma história política e filosófica. Op. cit.*

russa e a experiência chinesa. Losurdo, do mesmo modo, não apenas denunciou as manifestações imperialistas do Ocidente e toda sua hipocrisia etnocentrista, mas também o caráter confuso de certa esquerda, que com sua suposta defesa da "democracia ocidental" faz o jogo do imperialismo em seus ataques contra aquelas nações que buscam, cada uma à sua maneira, construir o socialismo, como China e Cuba.

Referências

BANDEIRA, L. A. M. *A segunda guerra fria: geopolítica e dimensão estratégica dos Estados Unidos. Das rebeliões na Eurásia à África do Norte e ao Oriente Médio*. 2 ed. Rio de Janeiro: Civilização Brasileira, 2014.

CHUN, L. *The Transformation of Chinese Socialism*. Durham, NC: Duke University Press, 2006.

DEUTSCHER, I. *Trotsky: o profeta desarmado*. Rio de Janeiro: Civilização Brasileira, 2005.

ENGELS, F. *Anti-Dühring: a revolução da ciência segundo o senhor Eugen Dühring*. São Paulo: Boitempo, 2015.

FERNANDES, L. M. Rússia do capitalismo tardio ao socialismo real. *In*: Fiori, J. L. (org). *Estado e Moeda no Desenvolvimento das Nações*. Petrópolis, RJ: Vozes.

FERNANDES, M. P. O capitalismo como sistema Expansivo: a controvérsia entre Lenin e os populistas. *OIKOS*, v. 16, 2017.

GERMER, C. Marx e o papel determinante das forças produtivas na evolução social. *Crítica Marxista*, 29: 75-95, 2009.

HALLIDAY, F. *Repensando as relações internacionais*. 2. ed. Porto Alegre: Editora da UFRGS, 2007.

HAMMER, A. *Hammer - um capitalista em Moscou*. São Paulo: Editora Best Seller, 1989.

HARDING, N. *Lenin's Political Thought*. Londres: The Macmillan Press, 1983.

HOBSBAWM, E. *A era dos extremos: o breve século XX: 1914-1991*. São Paulo: Companhia das Letras, 2012.

KOTKIN, S. *Stálin: Vol.1: Paradoxos do Poder, 1878-1928*. Rio de Janeiro: Objetiva, 2017.

KRAUSZ, T. *Reconstruindo Lênin – uma biografia intelectual*. São Paulo: Boitempo, 2017.

LENIN, V. I. "III Congreso de la Internacional Comunista" (22 jun. - 12 jul. 1921). Moscou: Editorial Progreso, t. 3, 1979 b.

______. "La enfermedad infantil del 'izquierdismo' en el comunismo". Moscou: Editorial Progreso, t. 3, 1979 a.

LESSA, S; TONET, I. *Introdução à filosofia de Marx*. 2 ed. São Paulo: Expressão Popular, São Paulo, 2011.

LI, H. *Mao and the economic stalinization of China, 1948-1953*. The Harvard Cold War Studies Book Series. Oxford: Rowman & Littlefield Publishers, Inc, 2006.

LOSURDO, D. *A esquerda ausente: crise, sociedade do espetáculo, guerra*. São Paulo: Anita Garibaldi, 2016.

______. *A luta de classes: uma história política e filosófica*. São Paulo: Boitempo, 2015.

______. *A questão comunista: história e futuro de uma ideia*. São Paulo: Boitempo, 2015.

______. *Fuga da história: a revolução russa e a revolução chinesa vistas de hoje*. Rio de Janeiro: Editora Revan, 2004.

______. "Has China turned to capitalism? — Reflections on the transition from capitalism to socialism". *International Critical Thought*, 7 (1): 15-31, 2017 a.

______. *Hegel, Marx e a tradição liberal*. São Paulo: Fundação editora da UNESP, 1988.

______. Marx, Cristóvão Colombo e a Revolução de Outubro - Materialismo histórico e análise das revoluções. *In*: Moraes, J. (org.). *Losurdo: Presença e permanência*. São Paulo: Anita Garibaldi, 2020.

MARX, K. *Crítica ao Programa de Gotha*. São Paulo: Boitempo, 2012.

MARX, K; ENGELS, F. *Ideologia Alemã*. São Paulo: Boitempo, 2007.

______. *Lutas de Classes na Rússia*. São Paulo: Boitempo, 2013.

______. *O Manifesto do Partido Comunista*. São Paulo: Boitempo, 2010.

MORAES, J. (org.). *Losurdo: Presença e permanência*. São Paulo: Anita Garibaldi, 2020.

NOVE, A. *An economic history of the USSR 1917-1991*. 3 ed. Londres: Penguin Books, 1992.

TROTSKY, L. *História da revolução russa*. Brasília: Senado Federal, Conselho Editorial, v. 3, 2017.

VOGEL, E. F. *Deng Xiaoping and the transformation of China*. Cambridge, Massachusetts; Londres, Inglaterra: Harvard University Press, 2011.

WHITE, D. F. *O exército vermelho*. Rio de Janeiro: O Cruzeiro, 1945.

ZHANG, Q.; LIU, M. *Revolutionary legacy, power structure, and grassroots capitalism under the red flag in China*. Cambridge, Inglaterra: Cambridge University Press, 2019.

Sobre o marxismo do século XXI: recordando Domenico Losurdo

Stefano G. Azzarà[1]

Domenico Losurdo foi um intelectual acadêmico de alto nível e, como tal, é reconhecido no mundo todo, em primeiro lugar, pelos seus méritos científicos. Apesar de ter sido ligado ao conceito hegeliano de "*engagément* objetivo"[2] e às responsabilidades que daí derivam – e, portanto, muito longe de qualquer pretensão de julgar a realidade e a história a partir do Eu (em particular do Eu narcisista das camadas ideológicas), além de consciente dos limites e das inevitáveis distorções profissionais do trabalho universitário, com suas regras escritas e não escritas –, foi, porém, como quem o conheceu pessoalmente bem sabe, muito mais que isso. Professor ordinário ainda jovem, confrontou-se por décadas com os estudiosos mais prestigiados nos planos teóricos e historiográficos fundamentais à filosofia moderna e contemporânea, e assim desenvolveu uma original comparatística com as mais importantes tradições filosófico-políticas do nosso tempo, alargando a visão analítica da própria disciplina, além da assim chamada impostação ocidentocêntrica que ainda prevalece nas universidades europeias. Não há dúvida, porém, que na imensa obra que nos deixou – uma obra que permanece ainda em parte inédita e que continuará a nos reservar

1 Prof. de História da Filosofia Política da Universidade de Urbino. Secretário da Internationale Gesellschaft Hegel-Marx für dialektisches Denken. Diretor da Revista *Materialismo Storico*. Tradução de Marcos Aurélio da Silva.

2 LOSURDO, D. *L'engagement e i suoi problemi*. *In*: CAZZANIGA, G. M.; LOSURDO, D.; SICHIROLLO, L. (org.). *Prassi. Come orientarsi nel mondo*. Urbino: Quatro Venti/ Nápoles: Istituto Italiano per gli Studi Filosofici, 1991.

surpresas – o empenho principal da sua pesquisa filosófica tenha se voltado às questões e aos problemas cruciais daquela tradição à qual era mais ligado, não só por interesse cognitivo, mas, sobretudo, por razões ético-políticas e biográficas: Losurdo se dedicou à autocrítica e à reconstrução do materialismo histórico.

É possível refazer de diversas maneiras a história do marxismo e, em geral, do movimento dos trabalhadores e do socialismo, como a história de uma ininterrupta cadeia de "crises" graves, que muitas vezes fizeram com que se anunciasse apressadamente, em voz alta, o exaurimento dessa experiência. Uma cadeia que se iniciou já com Marx, a partir do confronto com o anarquismo no âmbito da Primeira Internacional, e que continuou a se desenvolver sem solução no curso do século XX: pensemos no debate sobre o revisionismo na Alemanha, no anti-Marx explicitado na filosofia de Benedetto Croce e naquela de Giovanni Gentile, na catástrofe da Primeira Guerra Mundial e assim por diante, por meio do frankfurtismo e da Teoria Crítica ao Relatório Khrushchov, a grave fratura nas relações URSS e China, depois no ciclo que vai de 1968 a 1977 e o advento da fase pós-moderna. Quantas vezes o marxismo foi dado como morto, mesmo no curso de poucos decênios? Movendo-se de posições e com intenções diversas, porém, Losurdo e sua geração se chocaram com a mais importante dessas crises, vale dizer, com a última e definitiva crise. Esta, qualitativamente diversa, podemos dizer, explodiu com a derrota do sistema do socialismo histórico em seguida à dissolução da União Soviética e à queda integral dos aparatos intelectuais e políticos desse movimento a partir do fim dos anos oitenta do século passado, e abriu uma fase toda nova.

Sem dúvida, os intelectuais tiveram que medir-se no passado com momentos mais dramáticos, seja no contexto imediato ou no plano pessoal: o pensamento só pode nos remeter a Antonio Gramsci e ao seu corpo-a-corpo com o fascismo, como a muitos outros que compartilharam a sua morte. Todavia, há uma diferença essencial que faz emergir a crise atual como incomparável e decididamente mais profunda no plano filosófico, mesmo se comparada à trágica experiência da ditadura, do cárcere, da perseguição dos quadros comunistas no período entre as duas guerras mundiais. Ainda naquela circunstância, nos dirigentes da Internacional, entre os bolcheviques, mas também entre os comunistas italianos e até entre os socialistas, apesar das mais ásperas dificuldades, nem por um só instante - senão talvez no profundo desespero de quem se via privado da liberdade e via o próprio exército dispersar – se perdia a fé no progresso geral que anima as leis da história e, nesse contexto, a fé na necessidade da revolução, no abatimento do capitalismo e no inevitável advento de uma sociedade socialista. Durante todos os primeiros congressos da Terceira Internacional, e como mostram todas as evidências, era implacável a certeza dos comunistas no triunfo do proletariado e na difusão iminente da revolução no Ocidente: "O ano seguinte ainda a teremos em Nova York!". E até depois do advento da chegada do nazismo ao poder, o otimismo revolucionário permanecia substancialmente intacto, embora o evento catártico fosse remetido, na maioria das vezes, ao futuro: se não é hoje será amanhã, mas a sociedade burguesa é destinada a ser abatida e a ditadura proletária dará vida a um mundo inteiramente novo e mais justo.

Podemos dizer o mesmo hoje? Podemos nos tranquilizar independentemente das nossas dificuldades? Não é assim. Há tempos esse otimismo não é mais praticável e a revolução, entendida como transformação histórica progressiva, de reconfortante certeza que era, transformou-se em um problema, quiçá em um mistério. Faz um tempo que entramos em uma fase de restauração que pôs fim à época da revolução democrática internacional e que no campo político comunista deixou apenas destroços e desagregação. Uma fase que, embora não havendo ainda desdobrado até o fundo as próprias consequências e a própria potência reacionária, alterou em profundidade as relações de forças sociais, invertendo os eixos fundamentais da precedente fase de ascensão do movimento dos trabalhadores e dos excluídos, restaurando uma soberania quase que total das classes dominantes e empurrando-nos não a um avanço – coisa que poucos parecem ter entendido –, mas a uma retirada estratégica. Nessa perspectiva, pode-se dizer, a crise que se abre no fim dos anos 1980 colocou em discussão não apenas o otimismo e o entusiasmo do passado, mas a própria filosofia da história que o animava, obrigando-nos a repensar a diferença entre a necessidade mecânica e aquela bem diversa que é própria do movimento histórico. Por outro lado – como se não bastasse – a derrota de sistema que o projeto socialista sofreu comportou dessa vez, diferentemente do que aconteceu nas crises do passado, uma ruptura quase completa na continuidade de uma tradição e, consequentemente, uma brusca interrupção na transmissão dos conhecimentos, dos valores, da visão de mundo e do *habitus* comportamental que haviam caracterizado todo um mundo histórico. Provocando – coisa que Losurdo falava frequentemente com amargura – uma gravíssima desalfabetização política e a resultante incapacidade de identificar o conflito principal e, até mesmo, de distinguir o que é direita e esquerda, o que é progressivo do que é reacionário: eis que, após ter sido "reduzido à religião", dizia, o marxismo foi ulteriormente degradado à "religião da evasão" e por isso "não consegue dar uma resposta aos problemas do presente".[3]

Uma catástrofe cultural, podemos dizer sem medo de exagerar, atingiu as gerações mais jovens, as quais com aquela história não puderam ter nenhum contato, tendo desaparecido os lugares da sua repetição; mas uma catástrofe não menor se abateu também sobre aqueles menos jovens, os quais parecem também ter esquecido as coisas mais simples. As dúvidas e a confusão que acompanham os tortuosos caminhos do nosso campo em virtude da questão do imperialismo, com o equívoco clamoroso, mas difuso, que leva muitos progressistas a denunciar sem reservas na União Europeia o imperialismo principal – uma espécie de ditadura do capital financeiro e das classes parasitárias cosmopolitas, que oprime os povos do

3 LOSURDO, D. *Il marxismo occidentale. Come nacque, come morì, come può rinascere.* Roma-Bari: Laterza, 2017, p. 167.

continente colonizando-os, e que, por sua virulência, é comparável à colonização nazista – sendo para Losurdo um exemplo particularmente doloroso dessa aculturação e da adquirida incapacidade de manejar a analogia histórica. As dúvidas e a confusão que se espalham, até no que diz respeito aos diversos experimentos de democracia autoritária presentes hoje na Europa e no mundo, e mais em geral em relação aos movimentos "populistas" – que são na realidade movimentos social-chauvinistas, mas que muitos chegam a ver com simpatia e a considerar como potenciais companheiros de estrada, iludindo-se talvez de poder um dia hegemonizá-los –, são uma confirmação não menos dolorosa dessa catástrofe.

Em busca de um futuro possível, com essa tradição hoje derrotada, interrompida e em crise, Losurdo se confrontou a fundo com numerosos livros.[4] E o fez, sobretudo, da maneira mais impiedosa possível. Ou seja, evitando o caminho consolatório e a autoabsolvição – metodologicamente estranhos ao materialismo histórico – de quem explicava as razões de uma falência epocal, atribuindo toda a culpa a uma única pessoa (ver *Stalin. Storia e critica di uma leggenda nera*).[5] Ele preferiu, para escândalo dos demais, ir ao coração do problema, trabalhando profundamente os limites internos ao marxismo, sem poupar nem mesmo os fundadores.

Embora havendo criticado de maneira inequívoca e no momento justo as escolhas políticas catastróficas do campo socialista em relação à questão nacional (Budapeste e Praga), e os déficits de experiência do socialismo real em relação à questão da divisão e limitação dos poderes, Losurdo deplorou em tempo real o niilismo e a autofobia que se propagava na esquerda após o fim da União

---

4 LOSURDO, D. *Marx e il bilancio del Novecento*. Nápoles: La Scuola di Pitagora, 2009; *Idem*, *Utopia e stato d'eccezione. Sull'esperienze storica del 'socialismo reale'*. Nápoles: Laboratorio Politico, 1996; *Idem*, *Antonio Gramsci dal liberalismo al 'comunismo critico'*. Roma: Gamneretti, 1997; *Idem*, *Fuga dalla storia? La rivoluzione russa e la rivoluzione cinese oggi*. Nápoles: La Città del Sole, 2005; *Idem*, *Controstoria del liberalismo*. Roma-Bari: Laterza, 2006; *Idem*, *Il marxismo occidentale*. *Op. cit.*

5 *Idem*, *Stalin. Storia critica di una legenda nera*. Roma: Carocci, 2008.

Soviética e que tornavam esse campo tão hostil às suas teses quanto ao campo liberal. Autofobia é a tradução de *Selbsthass*, ódio de si: uma categoria intimamente entrelaçada à história da perseguição dos judeus. É uma categoria que nos fala, em primeiro lugar, da absorção do ponto de vista do vencedor, da parte dos vencidos e que bem se adapta para descrever a profunda mutação da esquerda nos anos 1990, quando, já a partir da primeira Guerra do Golfo, essa parte política se curvou à superioridade dos Estados Unidos e do liberalismo e começou a absorver os seus valores, buscando com zelo de neófito recuperar o tempo perdido. Vem daqui a exaltação acrítica do "individualismo" liberal e da "sociedade aberta" de Popper, do "pluralismo" exaltado por Hannah Arendt e depois por Foucault, ou do diferencialismo de Deleuze – coisa muito diversa da legítima atenção que essas propostas mereciam –, com o pouco digno atraso cultural, que na embriaguez da globalização levou a remover completamente a história real do liberalismo mesmo. E assim, à remoção de uma história que, longe de coincidir com aquela da democracia e dos direitos humanos ou realizar a construção do conceito universal de homem, como queriam e querem as ideias dominantes, fora sempre acompanhada da discriminação tanto de classe como racial, sobretudo do colonialismo e do imperialismo. Uma história que, em nome da exportação da "assim chamada civilização" – e assim de um conjunto de valores funcionais ao domínio ocidental, mas abstratamente considerado válido para todo o mundo –, havia justificado não só a forma mais brutal de exploração do homem sobre homem, a mercadoria-escravidão, mas o massacre, o campo de concentração em massa, e que havia conhecido o genocídio de povos inteiros considerados sub-humanos.

A essa esquerda, que havia se apropriado da teoria do totalitarismo – vale dizer, a assimilação do nazifascismo e do comunismo a partir do comum desvio da norma liberal –, e que, portanto, chegou a dissociar-se do próprio passado, reduzido a uma galeria de horrores, Losurdo recordará o quanto a experiência do marxismo, do socialismo e do comunismo histórico mudou em profundidade as sortes do mundo e do próprio Ocidente capitalista. Obrigando, por intermédio do conflito, o liberalismo do século XIX a abrir-se às instâncias dos subalternos, a partir da reivindicação do sufrágio universal. E impondo à sociedade burguesa um percurso de democratização que ela adoraria ter evitado, mas que afinal terminou por acolher, pelo menos em parte, até o programa do Manifesto Comunista.[6] Todavia, Losurdo não hesitará em refletir sobre as razões de uma derrota inequívoca, que pesa ainda mais precisamente em razão da influência que o socialismo soube exercer e dos entusiasmos que havia suscitado, cujas premissas para ele deveriam ser identificadas na incapacidade do marxismo de fazer-se instituição e de dar vida – no consenso mais amplo possível – àquela estabilização que teria sido indispensável para uma normalidade socialista e para um funcionamento respeitoso dos próprios direitos individuais, sob o princípio do governo da lei e na garantia de uma sucessão ordenada do poder.

Por que aconteceu tudo isso? Como retraçar as raízes do fracasso comunista? Começava com essa questão o longo confronto de Losurdo com o marxismo do século XX, tanto com aquele "ocidental" como com o marxismo "oriental". E começava por este a sua releitura de todas as categorias fundamentais dessa tradição.

A afirmação, a partir de uma base de massa do movimento comunista na Europa, nos recordava, ocorreu predominantemente sob a onda dos horrores da Primeira Guerra Mundial e do estado de devastação moral e psicológica que lhe seguia. A partir daquele clima, o marxismo e o comunismo foram percebidos, propagandeados e vividos em chave religiosa, como um tipo de redenção integral do mundo: uma palingênese e uma purificação a um tempo existencial que deveria eliminar para sempre a guerra e toda injustiça da face da Terra. Era um potente impulso utopista que se instalava com facilidade sobre uma componente messiânica, desde o início intrínseca

6 LOSURDO, D. Introduzione e Nota biográfica a K. Marx, F. Engels. *In*: *Manifesto del partito comunista*. Roma-Bari: Laterza, 1999.

ao marxismo como herança da cultura judaico-cristã europeia. E era uma tomada de posição moralista e "purista" que teria solicitado os instintos mais primitivos e populistas presentes nos movimentos de massa. Uma vez que o poder é por si malvado e interessado, eis que o Estado, responsável pela mobilização bélica total, será condenado a partir daquele momento como um Moloch terrível e sanguinário, um monstro que se nutre de vidas humanas e o qual a luta de classe e a revolução deverão conquistar e pôr ao próprio serviço, mas dele se desvencilhar, até a sua extinção definitiva, além da eliminação das fronteiras e da irmanação dos povos. E eis que a ciência e a técnica, que haviam fornecido os meios cognoscitivos e práticos para a eliminação de milhões de pessoas, assumiam um vulto demoníaco e tornavam-se sinônimo de domínio. Ao passo que depois da guerra imperialista veio a guerra do capital, uma guerra comandada pela economia, eis que o desenvolvimento das forças produtivas, para cujo propósito tanta destruição havia sido realizada, tornar-se-á o emblema da submissão do ser humano às leis técnicas de funcionamento de um sistema impessoal e cruel.

Esses comportamentos puristas e anarcoides terão a um tempo uma difusão capilar no marxismo ocidental, e não só impedirão uma séria reflexão sobre o papel do Estado e dos limites do também tão execrado poder, mas contribuirão de maneira decisiva para a remoção da luta contra o imperialismo e, a um só tempo, para o isolamento eurocêntrico dos comunistas europeus e o isolamento "asiático" do socialismo real por parte destes últimos. Não só facilitando a deslegitimação da URSS e do processo de descolonização, logo denunciado ele mesmo como um processo de produção de ditaduras em larga escala, mas conduzindo à desagregação de toda uma cultura política. "Com o seu persistente apego à 'frase'", ou melhor, à frase rubra e aparentemente revolucionária, comentava Losurdo, "o marxismo ocidental terminou por representar duas figuras que são o alvo da crítica de Hegel: na medida em que se satisfaz com a crítica e nela encontra a sua razão de ser, sem criar o problema de formular alternativas percorríveis e de construir um bloco histórico alternativo àquele dominante, ele é a ilustração da retórica (*saccenteria*) do dever ser; já que goza do distanciamento do poder como uma condição da própria pureza, ele encarna a alma bela".[7]

Daí a escolha de Losurdo de ir contra a corrente também em relação aos próprios companheiros, desafiando com obstinação o risco da incompreensão até derrotá-la. A escolha de criticar a fundo o marxismo ocidental e os seus refinados expoentes – Bloch, Adorno, Horkheimer, Benjamin e muitos outros –, desvelando a subalternidade cultural que nascia de uma forma de tensão universalista, certamente bem intencionada, mas cujo excesso de abstração não era diferente daquele liberal, e que obrigou toda a esquerda a tornar-se, em certo momento, "ausente" diante do hegemonismo e do intervencionismo planetário dos Estados Unidos, vendidos como o triunfo da democracia mundial. E daí, sobretudo, também à luz do diverso êxito da experiência do socialismo chinês em relação ao russo e ocidental, a necessidade de repensar integralmente os fundamentos dessa teoria. Repensar a partir de uma leitura da luta de classe que fosse além do esquematismo binário e economicista de quem, a qualquer nível, vê uma única contradição, aquela de um proletariado nunca bem definido contra uma burguesia não menos mal compreendida. E que redefinisse integralmente essa categoria nos termos de uma "teoria geral do conflito",[8] que preside todo processo de emancipação e que tem a ver, primeiramente, com a luta pelo reconhecimento da própria dignidade humana por parte dos grupos excluídos e discriminados: "a luta de classe", Losurdo dizia a este propósito, "não se apresenta quase nunca no estado puro, quase nunca se limita a envolver os sujeitos diretamente antagonistas; sobretudo, é exatamente graças a essa falta de 'pureza' que ela pode desembocar em uma revolução social vitoriosa".[9]

---

7 LOSURDO, D. *Il marxismo occidentale. Op. cit.*

8 *Idem, La lotta di classe. Una storia politica e filosófica.* Roma-Bari: Laterza, 2013, p. 57.

9 *Ibidem,* p. 27.

A teoria adequada a esse gênero de conflito que anima o ser social é, portanto, uma teoria que se propõe iluminar as grandes crises históricas, aquelas acelerações nas quais não há nunca uma única dimensão, mas sempre a compreensão de uma pluralidade de condições objetivas em cujo interior é preciso saber identificar a contradição principal. E uma teoria que se esforça para compreender, a partir dessa perspectiva, o entrelaçamento indissolúvel que de tempos em tempos se determina entre a questão social e nacional, ou a questão de gênero, ou ainda aquela dos direitos civis – outras tantas "*species*"[10] de um "*genus*" comum que tem a ver com o questionamento da "divisão do trabalho vigente ao nível internacional, nacional e no âmbito da família" – como aquele entre o universal e o particular. Movendo-se pela pesquisa de um universalismo finalmente concreto e pleno, vale dizer, de um ponto de vista que permita pensar a "comum humanidade", mas reconhecendo e subsumindo nela o que é histórico e particular, conduzindo-nos assim para fora de todo abstracionismo irenista.

Com efeito, o que era a "revolução" para Losurdo, à luz das lições da filosofia clássica alemã e das suas consequências no plano da teoria política? Trata-se de um ato heroico imediato, de um evento perturbador com o qual o mundo velho é apagado de repente e a história recomeça do zero? Trata-se de uma ação que encontra em si mesma, ou na subjetividade e criatividade humana, individual ou de massa, o próprio fundamento? Uma utopia ou uma ideia regulatória que nunca pode ser alcançada e satisfeita? Não é assim: revolução, em sentido hegeliano e depois em sentido genuinamente marxiano, era na realidade, para Losurdo, sinônimo de inteiras "eras de revolução", portanto, era antes de tudo processo. Uma transformação molecular que nasce da pressão concomitante de uma pluralidade de questões não resolvidas colocadas em planos e níveis diversos e que se desenvolve a longo prazo, passando inevitavelmente por provas e erros, por acelerações e retrocessos. Um salto qualitativo do qual, precisamente,

10 *Ibidem*, p. 53-54.

Hegel foi o primeiro a colher a dinâmica, e que leva em conta, desde o início, a dor do negativo e a diferença entre a poesia da teoria de um lado e a decepcionante prosa do mundo e da prática do outro, medindo-se sempre e de qualquer modo com a finitude da razão humana e assim também com a heterogênese dos fins.

Há, na realidade, "diversas temporalidades" em Marx e Engels e no marxismo: "o futuro em ato e os inícios do futuro próximo", mas também "a fase mais avançada do futuro próximo e o futuro remoto e utópico".[11] Nesse sentido, a prefiguração da sociedade comunista pode remeter "ao futuro remoto (às vezes lido até em chave utópica) de uma sociedade que deixou para trás a divisão e o antagonismo de classe e a 'pré-história' enquanto tal", mas pode, ao contrário, definir-se mais concretamente como "o movimento real que abole o estado de coisas presente", e que ao mesmo tempo apoia "todo movimento revolucionário contra as condições sociais e políticas existentes", lançando assim "uma ponte entre as duas diversas temporalidades". Pois bem, comentava Losurdo, "uma vez que tal tarefa é ignorada ou desdenhada, não tardam a manifestar-se a superficialidade e retórica", as quais condenam "o movimento real em nome das próprias fantasias e dos próprios sonhos", porque terminam por desprezar o "futuro em ato" e o "futuro próximo", contrapondo-o às suas imperfeições a plenitude do "futuro remoto" e do "futuro utópico". Mas, dessa maneira, conduzindo a uma "amputação temporal e espacial do projeto revolucionário" que "priva o marxismo de toda real carga emancipatória".

A dureza do conflito de classe, assim como a dureza da guerra civil europeia ou internacional e do estado de guerra mundial permanente, sucessivo ao 1945, havia inevitavelmente cristalizado a dimensão religiosa e messiânica do marxismo, uma componente que havia se revelado indispensável por uma longa fase nos processos de mobilização das massas, mas que não foi nunca superada. Cercados no plano geopolítico, tal qual no plano cultural e psicológico pela potência hegemônica do mundo capitalista, os marxistas haviam perdido

11 LOSURDO, D. *Il marxismo occidentale. Op. cit.*, p. 183-184.

o sentido da história e desaprendido a dimensão dos tempos longos que são próprios dos movimentos reais. O fato é que a transformação histórica não conduz a uma imediata coincidência entre o curso dos eventos e o seu significado, a uma total reapropriação, transparência e plenitude de sentido, mas é ela mesma o percurso de uma fatigante cadeia de contradições ligadas às relações de forças, na qual cada etapa nunca é assegurada de uma vez por todas. Nas esperanças de Losurdo – e à luz do balanço histórico do século XX e das suas tragédias, se quisesse sobreviver, o marxismo deveria mudar e enfrentar um verdadeiro processo de secularização. Um processo complicado e não indolor, que levasse a termo a evolução da utopia à ciência (entendida como a *Wissenschaft* hegeliana) que fora delineada por Engels, mas bem cedo se interrompeu nas urgências dos conflitos da idade contemporânea. Uma laicização, em outras palavras – um enfraquecimento, podemos dizer –, que restituísse ao marxismo aquela forma de consciência que no seu surgimento representou a radical novidade, vale dizer, aquele peculiar e quase milagroso equilíbrio entre crítica e legitimação do Moderno, destruição e herança, que nenhuma outra tendência filosófico-política conseguiu até agora elaborar e que os marxistas correm o risco de deixar enfraquecer.

Pensamento dialético significa compreensão da processualidade da história e do conhecimento humano. Também é compreensão da sua natureza conflitual, sendo assim, é consciência da totalidade sempre lacerada à qual o conflito alude. É por isso que a *Aufhebung* hegeliano-marxista remove e conserva a um só tempo, integrando a um novo nível e em uma nova posição igualmente aquela parte da verdade que está sempre presente até junto ao inimigo absoluto. Marxismo, à luz dessa consideração, isto é, como materialismo histórico, não significa rejeição indeterminada da realidade, mas, a partir da compreensão da dimensão estratégica e racional da sua estrutura mais profunda, é negação sempre *determinada*.

Enormes, e às vezes indizíveis, são as contradições da modernidade e do progresso, a partir do domínio total expresso já na acumulação originária, que passou pela brutal desumanização de inteiras classes sociais e de povos inteiros, resultando quase sempre em extermínio. É inaceitável ainda hoje a injustiça da ordem burguesa dentro e fora da metrópole. Todavia, essa mesma modernidade é a época em que foi descoberto o conceito universal de homem, e que até na dor de tornar-se abstrato de toda relação social ou mesmo simplesmente humano, soube destilar aquele progresso que consiste na superação dos vínculos de dependência pessoal e direta do homem sobre o homem, abandonando o feudalismo e pondo em discussão a escravidão. É a mesma época em que as forças produtivas materiais integrais do gênero humano foram desenvolvidas, quebrando a estreiteza das necessidades, mas também das subjetividades, e dando vida a uma ininterrupta circulação de ideias. Não se volta atrás em relação a ela: a crítica da modernidade como compreensão das suas condições de possibilidade e dos seus limites é possível e legítima, portanto, apenas a partir do reconhecimento das conquistas da modernidade mesma. Reconhecimento da herança consciente, ou seja, dos pontos altos de uma tradição que tem a ver certamente com o horror, mas que é também aquela civilização que – como bem sabia Lenin naquela que foi a primeira tentativa de refundar o marxismo – através dos seus expoentes mais perspicazes soube reconhecer autocriticamente o próprio horror e forjar as categorias mais adaptadas para denunciá-lo e ultrapassá-lo.

Sabendo dessas contradições, mas também daquelas que acompanham a história do comunismo, vale dizer, dos limites do universalismo abstrato e imediato, é necessário aprender. Trata-se de iniciar um percurso de reconstrução teórica que corte de uma vez por todas as pontes com o dogmatismo dos absolutos, já privados de credibilidade, sem ao mesmo tempo cair no relativismo do pós-moderno e da sua impotente negação hermenêutica de toda objetividade, e na negação da política como transformação do mundo: "conceitualizar [...] e estruturar em um rigoroso aparato categorial a leitura do próprio tempo", portanto; mas também "identificar a presença de um determinado tempo histórico (com as suas contradições e os seus conflitos) até nas conceitualizações e nos sistemas filosóficos aparentemente mais 'abstratos'", comentava Losurdo. Em que ponto está essa reconstrução, então? Estamos indo em direção a um renovamento do marxismo, um marxismo do século XXI, ou em direção a uma ulterior degradação? Sabemos que por diversos decênios a dissolução da cultura marxista passou por um transformismo intelectual de massa, que levou à assimilação das instâncias pós-modernas. Hoje, ao contrário, em plena crise da globalização capitalista e da democracia moderna, as coisas estão muito mudadas. A versão liberal otimista e politicamente correta do pós-modernismo, ou seja, a sua versão universalista, se esgotou na depressão econômica permanente que investiu nas sociedades ocidentais, e encontra sempre menos eco e fortuna junto àquelas camadas médias que as velhas elites estabelecidas não conseguem mais garantir e que se rebelam por toda parte invocando novos patrões. E, sob os destroços daquela cultura, que do messianismo revolucionário marxiano transitou ao oposto dialético da contemplação hermenêutica do existente, reina, não casualmente, a confusão total.

Trata-se de uma confusão perigosa, porém, porque nela se insinua muitas vezes a tentação compensativa de perseguir impensáveis cenários metafilosóficos e metapolíticos. Cenários a partir dos quais Marx torna-se subitamente um bizarro filósofo comunitarista que critica a modernidade e o capitalismo do ponto de vista da tradição e dos vínculos pessoais, tanto que o seu sistema pode ser assimilado àquele de Friedrich List e ao Estado comercial fechado, por exemplo. Ou cenários nos quais Gramsci e Gentile são identificados pela comum aversão à sociedade e pelo comum comportamento rebelde e ativista (a práxis). Cenários, aliás, em que – numa ulterior deriva transformista não menos pós-moderna do que aquela precedente – as posições políticas extremas, abatidas pela redefinição neoliberal dos sistemas políticos - onde frequentemente foram substituídas pelos movimentos populistas –, encontrariam um terreno comum no princípio de uma soberania nacional, deturpada em chave naturalista e na defesa dos pequenos produtores e de identidades particulares (ou, paradoxalmente, no euroasiatismo). E, identificado finalmente na finança nômade, nas suas tecnoestruturas e camadas políticas e intelectuais, o inimigo comum, após decênios de desvio devido à persistência da obsoleta dicotomia entre direita e esquerda, esses cenários se soldariam em uma luta de pinça contra o capitalismo financeiro cosmopolita e contra os apátridas "poderes fortes" supranacionais (responsáveis pelas grandes migrações dos povos e pela "substituição" da classe operária e da pequena burguesia branca preventivamente destruída). Dando assim, finalmente, vida à "terceira posição" a qual acenou Arthur Moeller Van Den Bruck há um século. Ou ainda a uma "quarta teoria política", como diz Dugin, pronta a prover-se de suas próprias organizações.

De um extremo a outro, portanto, embora sempre sob o signo da subalternidade ideológica e do seguidismo: da total adesão ao universalismo abstrato liberal de ontem, até a rejeição de qualquer tensão universalista e ao entrincheiramento não menos acrítico em posições particularistas regressivas do social-chauvinismo de hoje; do desconhecimento da questão nacional em nome de um mal compreendido internacionalismo abstrato à sua deformação "soberanista", com a tentativa de redefinir os limites da comunidade dos seres humanos livres a partir de novas cláusulas de exclusão, novas discriminações e da vergonhosa criminalização das vítimas do neoliberalismo, além da recolonização do mundo. É um desfecho que para o marxismo comportaria a mais humilhante de todas as etapas, e que Domenico Losurdo temia. Porém, graças ao seu ensinamento, é um desfecho que temos a tarefa de derrotar.

Referências

LOSURDO, D. Introduzione e Nota biográfica a K. Marx, F. Engels. *In*: *Manifesto del partito comunista*. Roma-Bari: Laterza, 1999.

LOSURDO, D. *Antonio Gramsci dal liberalismo al 'comunismo critico'*. Roma: Gamneretti, 1997.

______. *Controstoria del liberalismo*. Roma-Bari: Laterza, 2006.

______. *Fuga dalla storia? La rivoluzione russa e la rivoluzione cinese oggi*. Nápoles: La Città del Sole, 2005.

______. *Il marxismo occidentale. Come nacque, come morì, come può rinascere*. Roma-Bari: Laterza, 2017.

______. *La lotta di classe. Una storia politica e filosófica*. Roma-Bari: Laterza, 2013.

______. *L'engagement e i suoi problemi*. *In*: CAZZANIGA, G. M.; LOSURDO, D.; SICHIROLLO, L. (org.). *Prassi. Come orientarsi nel mondo*. Urbino: Quatro Venti/ Nápoles: Istituto Italiano per gli Studi Filosofici, 1991.

______. *Marx e il bilancio del Novecento*. Nápoles: La Scuola di Pitagora, 2009.

______. *Stalin. Storia critica di una legenda nera*. Roma: Carocci, 2008.

______. *Utopia e stato d'eccezione. Sull'esperienze storica del 'socialismo reale'*. Nápoles: Laboratorio Politico, 1996.

A Geopolítica da Internet

Domenico Losurdo[1]

O Google desafia o governo da República Popular da China: a grande imprensa de "informação" faz arder suas mãos para aplaudir o rigor moral e a coragem de uma multinacional pronta a pagar um preço elevado, em termos econômicos, para não se submeter às imposições da censura e reafirmar o direito humano à livre informação. Na verdade, embora largamente minoritária, há também algumas vozes marcadas por maior cautela: são apenas nobres motivações a explicar a jogada do Google ou há também considerações de outra natureza? Talvez o grande gesto poderia ser um jogo de cena de uma perspicaz campanha de *public relations*: voltar clamorosamente as costas para um mercado muito promissor, mas no qual a aguerrida e bem-sucedida concorrência local pode gozar da imagem e dos lucros da multinacional americana, abrindo caminho para uma expansão em outros países e a nível mundial. E, assim, no cenário traçado pelos órgãos de imprensa italianos mais "anticonformistas", ao lado dos direitos humanos emerge o cálculo utilitário. Porém, permanece ausente a geopolítica, que, em um olhar mais atento, continua a ser a autêntica protagonista.

Para nos darmos conta disso, façamos um salto para trás de quase sessenta anos, concentrando-nos sobre um acontecimento reconstruído por um recente artigo de Alessandra Farkas no *Corriere della Sera*.[2]

---

1 Publicado originalmente em *Belfagor*, v. 65, n. 4, julho de 2010. Tradução de Marcos Aurélio da Silva.

2 FARKAS, A. La Cia drogò il pane dei francesi. Svelato il mistero delle baguette che fecero ammattire un paese nel '51. *Corriere della Sera,* 13 mar. 2010, p. 25.

I. “Uma misteriosa onda de loucura coletiva”

Em 16 de agosto de 1951, fenômenos estranhos e inquietantes turbaram Pont-Saint-Esprit, “um tranquilo e pitoresco povoado” localizado “no sudeste da França”. Sim, “a região foi abalada por uma misteriosa onda de loucura coletiva. Ao menos cinco pessoas morreram, dez terminaram no manicômio, centenas apresentaram sinais de delírio e de alucinação [...]. Muitos acabaram no hospital com camisa de força”. O mistério, que há muito tempo circundou esse repentino surto de “loucura coletiva”, foi agora dissipado: tratou-se de “um experimento conduzido pela CIA, em conjunto com a *Special Operation Division* (SOD), a unidade *top secret* do Exército dos EUA de Fort Detrick em Maryland”; os agentes da CIA “contaminaram as baguetes vendidas nos fornos da região com LSD”, com os resultados que vimos. Estamos nos primeiros anos da Guerra Fria: certo, os Estados Unidos eram aliados da França, mas que exatamente por isso se prestava bem para os experimentos de guerra psicológica que tinham, sim, em vista, o “campo socialista” (e as revoluções anticoloniais), mas que dificilmente poderiam ser efetuados nos países colocados além da cortina de ferro.

Coloquemo-nos agora uma questão: a excitação e o incitamento de massa podem ser apenas produzidos pela farmacologia? Dão o que pensar os acontecimentos que, com o fim da Guerra Fria, varreram o “campo socialista”, de resto já largamente desacreditado e enfraquecido. Em 17 de novembro de 1989, a “revolução de veludo” triunfava em Praga agitando a palavra de ordem que desejava ser gandhiana: “Amor e Verdade”. Na realidade – confessa nos nossos dias o *International Herald Tribune* – um papel decisivo teve a difusão da notícia falsa segundo a qual um estudante fora “brutalmente assassinado” pela polícia. Se no caso da Tchecoslováquia duas “pequenas” manipulações se revelaram suficientes para produzir a virada (de um lado a transfiguração dos líderes da revolta como devotos gandhianos do culto da verdade e da não-violência, do outro a sapiente produção e difusão de “notícias” prontas a suscitar a indignação de massa), mais complicada foi a promoção da revolta, que poucas semanas depois derruba a ditadura de Ceausescu. Em suas linhas gerais o roteiro não muda: tratava-se sempre de desacreditar e demonizar o poder para derrubá-lo, de modo a torná-lo alvo fácil de uma indignação de massa sapientemente e inescrupulosamente alimentada. Sim, mas como conseguir esse objetivo na situação concreta da Romênia do fim de 1989? A partir de um certo momento os *mass media* ocidentais começaram a difundir maciçamente entre a população romena, aliás a bombardear sobre ela, as informações e as imagens do "genocídio" consumado em Timisoara pela polícia de Ceausescu. O que ocorrera na realidade? Damos a palavra a um prestigioso filósofo (Giorgio Agamben), que nem sempre dá prova de vigilância crítica em relação à ideologia dominante, mas que sintetizou de modo magistral o acontecimento de que se trata:

> Pela primeira vez na história da humanidade, os cadáveres recém-enterrados ou alinhados sobre as mesas dos *morgues* [necrotérios] foram rapidamente desenterrados e torturados para simular diante das câmeras de televisão o genocídio que deveria legitimar o novo regime. O que o mundo inteiro assistia ao vivo como verdade verdadeira nas telas das televisões era a absoluta não-verdade; e, embora a falsificação fosse às vezes evidente, ela era autenticada como verdadeira pelo sistema dos *media*, para que ficasse claro que o verdadeiro já não era senão um momento do movimento necessário do falso.[3]

A conclusão da Guerra Fria não era o fim do grande jogo. Para os EUA não era suficiente liquidar o "campo socialista" e desmembrar a União Soviética; era necessário também na Europa Oriental a subida ao poder de líderes estreitamente ligados a Washington. Na Geórgia, a certo ponto mesmo Eduard Shevardnadze (até aquele momento estimado e apreciado no Ocidente pelo papel "democrático" por ele desenvolvido ao lado de Gorbatchov na dissolução do "campo socialista" e sucessivamente, indo além do próprio

---

3 LOSURDO, D. *La non-violenza. Una storia fuori dal mito*. Roma-Bari: Laterza, 2010, p. 237-238.

Gorbatchov, na dissolução da União Soviética) tornava-se um líder indesejável e a ser removido.

É a tarefa confiada à assim chamada "Revolução das Rosas". Me concentro sobre alguns de seus momentos-chave, valendo-me de uma reconstrução que apareceu em uma autorizada revista francesa de geopolítica (*"Hérodote, revue de géographie et de géopolitique"*). Televisões georgianas nas mãos da oposição e dos *mass media* ocidentais se empenham em uma campanha conjunta e incessante:

> A corrupção do regime é mostrada em todos os seus aspectos. Caso necessário, não hesitam em mentir. Em meados de novembro as revistas alemãs afirmam que parentes de Shevardnadze adquiriram para ele uma luxuosa mansão na cidade termal de Baden-Baden, no Sul da Alemanha. Segundo o tabloide *"Bild"*, o valor da residência corresponde a 11 milhões de euros. A informação não é confirmada. O que importa? [...] Soubemos depois, por uma das nossas fontes de informação, que a foto exibida foi tomada ao acaso na Internet.[4]

Após a proclamação dos resultados eleitorais que confirmaram a vitória de Shevardnadze e que foram acusados de fraudulentos pela oposição, esta decide organizar uma marcha na cidade de Tbilisi, que deveria "selar a chegada simbólica na capital, de modo pacífico, de todo um país em cólera". Embora convocada em todas as partes do país com o uso de amplos meios propagandísticos e financeiros, naquele dia afluíram para a marcha entre 5.000 e 10.000 pessoas: "não é nada para a Geórgia"! E, todavia, graças a uma direção sofisticada e de grande profissionalismo, o canal televisivo mais difundido no país consegue comunicar uma mensagem totalmente diversa: "A imagem está lá, potente, de todo um povo que segue o seu futuro presidente". Já as autoridades políticas são deslegitimadas, o país está desorientado e transtornado, e a oposição está mais corajosa e agressiva do que nunca, tanto mais que a encorajá-la e a protegê-la estão os *mass media* internacionais e as chancelarias ocidentais. Está

4 *Ibidem*, p. 231-232.

maduro o golpe de Estado que leva ao poder Mikheil Saakashvili, que estudou nos EUA, fala um perfeito inglês e está em condições de compreender prontamente as ordens dos seus superiores.

II. As "guerras na Internet"

Vimos até agora a transformação da "absoluta não-verdade" em "verdade-verdadeira" e incontroversa passar em primeiro lugar através das "telas dos televisores", enquanto desprezado ou secundário era o papel da Internet. Mas é interessante notar que já no final dos anos 1990, nas páginas do *International Herald Tribune*, um jornalista (Bob Schmitt) observava: "As novas tecnologias têm mudado a política internacional".[5] Quem estivesse em condições de controlá-las aumentaria desmedidamente o seu poder e a sua capacidade de desestabilização dos países mais fracos e tecnologicamente menos avançados.

De fato, com o advento e a generalização da Internet, Facebook, Twitter, emergiu uma nova arma, suscetível a modificar profundamente as relações de força no plano internacional. Isso não é mais um segredo para ninguém. Nos nossos dias, nos EUA, um rei da sátira televisiva como Jon Stewart exclama: "Mas por que enviamos exércitos ao redor do mundo se abater as ditaduras via Internet é fácil como comprar um par de sapatos?". O significado militar das novas tecnologias é aqui explicitamente sublinhado e reivindicado: sem prejuízo do direito de Washington julgar e condenar de modo soberano, agora é possível fazer recurso a armas novas e mais sofisticadas para punir os culpados e os rebeldes.

Mas a Internet não é um meio da liberdade de expressão? Apenas os mais ingênuos argumentam desse modo (ou os mais inescrupulosos). Na realidade – reconhece Douglas Paal, já colaborador de Reagan e de Bush Jr. – a Internet é atualmente "gerida por uma ONG (Organização não Governamental) que de fato é uma

5 SCHMITT, B. The Internet and International Politics. *International Herald Tribune*, 2 abr. 1997, p. 7.

emanação do Departamento de Comércio dos Estados Unidos".[6] Trata-se só de comércio? O semanário alemão *Die Zeit* pede esclarecimento a James Bamford, um dos máximos experts no tema dos serviços secretos estadunidenses: "Os chineses temem que firmas americanas como o Google sejam, em última análise, instrumentos dos serviços secretos americanos no território chinês. É um comportamento paranoico?". "De maneira nenhuma" – é a pronta resposta. Aliás, acrescenta o expert, "organizações e instituições estrangeiras são infiltradas" pelos serviços secretos dos EUA, os quais, de qualquer modo, estão em condições de interceptar as ligações telefônicas em qualquer lugar do planeta e devem ser considerados "os maiores hackers do mundo".[7]

Nesse ponto – reafirmam ainda no *Die Zeit* dois jornalistas alemães – não há dúvidas:

> Os grandes grupos de Internet tornaram-se um instrumento da geopolítica dos EUA. Antes havia a necessidade de cansativas operações secretas para apoiar movimentos políticos em países distantes. Hoje, basta frequentemente um pouco de técnica posta em prática a partir do Ocidente [...] O serviço secreto tecnológico dos EUA, a *National Security Agency*, está configurando uma organização completamente nova para as guerras na Internet.[8]

À luz de tudo isso convém reler alguns acontecimentos recentes de difícil explicação. Em julho de 2009 incidentes sangrentos se verificaram em Urumqi e em Xinjiang, a região da China prevalentemente habitada por uigures. O que os explica são a discriminação e a opressão contra as minorias étnicas e religiosas? Uma abordagem do gênero não parece muito plausível, ao menos a julgar por aquilo

---

6 PAAL, D. Questo è l'inizio di uno scontro tra due civiltà, a cura di Maurizio Molinari. *La Stampa*, 23 jan. 2010, p. 7.

7 BAMFORD, J. Passen Sie auf, was sie tippen, a cura di thomas Fischermann. *Die Zeit*, 18 fev. 2010, p. 20-21.

8 FISCHERMANN, T. e HAMANN, G. Angriff aus dem Cyberspace. *Die Zeit*, 18 fev. 2010, p. 19-21.

que o correspondente do jornal *La Stampa* (Francesco Sisci) cita referente a Pequim:

> Muitos da etnia han de Urumqi se lamentam pelos privilégios dos quais gozam os uigures. Estes, de fato, como minoria nacional muçulmana, têm condições de trabalho e de vida muito melhores do que seus colegas han. Um uigur no escritório tem a permissão de suspender o trabalho mais vezes ao dia para cumprir as cinco tradicionais orações muçulmanas diárias [...]. Além disso, têm permissão para não trabalhar na sexta-feira, dia de fasta para os muçulmanos. Em teoria, deveriam recuperar no domingo. De fato, no domingo os escritórios estão desertos [...]. Uma outra questão dolorosa para os han, submetidos à dura política de unificação familiar que ainda impõe o filho único, é o fato de que os uigures podem ter dois ou três filhos. Como muçulmanos, têm reembolsos extras nos salários, uma vez que, não podendo comer carne de porco, têm de recorrer ao cordeiro, que é mais caro.[9]

Não há sentido, então, como faz a propaganda ocidental, acusar o governo de Pequim de querer apagar a identidade nacional e religiosa dos uigures. E então?

Vamos refletir sobre a dinâmica dos incidentes. Em uma cidade costeira da China, onde, apesar das diversas tradições culturais e religiosas, trabalham lado a lado han e uigures, rumores segundo os quais uma moça han foi violentada por operários uigures se difundem repentinamente; se desencadeiam incidentes e dois uigures perdem a vida. O rumor que provocou essa tragédia é falso, mas eis que agora se sobrepõe a ele outro ainda mais clamoroso e funesto: a Internet difunde capilarmente a notícia que na cidade costeira da China centenas de uigures teriam perdido a vida massacrados pelos han sob os olhares indiferentes e até satisfeitos da polícia. Resultado: tumultos étnicos em Xinjiang, que provocaram a morte de quase 200 pessoas, dessa vez quase todas han.

---

9 SISCI, F. Perché uno han non sposerà mai una uigura. *La Stampa,* 8 jul. 2009, p. 17.

Pois bem, estamos diante de um entrelaçamento infeliz e casual de circunstâncias ou da difusão de rumores falsos e tendenciosos que miravam o resultado depois efetivamente verificado? Reaparece na memória o "experimento conduzido pela CIA" no verão de 1951, que produziu "uma misteriosa onda de loucura coletiva" no "tranquilo e pitoresco povoado" francês de Pont-Saint-Esprit. Novamente somos obrigados a nos pôr a pergunta inicial: a "loucura coletiva" pode ser produzida apenas por farmacologia ou hoje pode ser o resultado também do recurso às "novas tecnologias" da comunicação de massa?

III. Quem são os "cybertontos"?

Uma coisa é certa: os alvos das "guerras na Internet" não estão observando como em todas as guerras os fracos buscam cobrir sua desvantagem aprendendo com os mais fortes. E eis que estes últimos gritam escandalizados: "No Líbano" – se lê no *Corriere della Sera* de 20 de março – "quem mais controla a *new media* e as redes sociais não são as forças políticas pró-ocidentais que apoiam o governo de Saad Hariri, mas o Hezbollah". Essa observação revela um suspiro: ah, como seria belo se, a exemplo do que ocorre para a bomba atômica e para as mais sofisticadas armas (propriamente ditas), também as "novas tecnologias" e as novas armas de informação e desinformação de massa fossem monopólio dos países que infligem um martírio interminável ao povo palestino e que gostariam de exercer uma ditadura terrorista no Oriente Médio! O fato é – lamenta Moisés Naím, diretor do *Foreign Policy* – que os EUA, Israel e o Ocidente não têm mais a ver com os '*cybertontos* do passado'. Eles contra-atacam com as mesmas armas, fazem contrainformação, envenenam os poços: uma verdadeira tragédia do ponto de vista dos campeões da "liberdade de informação" e do "pluralismo".

Desgraçadamente, os estrategistas e os ideólogos do Pentágono e do Departamento de Estado podem encontrar algum sólido motivo de consolação também nos nossos dias. Bem longe de terem desaparecido, os *cybertontos* se mostram mais do que nunca vitais na "esquerda": eles estão empenhados em apresentar as turvas manobras do Google como o desafio lançado por Davi à liberdade e à verdade contra o Golias da autocracia e da censura!

Referências

BAMFORD, J. Passen Sie auf, was sie tippen, a cura di thomas Fischermann. *Die Zeit*, 18 fev. 2010.

FARKAS, A. La Cia drogò il pane dei francesi. Svelato il mistero delle baguette che fecero ammattire un paese nel '51. *Corriere della Sera*, 13 mar. 2010.

FISCHERMANN, T. e HAMANN, G. Angriff aus dem Cyberspace. *Die Zeit*, 18 fev. 2010.

LOSURDO, D. *La non-violenza. Una storia fuori dal mito*. Roma-Bari: Laterza, 2010.

PAAL, D. Questo è l'inizio di uno scontro tra due civiltà, a cura di Maurizio Molinari. *La Stampa*, 23 jan. 2010.

SCHMITT, B. The Internet and International Politics. *International Herald Tribune*, 2 abr. 1997.

SISCI, F. Perché uno han non sposerà mai una uigura. *La Stampa*, 8 jul. 2009.

Esta obra foi composta em sistema CTcP
Capa: Supremo 250 g – Miolo: Pólen Natural 70 g
Impressão e acabamento
Gráfica e Editora Santuário